◀全面建成小康社会研究丛书▶

全面建成小康社会与打赢脱贫攻坚战

杜庆昊◎著

河北出版传媒集团

河北人民出版社

石家庄

图书在版编目（CIP）数据

全面建成小康社会与打赢脱贫攻坚战 / 杜庆昊著
-- 石家庄：河北人民出版社，2020.8
（全面建成小康社会研究丛书）
ISBN 978-7-202-14594-4

Ⅰ. ①全… Ⅱ. ①杜… Ⅲ. ①小康建设－研究－中国
②扶贫－研究－中国 Ⅳ. ①F124.7②F126

中国版本图书馆CIP数据核字(2020)第146476号

丛 书 名	**全面建成小康社会研究丛书**
书　　名	**全面建成小康社会与打赢脱贫攻坚战**
著　　者	**杜庆昊**

责任编辑	王　琳　沈鸿雁
美术编辑	王　婧
封面设计	雨　林
责任校对	付敬华

出版发行	河北出版传媒集团　河北人民出版社
	（石家庄市友谊北大街 330 号）
印　　刷	河北新华第二印刷有限责任公司
开　　本	787 毫米×1092 毫米　1/16
印　　张	15.25
字　　数	194 000
版　　次	2020 年 8 月第 1 版　　2020 年 8 月第 1 次印刷
书　　号	ISBN 978-7-202-14594-4
定　　价	48.00 元

2020 年，是全面建成小康社会决胜年、收官年。全面小康首先是经济上小康，要让全体人民共享改革发展的成果，共同迈进富裕安康的幸福生活。要实现全面小康，就要突出抓重点、补短板、强弱项，特别是要坚决打赢决胜全面建成小康社会脱贫攻坚战，使全面建成小康社会得到人民认可、经得起历史检验。完成全面建成小康社会这一战略任务，是我们的历史责任，也是我们的最大光荣。当前，距离实现全面建成小康社会目标日益临近，在此冲刺阶段和关键时期，更要紧扣全面建成小康社会这一战略目标，瞄准脱贫攻坚这一战略重点，系统化地做好战略部署和战略执行，确保如期全面建成小康社会。

打好精准脱贫攻坚战是党的十九大提出的三大攻坚战之一，是决胜全面建成小康社会的底线目标和标志性指标，是中国共产党对人民的庄严承诺，事关党的宗旨，事关人民福祉，是必须如期高质量完成的政治任务。党的十八大以来，以习近平同志为核心的党中央高度重视脱贫攻坚工作，举全党全社会之力，深入推进脱贫攻坚，我国农村贫困人口从2012 年底的 9899 万人减少到 2019 年底的 551 万人，累计减少贫困人口9348 万人，贫困发生率从 10.2% 下降到 0.6%，减少了 9 个多百分点。脱贫攻坚取得了重大决定性成就。但当前全国还有相当一部分贫困人口，他们或住在艰苦边远地区，或处于深度贫困状态，脱贫的难度很大。

越是攻坚时刻，越要响鼓重锤。决胜全面建成小康社会、打赢新时代脱贫攻坚战，必须坚决贯彻落实习近平新时代中国特色社会主义思想，以习近平关于全面建成小康社会论述、扶贫论述为遵循，找准问题，瞄准重点，选准路径，全力出击，以时不我待的信心和决心，以刀刃向内的勇气和魄力，以抓铁有痕的毅力和勇气，坚决如期打赢脱贫攻坚战，建成让人民满意的小康社会。

本书从多个战略维度探索提出决胜全面建成小康社会和打赢脱贫攻坚战的战略部署，视角比较独特，分析比较全面，重点比较突出，结构比较完整。鉴于该书作者杜庆昊博士邀约，以及考虑该书具有一定的理论研究和应用价值，我愿意为之序。

张占斌

2020 年 2 月

目录 MULU

下篇　打赢脱贫攻坚战的战略部署

上篇

全面建成小康社会
的战略擘画

第一章
战略目标：如期全面建成小康社会

党的十八大以来，以习近平同志为核心的党中央围绕全面建成小康社会这个重大战略目标，提出了一系列新理念新思想新战略，有针对性地回答了全面建成小康社会所面临的重点难点问题，为全面建成小康社会进行了战略布局。到 2020 年全面建成小康社会，是我们党向人民、向历史作出的庄严承诺，是"两个一百年"奋斗目标的第一个百年奋斗目标，是中华民族伟大复兴征程上的一座里程碑。

第一节　全面建成小康社会的提出

"小康"一词，最早出自《诗经·大雅·民劳》"民亦劳止，汔可小康"，意思是老百姓终日劳作不息，应该让他们稍得安宁。小康作为一种社会形态，出自西汉的《礼记·礼运》。在这里，"小康"是仅次于"大同"的理想社会模式，指的是人民富裕安康的社会局面。小康社会是中华民族自古以来追求的理想社会状态。使用"小康"这个概念来确立中国的发展目标，既符合中国发展实际，也深得人民群众的认同和支持。

"小康社会"是邓小平在 20 世纪 70 年代末规划中国经济社会发展蓝图时提出的重大战略构想。1979 年 12 月 6 日，邓小平在会见日本首相大平正芳时说："我们要实现的四个现代化，是中国式的四个现代化。我们的四个现代化的概念，不是像你们那样的现代化的概念，而是'小康之家'。"[1] 1986年，邓小平进一步指出"所谓小康社会，就是虽不富裕，但日子好过。"[2]此后，建设小康社会成为中国共产党的阶段性奋斗目标。党的十二大首次使用了"小康"概念，并作为主要奋斗目标和经济社会发展的阶段性标志。1987年10月，党的十三大提出了"三步走"的战略：第一步，实现国民生产总值比1980年翻一番，解决人民的温饱问题；第二步，到20世纪末，实现国民生产总值的第二个翻番，使人民生活达到小康水平；第三步，到21世纪中叶，人均国民生产总值达到中等发达国家水平，人民生活比较富裕，基本实现现代化。党的十九大报告指出，解决人民温饱问题、人民生活总体上达到小康水平这两个目标已提前实现。

随着改革开放和中国特色社会主义建设事业的深入，"小康"的意义和内涵不断得到丰富和发展。在20世纪末实现总体小康的情况下，党的十六大第一次明确提出了面向2020年"全面建设小康社会"的新目标：从2001年到2020年，用20年的时间全面建成惠及十几亿人口的更高水平的小康社会，成为第三步战略目标实现必经的承上启下的阶段。党的十七大又进一步提出到2020年全面建设小康社会的新要求。

我们党在不同历史时期，总是根据人民意愿和事业发展需要，提出富有感召力的奋斗目标，团结带领人民为之奋斗。党的十八大以来，以习近平同志为核心的党中央根据国内外形势新变化，顺应我国经济社会新发展和广大人民新期待，提出全面建成小康社会目标要求，即：经济持续健康发展，人民民主不断扩大，文化软实力显著增强，人民生活水平全面提高，资源节约型、环境友好型社会建设取得重大进展。党的十九大报告进一步提出，"从现在到二〇二〇年，是全面建成小康社会决胜期"，并对决胜全面建成小康社会作出新的总体部署，确保全面建成小康

---

[1]《邓小平文选》（第二卷），人民出版社1994年版，第237页。
[2]《邓小平文选》（第三卷），人民出版社1993年版，第161—162页。

社会得到人民认可、经得起历史检验。

第二节 小康社会的发展和辨析

由"小康"概念的提出，到党的十八大提出"全面建成小康社会"，再到党的十九大提出进入"全面建成小康社会决胜期"，"全面建成小康社会"经历一个由不完善到完善、由不全面到全面的发展过程，这一过程也为实现建设社会主义现代化强国提供了明确的历史方位和清晰的路线图。

第一，从总体小康到全面小康。全面小康与总体小康相比，内涵要丰富得多。全面小康是全民共享的小康，不仅是总体上、总量上实现小康，更重要的是让农村和贫困地区尽快赶上来，让所有人民都进入小康，一个不少。总体小康是低水平的，指刚刚迈入小康社会的门槛；总体小康是不全面的，主要是从经济方面看，对精神文明、生态环境和可持续发展等方面关注不够；总体小康是不平衡的，指进入小康的人口在全国分布是不平衡的。而全面小康是指更高水平的小康社会，追求的是经济、政治、文化、社会、生态文明共同发展。

第二，从全面建设小康社会到全面建成小康社会。从党的十六大的"全面建设小康社会"到党的十八大的"全面建成小康社会"，"建设"和"建成"虽一字之差，但表明的信心不同，"建设"着重于去做，"建成"不仅要去做，而且要做成。二者的内涵也不同。相比十六大的目标提法，十八大提出全面建成小康社会，其目标更加明确、内容更加全面、举措更加有力，也更切合实际。之所以用"建成"代替"建设"，也与我们取得的发展成就和所处的历史地位有关。2010 年中国经济总量超越日本成为全球第二。2012 年以来，尽管面临经济从高速增长转向中高速增长的新常态，但中国经济增长的绝对量每年都比上一年有比较大的发展，成为名副其实的经济大国。中国经济发展的质量也在提高，航天探月、深海探测、量子通信、人工智能、智能制造、数字经济等高新技术领域取得突破性发展。因此，中国有底气、也有信心提出"建成"小康社会。

第三，从全面建成小康社会到决胜全面建成小康社会。决胜阶段最为关键，冲锋时刻愈显奋勇。党的十八大提出到 2020 年全面建成小康社会，向中国人民作出郑重承诺，也向全世界发出响亮声音。2015 年 10 月 29 日，习近平总书记在党的十八届五中全会第二次全体会议上的讲话指出："这个时跨本世纪头 20 年的奋斗历程到了需要一鼓作气向终点线冲刺的历史时刻。"决胜全面建设小康社会，为实现第一个百年奋斗目标收好官，是党的十九大后全党承担的首要重大历史任务。时间紧迫，时不我待，非有决胜的精神状态和实际行动不可。

第四，全面建成小康社会所要达到的水平更高。全面建成小康社会不仅要覆盖全部领域和人群，而且要有更高水平的目标要求。经济保持中高速增长，创新驱动发展成效显著，发展协调性明显增强，人民生活水平和质量普遍提高，国民素质和社会文明程度显著提高，生态环境质量总体改善，各方面制度更加成熟更加定型。这里的关键是"建成"。这是党向人民、向历史作出的庄严承诺。如期全面建成小康的难点首先是要完成定量目标，同步还要完成定性目标。如果片面地把有限指标当作全面小康目标，导致可量化目标完成情况好、不可量化目标完成情况差，就会出现目标完成情况与人民群众实际感受不符的尴尬局面。

那么，什么是全面建成小康社会的核心内涵和要义呢？那就是以人民为中心的发展。以人民为中心就是坚持发展为了人民、发展依靠人民、发展成果人民共享。在小康建设的道路上，从当年强调允许和鼓励一部分人先富先好起来，到今天强调全体人民的小康，突出了以人民为中心的发展思想，这是党和国家发展方针的一个重大转变，为全面建成小康社会增加了新的重要内涵。以人民为中心的发展思想，是全面建成小康社会的核心内涵和要义，体现了我们党全心全意为人民服务的根本宗旨，体现了人民是推动发展的根本力量的唯物史观，体现了逐步实现共同富裕的目标要求。

第三节　全面建成小康社会的战略意义

全面建成小康社会是中国共产党的初心夙愿，是对中国现代化道路进行的不懈探索和执着追求。鸦片战争以来，中华民族和中国人民饱受磨难，在实现国家统一的道路上历经无数次试验、无数次失败。中国共产党创立后，坚持把"为中国人民谋幸福，为中华民族谋复兴"作为自己的初心和使命，领导中国人民经过 28 年艰苦卓绝的斗争，终于在 20世纪中叶迎来了中华民族浴火重生的曙光，建立了新中国。从那以来，党一直围绕着社会主义现代化建设进行着不懈的探索，一直在寻求符合自己实际的、有自己风格的发展道路。从小康社会提出到全面建成小康社会的努力，就是这种探索的重要表现方式。

第一，全面建成小康社会是实现中华民族伟大复兴中国梦的关键一步，开启了全面建设社会主义现代化国家的新征程。实现中华民族伟大复兴中国梦是近代以来几代中国人的夙愿。党的十八大以来，习近平总书记多次把全面建成小康社会放在实现中华民族伟大复兴中国梦的大格局中去阐释，明确提出全面小康和民族复兴不是截然分开的，而是两个相互联系、相互交融的阶段。我们的奋斗目标是，到 2020 年国内生产总值和城乡居民人均收入在 2010 年基础上翻一番，全面建成小康社会。到21 世纪中叶，建成富强民主文明和谐的社会主义现代化国家，实现中华民族伟大复兴的中国梦。实现全面建成小康社会目标是"实现中华民族伟大复兴中国梦的关键一步"。党的十九大报告提出要在决胜全面建成小康社会、实现第一个百年奋斗目标的基础上，乘势而上开启全面建设社会主义现代化国家新征程，向第二个百年奋斗目标进军。

要如期全面建成小康社会，需要厘清几个重点问题。一是全面建成小康社会的总体布局。全面建成小康社会是经济、政治、文化、社会、生态文明建设"五位一体"的全面小康，是不可分割的整体。二是全面建成小康社会的战略举措。"全面建成小康社会是我们的战略目标，全面深化改革、全面依法治国、全面从严治党是三大战略举措。"把全面建成小康社会置于"四个全面"战略布局之首，具有战略统领和目标牵引作用。

第二，如期全面建成小康社会彰显了坚持走中国特色社会主义道路的正确性，增强了坚持和发展中国特色社会主义的"四个自信"。从改革开放至 2020 年，我们要在短短 42 年时间，从一个贫穷落后、人口众多的国家全面建成小康社会，这是人类发展史上的奇迹。全面建成小康社会的战略目标，体现的正是中国特色社会主义的根本属性和必然要求，从历史和实践上证明了坚持走中国特色社会主义道路的正确性和中国共产党领导的正确性，更加坚定了"四个自信"。

"让老百姓过上好日子是我们一切工作的出发点和落脚点。"把人民所期盼的"有更好的教育、更稳定的工作、更满意的收入、更可靠的社会保障、更高水平的医疗卫生服务、更舒适的居住条件、更优美的环境"以及"孩子们能成长得更好、工作得更好、生活得更好"作为党执政为民的奋斗目标，集中体现了以人民为中心的发展思想，反映了社会主义社会促进人的全面发展的内在要求，彰显了全面建成小康社会、人民至上的价值取向。

第三，全面建成小康社会为解决人类社会发展问题提供了中国智慧和中国方案，也提升了中国的国际话语权和影响力。中华人民共和国成立以来，我们走出了一条有中国特色的社会主义发展道路，在 20 世纪末稳定解决了十几亿人的温饱问题，总体上实现小康，并在此基础上提出全面建成小康社会。党的十九大用"三个意味着"宣告中国特色社会主义进入新时代，其中一个便是"意味着中国特色社会主义道路、理论、制度、文化不断发展，拓展了发展中国家走向现代化的途径，给世界上那些既希望加快发展又希望保持自身独立性的国家和民族提供了全新选择，为解决人类问题贡献了中国智慧和中国方案"。

全面建成小康社会在"实现什么样的发展、怎么样发展、为谁发展"问题上回答了中国特色社会主义的新内涵，成为解读中国道路、讲好中国故事、传播中国声音、阐释中国特色的"经典话语"和"标识概念"。20 世纪 80 年代以来，许多发展中国家受困于所谓的"中等收入陷阱"，难以摆脱传统增长模式的"窠臼"，探寻新的发展道路更成为迫切课题。现在，许多发展中国家不再迷信西方欧美发展道路和发展理论，转而向东方中国求助发展经验和话语体系。全面建成小康社会的探索具有世界意义的贡献，彰显了新时代马克思主义理论创新的"中国道路""中国方案""中国智慧"旺盛的生命力，提升了中国国际上的话语权和影响力。

第四节　全面建成小康社会的新特点

全面建成小康社会在"四个全面"战略布局中居于引领地位。党的十八大以前，我们党也注重小康社会建设、深化改革、依法治国和从严治党四个重要问题，但四个方面缺乏有效整合，小康发展地位不突出，整体效能受到影响。以习近平同志为核心的党中央坚持问题导向，既注重"全面"，又抓住重点，提出了突出全面建成小康社会引领地位的"四个全面"的战略布局，创造性地把全面建成小康社会这一奋斗目标、全面深化改革这一发展动力、全面依法治国这一重要保障、全面从严治党这一根本保证有机联系、科学统筹起来，为我们党在新形势下治国理政，坚持和发展中国特色社会主义注入新的时代内涵。理论和实践都说明，"布局"是可以随着形势任务的发展变化而有所调整、有所补充、有所完善的，它既是现实的，又是动态的。"四个全面"战略布局，是以习近平同志为核心的党中央从坚持和发展中国特色社会主义全局出发，从全面建成小康社会治国理政作出的新战略思考、提出的新战略要求、制定的新战略部署，是党和国家的行动指南。

第一，以创新协调绿色开放共享新发展理念引领全面建成小康社会。在深刻总结国内外发展经验教训和发展大势的基础上，针对我国发展中的突出矛盾和问题，党的十八届五中全会提出了创新、协调、绿色、开放、共享的新发展理念，这集中反映了我们党对经济社会发展规律认识的深化。在较早的发展阶段上，发展往往局限于经济领域，尤其强调经济总量扩大，造成以经济增长替代更广义发展的理论和实践倾向。随着小康社会的不断推进，发展条件和发展环境在发生变化。一些曾经行之有效的理念，随时间的变化效果在减弱。实现全面建成小康社会目标，我们面临的问题更复杂、发展的任务更艰巨，这主要表现在五个突出：发展动力不足问题突出、发展不协调问题突出、资源环境约束问题突出、对外开放总体水平不高问题突出和共建共享不够问题突出。新发展理念正是为了破解这五个方面的突出问题提出来的，是全面建成小康社会的指挥棒和红绿灯，具有极强的现实针对性。

第二，如期全面建成小康社会主动引领经济发展新常态。我国经济发展进入新常态，是世界经济长周期和我国发展阶段性特征及其相互作用而产生的必然结果，是今后相当长一段时期内我国经济发展的基本性质和主要特征。经济新常态下，我国经济发展的主要特点是：增长速度要从高速增长转向中高速，发展方式要从规模速度型转向质量效率型，经济结构调整要从增量扩能为主转向调整存量、做优增量并举，发展动力要从主要依靠资源和低成本劳动力等要素投入转向创新驱动。在全面建成小康社会的决战期，以全面建成小康社会引领经济发展新常态，就是以更加主动的姿态适应、把握我国经济发展的大逻辑，针对我国经济发展表现出的速度变化、方式改变、结构优化、动力转换等特点，更好地发挥主观能动性、更有创造精神，坚持以提高发展质量和效益为中心，实施创新驱动战略，强化统筹协调，努力推进供给侧结构性改革，保证经济保持中高速增长。

　　第三，全面建成小康社会关键在于做好补齐短板这篇大文章。现在我国发展不平衡、不协调、不可持续问题仍然突出，短板现象普遍存在。不仅经济、政治、文化、社会和生态等领域有短板，而且各个地方也有各自的短板。比较突出的是脱贫攻坚、社会事业发展、生态环境保护、民生保障等，全面建成小康社会关键在于补齐短板。改革开放以来，我国充分发挥市场机制，整合国内国际两个市场两种资源，弥补了经济发展面临的一系列短板，创造了经济发展的奇迹。但有一些领域的短板补得不好，如"三农"、民生、生态等，大多与政府缺位有关。近几年，随着经济总量的快速提升，一方面我们整合国内国际两个市场两种资源的规模越来越大，要求越来越高，难度越来越大；另一方面全面建成小康社会的短板，大多需要发挥政府的作用。因此，补短板的思路需要适时地从以往发挥市场机制补自己之短，转向主要依靠政府和市场合作补短板。

　　第四，扩大中等收入群体关系全面建成小康社会目标的实现。扩大中等收入群体，是全面建成小康社会的具体要求，是有效扩大内需的重要源泉，是实现共同富裕的基本路径，也是实现橄榄形社会结构的转型和跨越中等收入陷阱的重要支撑。以前我们的政策，主要是鼓励一部分人先发展起来，中等收入群体发展政策比较模糊。进入21世纪以来，我国高度重视扩大中等收入群体，推进政策逐渐加强。党的十八大强调要扩大中等收入者的比重。党的十八届三中全会提出，规范收入分配秩序，完善收入分配体制机制和政策体系，增加低收入者收入，扩大中等收入者比重，努力缩小城乡、区域、行业收入分配差距，逐步形成橄榄形分配格局。扩大中等收入群体进入发展的快车道。在经济发展新常态下，扩大中等收入群体的重点和难点是：一方面要使低收入群体进入中等收入群体，另一方面要让现有的中等收入者不因为各种原因重新下掉到低收入群体。从某种意义上说，扩大中等收入群体是一个国家长治久安的必经之路。但实际上扩大中等收入群体，并不单单是财富上的扩大，还需要全方位的社会保障制度和完善的法律体系来保障中等收入群体的权益。

第二章
战略阶段：全面建成小康社会进入决胜期

习近平总书记在党的十九大报告中指出："从现在到二〇二〇年，是全面建成小康社会决胜期。"2019年中央经济工作会议对当前经济工作面临的挑战与机遇也做了深入分析：一方面，从面临挑战来看，当前我们正处在转变发展方式、优化经济结构、转换增长动力的攻关期，"三期叠加"影响持续深化，经济下行压力加大；世界经济增长持续放缓，仍处在国际金融危机后的深度调整期，世界大变局加速演变的特征更趋明显，全球动荡源和风险点显著增多。另一方面，从面临机遇来看，我国经济稳中向好、长期向好的基本趋势没有改变，我们有党的坚强领导和中国特色社会主义制度的显著优势，有改革开放以来积累的雄厚物质技术基础，有超大规模的市场优势和内需潜力，有庞大的人力资本和人才资源。在决胜全面建成小康社会关键时期，必须准确认识发展中遇到的新情况、新问题和新矛盾，统筹好国内国际两个大局，抓住天时，利用地利，实现人和，以便更好地维护国家整体核心利益，更快地实现到"十三五"末全面建成小康社会的目标。

第一节　国际环境带来的机遇

整体上看，和平与发展依然是当今时代的主题。当今世界，和平与发展问题相互交织、密不可分。发展离不开和平，和平也离不开发展。虽然局部矛盾和热点将依然会此起彼伏，但全球发展将会呈现出相互关联、相互推动的显著性特征。应当说，国际环境整体上是有利于我国如期实现全面建成小康社会这一目标的。

第一，经济全球化深入发展，生产要素的全球化配置加快。随着资本、商品、技术、信息、劳务等生产要素在国际间的加快流动，各国都在积极调整产业结构，试图抢占产业制高点。各经济强国正加快将传统产业和现代服务业向劳动力素质较好、成本较低的发展中国家转移，这有利于我们在世界范围内优化资源配置，可以更多地从外部获得生产要素，以促进产业结构的优化升级与技术进步。新兴经济和发展中国家东升西落，我们必须抓住多极化的趋势进行发展。[①] 同时，经济全球化有助于我国制造的产品走向国际市场，提高企业的国际竞争力，增强我国的综合国力，对提高我国的经济规模、扩大国际影响力、提升国际地位都具有十分重要的意义。

第二，世界科学技术日新月异，新的技术革命正在孕育兴起。从世界经济史看，每一次经济危机都孕育着新的科技革命，而新的科技革命必然带来新的产业革命。金融危机后，世界各国都在寻找新的增长动力源泉，都把科技创新和新兴产业作为突破口，都想搭乘科技革命的快车，抢占科技创新和新兴产业的制高点，率先复苏并走向繁荣。[②] 当前，以信息技术为主导并由此带动的新材料、生物技术、海洋技术、信息技术等新科技革命深入发展，已经或正在形成新的科技进步浪潮。比如，以信息技术为核心的产业技术革命正在催生新的经济增长点，互联网＋、智能化、低碳化、机器人、3D 打印等新经济业态、新科技产品发展迅猛。新科技革命的最大特点是新技术与经济社会深度融合，这种融合使得产业边界变得模糊，催生了新产品、新模式、新业态，这也给我国产业转型

---

① 参见宁吉喆:《读懂"十三五"》，中国人民大学出版社 2016 年版，第 7 页。
② 参见徐宪平:《中国经济的转型升级：从"十二五"看"十三五"》，北京大学出版社 2015 年版，第 67 页。

升级带来了新机遇。随着经济全球化的发展，我国可以通过引进、再创新等途径吸收消化发达国家的一些关键技术，并大幅度提高我国的自主创新能力。在此背景下，我们就有可能发挥后发优势，顺应世界经济科技发展潮流，实施建设创新型国家、人力资源强国、海洋强国等强国战略，实现科学技术、人力资源和生产力更大规模和更高质量的发展。

第三，国际金融危机引发世界政治经济格局的深刻变化。在国际金融危机和欧洲债务危机的巨大冲击下，欧美等传统经济强国经济实力相对下降，经济呈现出缓慢复苏趋势，而我国等新兴经济体率先回升并稳步发展，成为世界经济增长的主要引擎。当前，仅中国一年的经济增量就占世界经济增量的约三分之一，成为世界经济的"稳定器"和"压舱石"。国际金融危机的爆发，世界各经济体尤其是新兴经济体对以美元等货币为主导的国际金融体系提出了挑战，要求对世界货币体系进行改革的呼声日渐高涨，这为人民币走出国门，加快人民币的国际化步伐，提高我国金融的开放程度，建立发达稳健的金融体系将提供重要机遇。

第四，国际形势总体稳定，短时间内不会有世界大战。当前，虽然局部争端或局部战争时有发生，但和平与发展仍然是时代主题，国际环境基本面没有发生根本变化，国际力量对比朝着有利于维护世界和平的方向发展。[①]维护和平、制约战争是全世界人民的心愿，新的世界大战短期内打不起来，我们有可能争取到较长时间的和平国际环境。国际货币基金组织、世界银行等世界经济组织的治理结构改革也已经迈出重要步伐。可以说，相对稳定的国际政治经济形势，有利于我们在今后一段时期积极参与全球经济治理，推动全球治理机制变革，也为如期全面建成小康社会提供了一个较好的外部环境。

---

① 参见徐绍史：《加快转变经济发展方式》，人民出版社、党建读物出版社 2015 年版，第 7 页。

第二节　国际环境带来的挑战

当然，随着世界经济格局进入深度调整期，新旧矛盾相互叠加，新旧力量相互博弈，世界政治、经济、社会等领域的不稳定因素也在明显增多。当前，尽管我国发展依然处于可以大有作为的重要战略机遇期，但仍然面临着各种不利因素和不确定性环境，需要清醒地加以研判和认识，这也注定我国在实现全面建成小康社会的攻坚阶段，将不会是一帆风顺和一路平坦的。

第一，世界现有经济强国的制约因素在加剧。我国在 2010 年经济总量超过日本成为世界第二大经济体之后，世界现有的以美国、日本等经济强国对我国发展的制约因素正在增加。发达国家为了保持其在国际经济体系中的秩序红利、格局红利、分配红利，不愿看到一个强大中国的崛起，会不惜代价试图掣肘我国经济的发展。反倾销起诉、干涉中国企业的对外投资等事件频频发生，国际贸易摩擦日渐加剧，"中国威胁论""唱衰中国论""贸易保护论"等大有抬头的趋势。"中美贸易战""中美科技战"面临很大的不确定性，有可能成为今后一段时期中美经贸交流的主要议题。这是制约当前和今后一段时期我国经济发展的重要因素。

第二，全球经济市场竞争日趋激烈。国际金融危机对全球经济发展形成严重冲击，全球供给结构和需求结构都发生着深刻变化，无论是发达国家还是发展中国家都面临调整经济结构的巨大压力。美国、欧盟国家等相继提出"再工业化""2020 战略""重生战略"措施；发展中国家都在努力调整发展模式，重塑和加快发展具有比较优势的产业，抢占国际分工的制高点。这些必然导致全球市场争夺更加激烈，各种形式的保护主义更加严重，并从贸易向投资、技术、就业等各个领域扩散，使得我国面临的外部经济环境的挑战日趋严峻。

第三，外部需求短期内难以有明显好转。目前，世界经济增长持续放缓，经济复苏的不稳定性、不确定性上升，下行压力和潜在风险有所加大。近期，世界银行下调了对大宗商品的价格预期，将 2020 年铜价预期下调近 8% 至 6150 美元 / 吨，将原油均价下调约 3% 至 50 美元 / 桶，理由是全球经济降幅将大于预期，从而降低对能源、金属和农作物的需求。欧洲主权债务危机警报仍未完全解除，存在着进一步蔓延的可能性。因此，欧元区有可能出现财政金融风险与经济衰退恶性循环的局面，从而严重影响世界经济复苏进程。受全球经济影响，新兴工业化国家经济短期内也很难有大的改观。因此，当前和今后一段时期的外部需求很难有大的变化。

第四，全球性的各种问题相互交织。近些年来，世界传统和非传统安全问题，包括气候变化、粮食安全、能源资源安全、大规模杀伤性武器扩散、重大自然灾害、重大传染性疾病等全球性问题交织显现，反映出现有的国际体系不能有效地应对国际社会所面临的新威胁新挑战。[1]同时，中亚、北非等地区政局持续动荡不安，气候变化等因素带来的全球生态与环境压力不断加大，都给我们经济发展的总体外部环境提出了新的挑战。

第五，世界正面临百年未有之大变局。传统国际格局和综合实力已经发生变化。"百年未有之大变局"的百年是个不确切的数字，不一定指一百年，可能更长，也可能更短，准确的理解应该是时间比较长。一战结束至今已 102 年，一战之后《凡尔赛条约》的签订确立了大国瓜分小国的国际格局。二战结束至今已 75 年，二战之后形成的"雅尔塔体系"确立了美苏争霸的国际格局。但是随着中国改革开放和近年来新兴发展中国家的强势崛起，世界格局正在发生前所未有的变化。全球力量的天

---

[1] 参见魏礼群：《由经济大国到经济强国的发展战略》，《全球化》，2013 年第 6 期。

平正在从西方向东方转移。应该说，国际格局和国家之间综合实力的变化是"百年未有之大变局"的突出表现。当前国际秩序和国际规则正在持续改写。现行国际秩序和国际规则是在二战以后逐步形成的，从联合国以及各类国际组织的成立，再到形形色色的国际协议、制度、议事决策规则的制定，一并构成了全球治理体系，总体上维持了世界和平与发展。但现行国际秩序也存在着诸多不公正、不合理的地方，与广大发展中国家所认可的、以国际关系准则为基础的国际秩序相距甚远。今后自由贸易何去何从，国际组织如何发挥作用，政治制度孰优孰劣，等等问题，都在挑战着我们对二战之后形成的国际秩序的认知。

第三节　国内环境带来的机遇

如何认识当前国内环境？其基本依据还是党中央对当前经济形势的判断。从国内情况看，经济社会发展的基本方向没有变，既有"时"（仍然处于难得的战略机遇期），也有"势"（处在全球上升通道上），具备各种有利条件和物质基础。尤其是以习近平同志为核心的党中央，正带领全国各族人民加快迈向决胜全面建成小康社会，这既是广大人民的新期待、新期盼，也是实现加快从经济大国迈向经济强国的重要基础。

第一，物质基础比较雄厚。新中国成立以来特别是改革开放以来，中国经济以世界少有的年均 9.4% 的增长速度高速发展，大大高于同期世界经济年平均增长 2.9% 的速度。目前，中国已成为世界第一外汇储备大国。国家财政实力不断增强，财力的增加对促进经济发展、加强经济和社会中的薄弱环节、切实改善民生、有效应对各种风险和自然灾害的冲击提供了有力的资金保障。2010 年，我国国内生产总值为 40.15 万亿元，到 2019 年末，国内生产总值接近 100 万亿元，折合约 14.5 万亿美元，与美国 GDP 的相对差距从 2.52 倍缩小至不到 1.5 倍。我国的经济实力和综合国力大为提升，保持可持续发展的物质基础和内生动力显著增强。目前，我们已经建立了相对完备的现代产业体系，基础设施日益完善，能源保障和交通运输能力显著提高，劳动力资源丰富，人力资源积累水平迅速提高，这些都为决胜全面建成小康社会冲刺期的经济社会可持续发展提供了有力支撑。

第二，产业结构升级加快。产业发展是经济发展的最主要承载体之一，推动产业结构由中低端向中高端转换是实现我国经济优化升级的主攻方向。从全球价值链来看，我国一直处于价值链低端，长期陷于"低水平均衡陷阱"。当前，国内外环境发生了深刻的变化，新一轮技术革命正在酝酿，随着经济全球化和区域经济一体化的深入发展，国际产业转移规模不断扩大，层次不断向高端延伸，出现了产业链条整体转移的趋势。党的十八大以来，以习近平同志为核心的党中央顺应这一趋势，因势利导，实施了创新驱动战略和一系列振兴新兴产业、促进产业升级的支持政策，积极推动了我国产业结构由中低端向中高端转换。2019 年，高技术制造业和战略性新兴产业增加值分别比上年增长 8.8% 和 8.4%，增速分别比规模以上工业快 3.1 和 2.7 个百分点，这是非常好的结构优化升级迹象。

第三，新的区域发展格局。中国经济是典型的大国经济，区域发展条件差异特征突出，实施促进区域协调发展的国家战略，是实现中国经济转型发展的重要保障。同时，通过深化全方位改革开放，抓住新机遇，调整区域结构，充分挖掘区域潜力，为经济发展释放出更为长期、持久的动力。党的十八大以来，京津冀协同发展、长江经济带、"一带一路"建设、粤港澳大湾区建设、黄河流域生态保护和高质量发展等区域发展战略陆续推出，形成了我国区域发展的新战略，打开了国内发展的新空间。譬如，通过京津冀协同发展，打破过去的"一亩三分地"思维，顶层设计、协同推进，强调实现京津冀协同发展，是推进区域发展体制机制创新的需要，是探索完善城市群布局和形态、为优化开发区域发展提供示范和样板的需要，是探索生态文明建设有效路径、促进人口经济资源环境相协调的需要，是实现京津冀优势互补、促进环渤海经济区发展、带动北方腹地发展的需要，并有效地将区域发展提升为重大国家战略。

第四，创新驱动成为经济发展新战略。中国经济正从要素驱动、投资驱动转向创新驱动，或者说创新驱动已经成为我国经济发展的新战略。创新是人类社会发展与进步的永恒主题，是社会发展的一般性、普遍性规律。《中国创新发展报告（2017—2018）》指出，中国科技进步贡献率为 58.5%，与美国、德国等创新型国家 70% 以上的科技进步贡献率逐步靠近。同世界发达经济体相比，40 多年来，中国主要依靠要素驱动、投资驱动推动经济高速增长。但也应看到，经过多年改革开放，我们积累了坚实的物质基础，有持续创新的系列成果，有总量稳居世界第一的科技队伍，有 4200 万工程技术人才。通过几代科技人员的艰苦奋斗，我们科技整体水平大幅提升，一些重要领域跻身世界先进行列，某些领域正由"跟跑者"向"并行者"，甚至"领跑者"转变。当前，我们处于新型城镇化与新型工业化、信息化、农业现代化同步发展的关键时期，这给自主创新带来了广阔发展空间，提供了前所未有的强劲动力。

第五，新型城镇化积极稳妥地推进。城镇化是现代化的必由之路，是保持经济持续健康发展的强大引擎，也是经济转型升级的重要载体和途径。党的十八大作出了新型城镇化与新型工业化、信息化、农业现代化同步发展的新要求。从国际经验和我国实际情况看，工业化是城镇化的发动机，城镇化是工业化的促进器；城镇化是信息化的主要载体，信息化提升城镇化的品质，使城镇功能和产业结构进一步优化；农业现代化是城镇化发展的基础，城镇化是实现农业现代化的前提。四化同步必将推动信息化和工业化深度融合、工业化和城镇化良性互动、城镇化和农业现代化相互协调，促进城镇发展与产业支撑、就业转移和人口集聚相统一，促进城乡要素平等交换和公共资源均衡配置，形成以工促农、以城带乡、工农互惠、城乡一体的新型工农、城乡关系，有利于我国国民经济走出一条健康发展的新路径。

　　第六，全面深化改革加快推进。改革红利实际上是指通过体制机制变革使得生产要素重新组合和优化配置而获得的增量价值部分，是一种潜在价值形态。因此，改革红利的实质是一种制度红利或体制红利。多年的改革历程，破除了阻碍科学发展的体制机制，使人民群众创新创造的活力充分发挥出来，极大地激活了资源、劳动力等生产要素的活力，营造了较为公平的竞争环境，显著地降低了交易成本，为中国经济社会发展释放了巨大的改革红利。改革过去是中国最大的红利，未来也将是中国最大的红利。在全面建成小康社会的关键阶段和全面深化改革的攻坚时期，改革仍将释放新的红利。党的十八届三中全会对我国全面深化改革作出了全局性的战略部署，涉及 15 个领域、330 多项重大改革举措。① 据统计，党的十八大以来，国务院部门累计取消行政审批事项 618 项，彻底清除非行政许可审批。中央指定地方实施行政许可事项目录清单取消 269 项，国务院行政审批中介服务清单取消 320 项，国务院部门设置的职业资格许可和认定事项削减比例达 70% 以上，3 次修订政府核准的投资项目目录，中央层面核准的投资项目数量累计减少 90%，简政放权的力度和速度前所未有。这种"壮士断腕"般的"自我革命"，彰显了中央全面深化改革的坚定决心，激发了市场活力、增强了发展动力和社会创造力。在世界银行发布的 2019 世行营商环境评价排名中，我国排名从第 78 名上升到第 46 名，首次进入前 50 名。正如习近平总书记 2018 年 4 月 10 日在博鳌亚洲论坛 2018 年年会开幕式上发表主旨演讲时指出的：

---

① 参见周跃辉：《以改革红利再造经济增长新动力》，《中国经济时报》，2015 年 6 月 16 日。

"在新时代，中国人民将继续自强不息、自我革命，坚定不移全面深化改革，逢山开路，遇水架桥，敢于向顽瘴痼疾开刀，勇于突破利益固化藩篱，将改革进行到底。"

第七，对外开放格局呈现新局面。 扩大对外开放是全面建成小康社会的外部条件，也是当前和今后很长一段时间的重点任务。随着全球经济一体化不断加强和综合国力不断上升，开放型经济新体制的逐步构建，我国"走出去"面临许多有利的机遇。[①]一是"走出去"开辟了对外开放新局面。对外投资增长迅速。不少国家受到金融危机冲击后资金匮乏，与我国扩大投融资合作的意愿增强，在一些领域对我国放宽了投资的限制，使我国企业处于较有利的投资地位。我国对外开放领域正在消除部分开放领域的"玻璃门""弹簧门"。二是多元开放、全方位开放格局正在形成。双边、多边、区域次区域开放合作正在统筹推进，自由贸易区战略加快实施，同周边国家互联互通加速推动，我国对外开放正发展成为沿海、内陆、沿边等多元开放体系，对外合作正发展成为包括区域、双边、多边等多元合作体系。亚洲基础设施投资银行、丝路基金等机构在为"一带一路"沿线国家提供基础设施建设、资源开发、产业合作等项目投融资支持方面取得积极进展。以亚洲基础设施投资银行为例，截至2018年底，共有93个成员，总成员数仅次于世界银行，投资规模已达数十亿美元。已经成立的金砖国家新开发银行在提高中国与最具活力的经济体之间的合作方面也发挥着积极作用。[②]

---

① 参见2015年9月17日中共中央、国务院发布的《中共中央 国务院关于构建开放型经济新体制的若干意见》。

② 参见曹立：《新理念引领新发展："十三五"中国经济大趋势》，新华出版社2016年版，第72页。

第四节　国内环境带来的挑战

当然，我们也要清醒地看到，当前仍是我国各类矛盾的集中凸显期。要实现党的十九大确定的各项目标和战略任务，还面临着这样那样的问题，面临着一系列的挑战和矛盾，尤其在科技创新能力、经济增长压力、城乡二元结构、人口资源环境制约等方面需要加以高度重视，需要更好地解决好全面建成小康社会进程中的各种不利因素。

第一，经济增长下行压力和通胀风险加大。中国经济从 1978 年至 2011 年，长达 32 年的时间里保持了年均 9.87% 的高速增长。在如此长的时间跨度内，实现接近两位数的高速增长，可以说是取得了举世瞩目的"中国奇迹"。2012 年至 2013 年经济增长 7.7%，2014—2019 年分别增长 7.3%、6.9%、6.7%、6.8%、6.6% 和 6.1%。由此可以看出，我国经济由高速增长向中高速增长转换的趋势十分明显。当前，我国经济增速回落既是宏观调控的结果，也是市场需求环境变化的反映，尤其是受外需不振甚至下滑冲击的影响。随着经济增速回落，产业结构不合理特别是部分产品产能过剩问题进一步暴露。产能过剩不仅造成能源资源的浪费，还造成恶性竞争、行业利润率下降、失业增加、通货紧缩等影响经济社会发展的严重后果。根据国家统计局数据，2019 年居民消费价格同比上涨 2.9%，其中，农村上涨 3.2%，食品烟酒价格上涨 7.0%，通胀风险有所抬升。

第二，创新驱动能力不足，经济发展质量有待提高。同世界发达经济体相比，40 多年来，我国主要依靠要素驱动、投资驱动推动经济高速增长。由此导致我国经济发展质量不高、效益不好，经济发展在相当程度上依靠劳动密集型产品和高技术产业中的低技术环节，国际竞争力过度依赖劳动力、资源和环境的低价格，制造业主要集中在产业链中低端，科技创新对经济发展的贡献率不高。应当说，尽管我们一直在强调并努力改善经济发展质量不高的问题，但这一状况并没有得到根本性的改变。同时，长期依靠要素驱动为主推高增速，使我国经济发展形成了增长速度崇拜和要素驱动依赖的惯性力量，造成了体制机制上有不少适应要素驱动而不利创新驱动的制度性藩篱。从现实情况看，无论是市场主体、政府机关，还是普通民众，创新意识、创新思维、创新氛围和创新活动都不强。随着人均收入提高，生产要素供给发生新的变化，能源资源约束更趋强化，低成本优势逐步削弱，支撑过去快速发展的传统人口红利和资源红利逐渐消失，我国以要素驱动为主的发展道路和以低端市场为主的发展方式已难以为继。而在中高端市场，由于研发能力和人力资本条件制约，提高国际竞争力也困难重重。

第三，城乡二元结构亟须破解，"三农"问题突出。我国呈现出城乡二元结构和城市内部二元结构并存的局面，具有城乡双二元结构的特征。城乡二元经济的产生与以重工业优先发展为特征的赶超型发展战略密切联系。以户籍制度为代表的城乡二元制度使农业劳动生产率发展水平低下，农民增收困难，城乡收入差距仍然较大。根据国家统计局数据，2019 年城镇居民人均可支配收入 42359 元，农村居民人均可支配收入 16021 元，前者是后者的 2.64 倍。农村居民在消费、基础设施、社会保障、公共服务、科技教育等诸多方面与城市居民都存在较大差距。随着城镇化进程的加快，农村空心化、老龄化、留守妇女儿童问题等现象愈加凸显。在城市内部，同样存在着明显的二元结构，城市内部二元结构是在城乡二元结构的基础上形成的，是市场化改革以来城乡二元结构在城市中的新形态。繁华的城市中心区与简陋的棚户区形成了明显反差，农民工群体成为既不是农民，也不是市民的尴尬群体。

第四，人口、资源、环境与经济发展的矛盾日益突出。人口问题一直是制约我国经济社会发展的重大问题。到 2020 年前后，我国总人口预计将达到 15 亿左右，庞大的人口将给我国造成巨大的就业压力，并面临着老龄化的挑战。此外，资源和环境的压力和约束将进一步加剧。一是要素供给的制约。从现状和趋势看，我国劳动力、资本、土地、资源、能源、环境的低成本优势逐渐消失，以要素驱动为主很难实现中国经济行稳致远。二是资源能源环境恶化的制约。我国资源能源消耗总量大和利用率低的问题突出。2018 年，我国能源消费总量为 46.4 亿吨标准煤，占全球的 24%。尽管我国单位 GDP 能耗在逐年降低，但仍是世界平均水平的 1.4 倍，是发达国家的 2.1 倍。2018 年中国还是全球最大的石油、天然气进口国。水资源、土地资源、大气资源退化严重，环境承载力已逼近极限。我国在全面建成小康社会的进程中，面临的人口、资源、环境的压力将越来越大。

第五，全面深化改革进入深水区、攻坚期。不同于"普惠式"的改革阶段，全面深化改革必然要触动原有的利益格局，但触动利益往往比触及灵魂还难，过去那些绕过去的和放在一边的矛盾和问题并没有随时间的推移而消失，相反却随着全面改革而成为绕不过去的"拦路虎"。尽管改革开放政策已实施多年，一些方面的改革已取得了突破性进展，但市场化导向的改革并没有彻底完成，城乡二元制度改革、国有资产管理体制改革、财税金融体制改革、收入分配体制改革等重要环节与关键领域的改革困难重重。这些领域的改革往往要动既得利益的"奶酪"，这比触动人的灵魂还要难。[①] 要推动改革，就必定需要拿出壮士断腕的勇气，敢于革自己的命、敢于付出代价，只有以更大的决心和勇气才能打好改革最后"攻坚战"，才能更有效地谋划好新时代中国经济大布局。

第六，农村全面建成小康社会面临较大风险。党的十九大把防范化

---

① 李克强总理在十二届全国人大一次会议答记者问时提出："现在触动利益问题比触及灵魂还难。再深的水也得蹚，我们别无选择，这关乎国家的前途和民族的命运。这需要勇气智慧和韧性。"这句话在社会上引起广泛共鸣。

解重大风险作为全面建成小康社会三大攻坚战之一。在当前全面建成小康社会处于决胜期的关键阶段，必须强化底线思维和忧患意识，高度重视防范农业农村重大风险，把乡村振兴与脱贫攻坚有机融合。

一是防范粮食安全风险，必须坚守农产品保障底线。农业是永续产业，农产品不可能像工业产品那样快速更新换代。因为中国农产品市场体系、农业发展体系还没有全面建立起来，组织化程度偏低，一旦市场失灵使价格信号发挥不了作用，风险难以估量。根据国家统计局数据显示，2016—2018 年，中国粮食种植面积和粮食产量都出现下降，2018 年去库存的进度快于预期，这是非常危险的信号。必须要确保一定的产量和数量为基础，全面加强对农产品的市场保护，而不是放任市场对农民的强势地位。现有的国家的粮食储备体系主要是主粮的储备，而在新的形势下居民日常消费大多以生鲜农产品为主。农产品滞销事件呈现出逐年增加趋势，由零星分布逐渐演变成区域化滞销，诸多因素中的一个关键原因就是缺乏生鲜农产品的储备能力。"蒜你狠""豆你玩"，这样的小品种都能造成农产品市场的震荡就说明了这一点。国家粮食储备需要形成新的战略，突出补齐生鲜农产品储备短板，着力生鲜农产品储备技术重大攻关。

二是防范食品安全风险，必须坚守农产品质量底线。随着生活水平的不断提高，消费结构出现了高、中、低端的消费分化，农业发展需要加快以数量保障上升到品种和质量保障的大转型。农业生产是利用生物的生命活动进行的生产，是一个特殊产业，对气候、水质、土壤等生态环境的要求很高，那些品质优良、独具地域特色的农产品品牌，是特定地域的产物。一种农产品一旦生产出来，无论加工水平再高，还是营销手段、"互联网 +"再好，也无法改变农产品的品质。因此，全面建立优化区域品种结构的"正面清单"和"负面清单"，让那些传统的区域品牌、品种得到保护和发展，让那些低端的劣质的逐渐淘汰。医学研究表明，现代很多疾病起源于饮食，其中农药污染对农作物和人类的危害更为严重，某些化学性质稳定的农药，在环境中半衰期长，不易分解消失，其毒性可通过食物链浓缩积累。人类投放到环境中的化学制品，有不少对动物和人类有致癌作用。所以，农产品生产不仅要依靠科技提高产量，更要靠科技提高质量。

三是防范农民工"失业"风险，必须坚守城镇化底线。由于工业化、城镇化的快速推进引发了农民收入结构的变革，使农民收入在整体上实现了由农业收入为主向非农工资性收入为主的历史性变迁。没有近3亿的农民工置身于工业化、城镇化进程中，要农民靠一亩三分地就很难如此快速地降低贫困发生率，减贫工作也很难取得今天这样伟大的成就。反之，如果近3亿的农民工一旦失业而无家可归，对整个中国社会发展将带来灾难性的冲击。根据有关研究预测，中国在2030年城镇化率将达到65%，2050年可能超过70%。城镇化大趋势难以逆转，人口不断向城镇聚集这个大趋势也就必然难以逆转。党中央、国务院部署，到2020年要解决约1亿进城常住的农业转移人口落户城镇、约1亿人口的城镇棚户区和城中村改造、约1亿人口在中西部地区的城镇化问题。因此，就不能离开工业化、城镇化来推进乡村振兴，必须将农业农村现代化与工业化、城镇化作为一个有机的整体，推进城乡融合发展。

四是防范乡村生态环境风险，必须坚守绿色发展底线。尽管快速的工业化是乡村环境恶化的直接原因，但以资源要素扩张为支撑的农业发展所造成的资源破坏、环境污染、水土流失、土地沙漠化等一系列问题，给乡村的生态环境恶化和农产品质量安全也带来了前所未有的挑战。有关研究显示，中国化肥年施用量占世界总量的30%，农药单位面积使用量比发达国家高出一倍，化肥、农药的利用率仅为30%和40%，比发达国家低一半；每年约有50万吨农膜残留在土壤中，残膜率达40%；农业用水的有效利用率也仅为40%左右，远低于欧洲发达国家70%—80%的水平。特别是"白色污染"已经成为中国乡村环境的一大灾难，在一些乡村的农田、山坡到处都是一次性塑料包装、农膜，可谓一片"白色灾难"。由于无法降解，很多地方只得就地焚烧，看似分类处理了，可燃烧排放的剧毒进入了农民身体和大气中，成为难以除掉的恶性污染物。乡村环境治理线长面广，必须跳出乡村在源头上治理环境才能事半功倍。就像关闭一些造纸厂那样，必须下大决心对一次性塑料包装、农膜等无法降解环境污染产品的生产进行全面关停，确保城乡环境从源头上得到根治。留得住青山绿水，记得住乡愁，乡村才会成为安居乐业的美丽家园。

第七，面临跨越中等收入陷阱的挑战。党的十八大以来，习近平总书记在不同场合的重要论述中曾经谈到过"中等收入陷阱"。2014 年 11 月 10 日，习近平在北京出席亚太经合组织领导人同工商咨询理事会代表对话会时说，"对中国而言，'中等收入陷阱'过是肯定要过去的，关键是什么时候迈过去、迈过去以后如何更好向前发展。我们有信心在改革发展稳定之间以及稳增长、调结构、惠民生、促改革之间找到平衡点，使中国经济行稳致远。"由此，超越中等收入陷阱成为中华民族实现"强起来"必须要认真回应与努力解决的突出问题。中等收入陷阱的概念出处来自世界银行 2007 年发布的《东亚复兴报告》。但是，这一报告并没有明确的定义，只是探讨如何加快中等收入国家的发展。直到 2015 年 8 月，世界银行发布《中等收入陷阱十周年》，才对不同学者的定义做了概括总结。中等收入陷阱有理论性定义和经验性定义两种，其理论性定义的基本表述是：鲜有中等收入的经济体成功地跻身高收入国家，这些国家往往陷入了经济增长的停滞期，既无法在人力成本方面与低收入国家竞争，又无法在尖端技术研制方面与富裕国家竞争。经验性定义认为中等收入国家是个动态性的概念，在不同时期有不同评价标准。例如，2006 年世界银行的标准是，人均国民收入在 824 美元以下的国家属于低收入

国家；在 825 美元至 3254 美元之间的国家属于中低等收入国家；在 3255
美元至 10064 美元之间的国家属于中高等收入国家；10065 美元以上则为
高收入国家。截至 2017 年 7 月 1 日，世界银行按收入水平把国家划分为
低收入、中低等收入、中高等收入和高收入国家，对应的人均年收入区
间分别为 1005 美元以下、1006—3955 美元、3956—12235 美元和 12236
美元以上。人均收入在 1.2 万美元以下徘徊，却很难突破这个水平，这是
一些国家陷入中等收入陷阱的典型表现。

　　中等收入陷阱主要存在于经济领域，但也不仅仅存在于经济领域。
严格来说，中等收入陷阱主要涉及收入分配问题，收入分配既是经济问
题，涉及经济政策；也是社会问题，涉及社会保障政策。在经济领域，经
济增长回落或停滞、就业困难等可以理解为陷入中等收入陷阱。在社会
领域，贫富分化和社会动荡也可以理解为陷入中等收入陷阱。此外，在
文化与思想价值领域存在信仰迷茫、精神迷失等也是很多陷入中等收入
陷阱国家的表现。从国际社会看，中等收入陷阱并不是一个新奇的经济
社会现象。绝大多数发展中国家都经历了所谓的中等收入陷阱，诸如马
来西亚、巴西、阿根廷、墨西哥、智利等国家在 20 世纪 70 年代就进入
了中等收入国家行列，但之后数十年里却一直停滞在人均 GDP 3000 美元
至 5000 美元阶段。世界银行的一项调查显示，从 1960 年到 2008 年间，
全球 101 个中等收入国家和地区中，只有 13 个成功发展为高收入经济体。
应该说，我国正处于从中高收入国家迈向高收入国家的关键期，存在着
落入中等收入陷阱的可能性，需要各方未雨绸缪、积极应对。我们既要
充分估计到困难，也要更加坚定信心、上下同欲，只有奋力跨越中等收
入陷阱，才能确保如期实现全面建成小康社会目标。

第三章
战略布局：全面建成小康社会的战略任务

2016年7月1日，习近平总书记在庆祝中国共产党成立95周年大会上发表重要讲话时指出："全面建成小康社会是我们党向人民、向历史作出的庄严承诺，是13亿多中国人民的共同期盼。"如期全面建成小康社会，是"两个一百年"奋斗目标的第一个百年奋斗目标，是中华民族伟大复兴历史上的一座重要里程碑。党的十八大以来，习近平总书记提出了包括全面建成小康社会在内的一系列新理念新思想新战略，这些理论观点和战略思想，一并在党的十九大报告中被纳入习近平新时代中国特色社会主义思想体系中，成为习近平新时代中国特色社会主义思想的重要组成部分。厘清全面建成小康社会思想论述与其他重要理论观点和战略思想的关系，对于指导打赢脱贫攻坚战至关重要。

第一节　全面建成小康社会的战略定位

第一，全面建成小康社会的总体布局。全面建成小康社会是经济、政治、文化、社会、生态文明建设"五位一体"的全面小康，是不可分割的整体。党的十九大报告再次强调："要按照十六大、十七大、十八大提出的全面建成小康社会各项要求，紧扣我国社会主要矛盾变化，统筹推进经济建设、政治建设、文化建设、社会建设、生态文明建设。"党的十九大明确新时代我国社会主要矛盾是人民日益增长的美好生活需要和不平衡不充分的发展之间的矛盾。人民日益增长的美好生活需要，是多方面多层次的需要，不仅包括物质生活条件的满足，还包括政治方面、社会方面、生活环境方面各种条件的满足。因此，要按照"五位一体"的总体布局推进全面建成小康社会，着力化解社会主要矛盾。

第二，全面建成小康社会的战略举措。党的十八大以来，以习近平同志为核心的党中央从坚持和发展中国特色社会主义全局出发，提出并形成了全面建成小康社会、全面深化改革、全面依法治国、全面从严治党的战略布局。这个战略布局，既有战略目标，也有战略举措。2015 年 2 月，习近平总书记在中央党校省部级主要领导干部专题研讨班上的讲话中明确指出："全面建成小康社会是我们的战略目标，全面深化改革、全面依法治国、全面从严治党是三大战略举措。"这一论述，把全面建成小康社会置于"四个全面"战略布局之首，强调了全面建成小康社会是奋斗目标，具有战略统领和目标牵引作用，从而为新形势下党和国家各项工作指明了方向。同时，强调全面深化改革、全面依法治国、全面从严治党在全面建成小康社会进程中的支撑作用：全面深化改革为全面建成小康社会提供不竭的发展动力，全面依法治国为全面建成小康社会提供有力的法制保障，全面从严治党为全面建成小康社会锻造坚强的领导核心，从而进一步明确了新形势下党和国家各项工作的重点领域和主攻目标。"四个全面"战略布局以全面建成小康社会为目标，相辅相成、相互促进、相得益彰。

第三，全面建成小康社会的价值遵循。让老百姓过上好日子是我们一切工作的出发点和落脚点。党的十八大以来，以习近平同志为核心的党中央将人民所期盼的"有更好的教育、更稳定的工作、更满意的收入、更可靠的社会保障、更高水平的医疗卫生服务、更舒适的居住条件、更优美的环境"以及"孩子们能成长得更好、工作得更好、生活得更好"作为党执政为民的奋斗目标，集中体现了以人民为中心的发展思想，反映了社会主义社会促进人的全面发展的内在要求，彰显了全面建成小康社会人民至上的价值取向。践行以人民为中心的发展思想，就要把实现人民幸福作为全面建成小康社会的目的和归宿，着力解决人民群众最关心、最直接、最现实的利益问题，在经济社会发展的过程中促进人的全面发展，这既是全面建成小康社会的价值遵循，也是全面建成小康社会的检验标准。

第四，全面建成小康社会的发展理念。面对全面建成小康社会决胜阶段的新形势，习近平总书记明确提出了新发展理念。他在十八届中央政治局第三十次集体学习时讲话指出："创新、协调、绿色、开放、共享的发展理念，集中体现了'十三五'乃至更长时期我国的发展思路、发展方向、发展助力点，是管全局、管根本、管长远的导向。"因此，新发展理念是我国全面建成小康社会乃至更长时期关于发展动力、要求、条件、途径和目的等重大发展问题的根本观点，具有战略性、纲领性、引领性，深刻揭示了实现更高质量、更有效率、更加公平、更可持续发展的必由之路。实现全面建成小康社会目标，必须以新发展理念来指导和引领发展，不断破解发展难题，厚植发展优势。要坚持创新发展，着力提高发展质量和效益；坚持协调发展，着力增强发展的整体性和协调性；坚持绿色发展，着力推广绿色发展方式与绿色生活方式；坚持开放发展，着力扩大高层次全方位对外开放；坚持共享发展，着力增进人民福祉。

第二节 全面建成小康社会的战略举措

当今世界面临百年未有之大变局，全球动荡源和风险点增多，我国外部环境复杂严峻。中国特色社会主义进入新时代，社会主要矛盾、面临形势任务也发生重大变化。这都给全面建成小康社会带来新的机遇和挑战。从挑战来看，美国挑起的中美贸易战、对华高科技企业发展遏制等外部风险短期难以消除，被广大发展中国家接受和认可的国际规则不断被改写；中国经济正由高速增长阶段转向高质量发展阶段，长期积累的矛盾与新问题新挑战交织，经济下行压力有所加大，重大风险隐患依然存在。因此，必须正确认识当前国内外发展环境，善于化危为机、转危为安，紧扣重要战略机遇新内涵。一是把握加快经济结构优化升级的新机遇，坚持以供给侧结构性改革为主线不动摇，为高质量发展打开新局面。二是把握提升科技创新能力的新机遇，补上核心技术等发展短板，把创新主动权、发展主动权牢牢掌握在自己手中。三是把握深化改革开放的新机遇，通过深化改革解决突出问题，推动全方位对外开放，变外在压力为内在动力。四是把握加快绿色发展的新机遇，走生态优先、绿色发展之路，引领全球绿色发展，也为自身赢得更大发展空间。五是把握参与全球经济治理体系变革的新机遇，在国际经济秩序和规则面临调整的重要时期，争取发挥更大更积极的作用。

党的十九大报告提出，决胜全面建成小康社会必须坚决打好防范化解重大风险、精准脱贫、污染防治的攻坚战。"三大攻坚战"既是全面建成小康社会的重点，也是难点。一是坚决打好脱贫攻坚战。习近平总书记多次强调要坚决打赢脱贫攻坚战，咬定总攻目标，严格坚持现行扶贫标准，不能擅自拔高标准，也不能降低标准。当前，既要坚决如期打赢脱贫攻坚战，也要按照十九届四中全会要求，建立解决相对贫困的长效机制。二是坚决打好防范化解重大风险攻坚战。当前和今后一段时期，可能是我国面临发展的各方面风险不断积累，甚至集中暴露的时期，因此既要高度警惕"黑天鹅"事件，也要防范"灰犀牛"事件，特别要防范系统性风险，为全面建成小康社会营造良好环境。比如金融风险问题、债务风险问题、外部风险问题等。三是坚决打好污染防治攻坚战。习近平总书记在十八届中央政治局第六次集体学习时讲话强调："建设生态文明，关系人民福祉，关乎民族未来。"环境问题是全社会关注的焦点，也是全面建成小康社会能否得到人民认可的一个关键。要坚持绿水青山就是金山银山，牢固树立和全面贯彻绿色发展理念。要打几场标志性的重大战役，打赢蓝天保卫战，打好柴油货车污染治理、城市黑臭水体治理、渤海综合治理、长江保护修复、水源地保护、农业农村污染治理攻坚战。

党的十九大提出要坚定实施科教兴国、人才强国、创新驱动发展、乡村振兴、区域协调发展、可持续发展、军民融合发展这七大战略，并将"七大战略"上升为决胜全面建成小康社会的战略支撑。"七大战略"虽然在党的十九大报告中首次集中提出，但其早已融入以习近平同志为核心的党中央的执政实践中。比如，在区域协调发展上，我们多次强调要促进区域协调发展，提出和推动了许多全新的战略构想和战略举措，比如"一带一路"、自由贸易试验区、京津冀协同发展、长江经济带、粤港澳大湾区、区域性整体脱贫等，为脱贫攻坚、区域发展和开放型经济新体制的理论和实践赋予了全新的内涵，注入了鲜活的动力。再比如，在促进乡村振兴方面，习近平总书记在十九届中央政治局第八次集体学习时强调指出："没有农业农村现代化，就没有整个国家现代化。在现代化进程中，如何处理好工农关系、城乡关系，在一定程度上决定着现代化的成败。"在这次会议上，他还提出："农业农村现代化是实施乡村振兴战略的总目标，坚持农业农村优先发展是总方针，产业兴旺、生态宜居、乡风文明、治理有效、生活富裕是总要求，建立健全城乡融合发展体制机制和政策体系是制度保障。"应该说，继续推动"七大战略"实施和落地，是确保如期全面建成小康社会的关键。

第三节　全面建成小康社会的主要任务

第一，**主动把握和积极引领经济发展新常态，坚持用新的发展理念引领和推动经济发展**。以经济建设为中心是兴国之要，发展仍是解决我国所有问题的关键。只有推动经济持续健康发展，才能筑牢国家繁荣富强、人民幸福安康、社会和谐稳定的物质基础。习近平总书记在2013年中央经济工作会议上强调，我国正处于跨越中等收入陷阱并向高收入国家迈进的历史阶段，矛盾和风险比从低收入国家迈向中等收入国家时更多更复杂。我们要注重处理好经济社会发展各类问题，既防范增长速度滑出底线，又理性对待高速增长转向中高速增长的新常态。全面建成小康社会的核心在"全面"，但中心仍然是在经济上实现小康。今年是全面建成小康社会冲刺之年、决战之年、收官之年，做好经济工作至关重要。要全力抓好经济工作，加强政策协调配合，确保经济运行在合理区间，保持经济持续健康发展和社会大局稳定，为决胜全面建成小康社会打下坚实基础。

第二，**坚持从国情出发推进国家治理体系和治理能力现代化，使各方面制度更加成熟定型**。党的十九届四中全会将我国国家制度和国家治理体系总结为13个方面的显著优势，并强调，中国特色社会主义制度和国家治理体系是以马克思主义为指导、植根中国大地、具有深厚中华文化根基、深得人民拥护的制度和治理体系，是具有强大生命力和巨大优越性的制度和治理体系。可以说，中国特色社会主义制度是特色鲜明、富有效率的，但还不是尽善尽美、成熟定型的。中国特色社会主义事业不断发展，中国特色社会主义制度也需要不断完善，包括人民代表大会制度、政治协商制度、民族区域自治制度、基层群众自治制度、基本经济制度等。2014年2月17日，习近平总书记在省部级主要领导干部学习贯彻十三届三中全会精神全面深化改革专题研讨班上讲话指出:"从形成更加成熟更加定型的制度看,我国社会主义实践的前半程已经走过了,前半程我们的主要历史任务是建立社会主义基本制度,并在这个基础上进行改革,现在已经有了很好的基础。后半程,我们的主要历史任务是完善和发展中国特色社会主义制度,为党和国家事业发展、为人民幸福安康、为社会和谐稳定、为国家长治久安提供一整套更完备、更稳定、更管用的制度体系。"坚持和完善中国特色社会主义制度体系,重点要贯彻落实十九届四中全会精神,突出坚持和完善支撑中国特色社会主义制度的根本制度、基本制度、重要制度。构建系统完备、科学规范、运行有效的制度体系,加强系统治理、依法治理、综合治理、源头治理,把我国制度优势更好地转化为国家治理效能,为实现"两个一百年"奋斗目标、实现中华民族伟大复兴的中国梦提供有力保证。

第三,推进社会主义文化强国建设,显著提高国民素质和社会文明程度。党的十九大报告指出:"没有高度的文化自信,没有文化的繁荣兴盛,就没有中华民族伟大复兴。"2014 年,习近平总书记在文艺工作座谈会上讲话强调:"中华优秀传统文化是中华民族的精神命脉,是涵养社会主义核心价值观的重要源泉,也是我们在世界文化激荡中站稳脚跟的坚实根基。增强文化自觉和文化自信,是坚定道路自信、理论自信、制度自信的题中应有之义。"全面建成小康社会,实现中华民族伟大复兴,必须推动社会主义文化大发展大繁荣,兴起社会主义文化建设新高潮,提高国家文化软实力,发挥文化引领风尚、教育人民、服务社会、推动发展的作用。

第四,保障和改善民生,维护国家安全和社会稳定。国家安全和社会稳定是改革发展的前提,也是全面建成小康社会的重要内容。维护国家安全,既要维护国家主权、安全、发展利益,也要维护政治安全和社会稳定。一方面,要加强和创新社会治理,对突出问题及时开展专项斗争，如扫黑除恶，切实做好维护社会稳定工作。另一方面，统筹教育、就业、收入分配、社会保障、医药卫生、住房、食品安全、安全生产等各方面，切实做好改善民生各项工作。

第五，建设美丽中国，为人民创造良好生活环境。推进生态文明建设，关键是树立尊重自然、顺应自然、保护自然的生态文明理念，坚持节约资源和保护环境的基本国策，把生态文明建设融入经济建设、政治建设、文化建设、社会建设各方面和全过程，着力树立生态观念、完善生态制度、维护生态安全、优化生态环境。要正确处理好经济发展同生态环境保护的关系，更加自觉地推动绿色发展、循环发展、低碳发展。

第六，提高党领导发展的能力和水平，确保全面建成小康社会各项任务落到实处。我们党担负着团结带领人民全面建成小康社会的重任，党坚强有力，国家就繁荣富强，人民就幸福安康。坚持加强党对经济工作的集中统一领导，是以习近平同志为核心的党中央立足新时代提出的新要求。2018年4月2日，中央财经委员会第一次会议强调，要加强党中央对经济工作的集中统一领导，做好经济领域重大工作的顶层设计、总体布局、统筹协调、整体推进、督促落实。同年中央经济工作会议提出，做好经济工作，必须加强党中央集中统一领导，提高党领导经济工作的能力和水平。加强党对经济工作的统一领导，一方面，要建立和完善党领导经济工作的体制机制；另一方面，要提高党领导经济工作的能力和水平，特别是党驾驭和控制经济风险、金融风险的能力，提高党员领导干部的经济素养。

第四节　全面建成小康社会的重点难点

如期全面建成小康社会首要的是经济发展水平，要实现更高质量、更有效率、更加公平、更可持续的发展。全面建成小康社会，更重要、更难做到的是"全面"。"小康"讲的是发展水平，"全面"讲的是发展的平衡性、协调性、可持续性。[①] 如果到 2020 年我们在总量和速度上完成了目标，但发展不平衡、不协调、不可持续问题更加严重，短板更加突出，就算不上真正实现目标。重视全面建成小康社会短板，是我们努力的重点和难点。

第一，解决好经济发展的质量和效益问题。 党的十八大以来，党中央综合分析世界经济长周期和我国发展阶段特征及其相互作用，作出了我国经济进入新常态的重大战略判断。新常态下我国经济发展的主要特点是速度、方式、结构、动力发生变化，也就是说增长速度要从高速转向中高速，发展方式要从规模速度型转向质量效率型，经济结构调整要从增量扩能为主转向调整存量、做优增量并举，发展动力要从主要依靠资源和低成本劳动力等要素投入转向创新驱动。这些变化，是我国经济向形态更高级、分工更优化、结构更合理的阶段演进的必经过程。新常态是一个客观状态，是我国经济发展到这个阶段必然会出现的一种状态，实现这样广泛而深刻的变化并不容易，对我们是一个新的巨大挑战。推动我国经济社会发展，把适应新常态、把握新常态、引领新常态作为贯穿发展全局和全过程的大逻辑，在很大程度上需要提高经济发展的质量和效益，改变过去那种跑马占荒似的粗放增长，改变过去那种拼资源能源的规模型增长，改变过去那种拼低成本要素的速度型增长。这里的改

---

① 参见《全面小康是五位一体全面进步》，《人民日报》，2016 年 3 月 14 日。

变关键是要加快转变经济发展方式、调整经济结构，实现经济结构的转型升级。如期全面建成小康社会要求经济发展保持适度的速度，但保持这个适度速度的前提应当是绿色的、创新的发展，必须是有质量的、有效益的发展，必须是遵循经济规律的协调发展，必须是遵循自然规律的可持续发展，必须是遵循社会规律的包容性发展。如果经济增长速度放缓了，但经济增长的质量和效益提高了，这对我们来说，是一件大好事。

第二，解决好发展不平衡不协调不可持续问题。发展不平衡不协调不可持续问题也就是全面建成小康社会短板所在。从宏观上看，短板无所不在，不仅经济、政治、文化、社会和生态等各个领域有短板，而且各个地方也有各自的短板，即使是经济发达地区，短板也同样存在。从微观上看，各地短板的种类和长短具有相对性、多样性和差异性。全面建成小康社会，覆盖的领域要全面，是"五位一体"的全面进步。经济发展进入新常态后，解决我国经济社会发展的诸多难题，将主要依靠增进公平激发全体人民的创新活力，形成经济增长的不竭动力。因此，在新旧动力转换的经济发展新阶段，补短板的核心或关键是补公平的短板，增大中等收入群体，努力跨过中等收入陷阱，顺利完成第一个百年目标，并为完成第二个百年目标奠定坚实的基础。根据全面建成小康社会目标要求，最突出、具有普遍性的短板有以下几方面：

一是脱贫短板。我们党历来重视"三农"问题，始终把解决好"三农"问题作为全党工作的重中之重。虽然全面建成小康社会不是人人同样的小康，但如果现有的农村贫困人口生活水平没有明显提高，全面建成小康社会就不能让人信服。所以，习近平总书记把农村贫困人口脱贫看作是全面建成小康社会最艰巨的任务，是最突出的短板。

二是民生短板。民生是人民幸福之基、社会和谐之本。增进民生福祉是我们党坚持立党为公、执政为民的本质要求。习近平总书记指出，让老百姓过上好日子是我们一切工作的出发点和落脚点。全面小康，覆盖的人口要全面，是惠及全体人民的小康。全面建成小康社会突出的短板主要在民生领域，发展不全面的问题很大程度上表现在不同群体民生保障方面。

三是生态短板。人与自然的关系是人类社会最基本的关系。生态兴则文明兴，生态衰则文明衰。我们党一贯高度重视生态文明建设。20 世纪 80 年代初，我们就把保护环境作为基本国策。进入 21 世纪，又把节约资源作为基本国策。经过 30 多年的快速发展，我国经济建设取得历史性成就，同时也积累了大量生态环境问题，成为影响人们生活质量提高的一块突出短板。我们要尽力补上生态文明建设这块短板，助推全面建成小康社会。

第三，提高风险防控意识和能力。当前和今后一段时期，可能是我国发展面临的各方面风险不断积累甚至集中显露的时期。如果发生重大风险又扛不住，国家安全就可能面临重大风险，全面建成小康社会进程就可能被迫中断。我们必须提高风险防范意识和能力。从经济风险防控来说，随着我国经济发展进入新常态，产能过剩化解、产业结构优化升级都需要一定的时间和空间，经济下行压力增大，容易引发一些突出矛盾和问题。一是地方政府债务风险。部分城市建设规模和速度超出财力，政府债务负担过重，财政和金融风险不断积累。二是金融风险。近年来，我国宏观债务水平持续上升，产能过剩，行业信贷风险逐步显现，处置"僵尸企业"的融资风险，高杠杆下的汇市、股市、债市、楼市风险上升，跨境资本异常流动风险增大。三是产业风险。发达国家再工业化吸引本国制造业回流，新兴经济体和其他发展中国家大力吸引低端产业和订单转移，我国产业面临提升竞争力和避免空心化的双重挑战。四是国际贸易风险。西方国家等强化贸易保护主义，除反倾销、反补贴等传统手段之外，在市场准入环节对技术性贸易壁垒、劳工标准、绿色壁垒等方面的要求越来越苛刻。

第五节　决胜全面建成小康社会的战略保障

全面建成小康社会的核心在"全面"，但中心仍然是在经济上实现小康。习近平总书记在十八届二中全会上讲话强调："以经济建设为中心是兴国之要，发展仍是解决我国所有问题的关键。只有推动经济持续健康发展，才能筑牢国家繁荣富强、人民幸福安康、社会和谐稳定的物质基础。"因此，当前和今后一段时期，必须保持经济持续健康发展和社会大局稳定，为决胜全面建成小康社会打下坚实基础。

第一，加强党对经济工作的集中统一领导。在习近平新时代中国特色社会主义思想的十四条基本方略中，首先就强调坚持党对一切工作的领导。坚持加强党对经济工作的集中统一领导，是以习近平同志为核心的党中央立足新时代提出的新要求。全面建成小康社会的核心在"全面"，但中心仍然是在经济上实现小康。只有推动经济持续健康发展，才能筑牢国家繁荣富强、人民幸福安康、社会和谐稳定的物质基础。面对日益复杂的国际国内经济环境，坚持和加强党对经济工作的集中统一领导显得愈加重要。当前，重点是要提高党领导经济工作的能力和水平，积极把握经济规律，认真研判经济形势，提高党驾驭市场经济的能力，驾驭和控制经济风险、金融风险的能力，进一步提高党领导经济工作的专业化能力和水平。

第二，用新发展理念推动经济高质量发展。党的十九大指出，中国特色社会主义进入新时代。在新时代，中国经济的基本特征就是已由高速增长阶段转向高质量发展阶段。党的十九大之后，习近平总书记在调研或讲话时多次提到用新发展理念推动经济高质量发展，并提出"推动高质量发展是做好经济工作的根本要求"。这一转变内涵丰富。一是从"速度"到"质量"的变化。这意味着今后经济工作不仅要关注速度，同样要关注质量。二是从"增长"到"发展"的变化。高质量发展意味着今后不仅要重视量的增长，更要重视结构的优化；不仅重视经济的增长，更要重视保护环境、提升社会文明水平，以及完善社会治理等多个方面。三是突出"转向"而不是"转为"。表明我国已经在朝着高质量发展的方向转变，但尚没有真正实现高质量发展。推动中国经济高质量发展要牢牢把握以下几个方面：一是坚持稳中求进总基调、注重政策协同；二是打好防范化解重大风险、精准脱贫、污染防治三大攻坚战；三是坚持创新驱动发展，深化供给侧结构性改革；四是持续推动经济体制改革，坚持使市场在资源配置中起决定性作用，更好地发挥政府作用；五是完善适应高质量发展的配套政策。

第三，把握正确的宏观经济政策取向。全面落实党中央的重大部署要求，要继续实施积极的财政政策和稳健的货币政策，实施就业优先政策，加强政策协调配合，确保经济运行在合理区间，促进经济社会持续健康发展。积极的财政政策要加力提效，特别是在补短板领域、民生保障领域，确保财政支出安排到位。稳健的货币政策要松紧适度，既不搞"大水漫灌"，又要保持流动性合理充裕，有效缓解实体经济特别是民营和小微企业融资难融资贵问题，防范化解金融风险。就业优先政策要全面发力，必须把就业摆在更加突出位置，既保障城镇劳动力就业，也为农业富余劳动力转移就业留出空间。要继续坚持以供给侧结构性改革为主线，更多采取改革的办法，更多运用市场化、法治化手段，巩固"三去一降一补"成果，推动经济高质量发展。

第四章

战略遵循：全面建成小康社会应坚守"中国道路"

"中国道路"是全面建成小康社会的制胜之道。国内外很多机构和专家都很关注中国的发展问题，都在试图揭开"中国道路"的密码。可以肯定地说，"中国道路"的背后是一系列思想、战略、政策、制度和方法的组合与创新，是决胜全面建成小康社会始终遵循并要一直遵循的道路。

第一节　全面建成小康社会的道路遵循

第一，中国共产党不断提高驾驭现代化发展的领导能力和坚定不移走中国特色社会主义道路。近代以来，中国人民能够站起来、富起来乃至开始强起来，靠的是中国共产党这个强大的政治领导力量的引领。中国共产党的领导地位、领导能力不是自吹自擂得来的，而是在新民主主义革命血雨腥风的伟大斗争中，由亿万人民反复比较作出的历史性选择，是在社会主义建设和改革开放时期成千成万不忘初心、牢记使命的中国共产党人发扬集体主义精神，带头干出来的。正是因为中国共产党同时具备理论的科学性、道路的正确性、组织的严密性，才得以深刻改变了中国。中华人民共和国成立70多年，特别是改革开放40多年的发展成就，从根本上说，得益于全世界人数最多的政党——中国共产党，在中国长期执政，不断提升驾驭现代化发展的领导能力，解放思想、实事求是、与时俱进、守正出新，走自己的路。近百年的历史表明，一个国家现代化的进程需要决策者和执行者具有卓越的执政能力。从中外的历史经验来看，如果一个政党不能适应实践、时代、人民的要求，就可能被实践、时代、人民抛弃，苏共丢掉政权就是值得我们反思的案例。这就提出了一个重大问题，即：在世界人口最多的大国，怎样才能坚持和巩固中国共产党的领导？历史和现实都作出了回答：必须不断加强和改善中国共产党的领导，让中国共产党的领导更加适应实践、时代、人民的要求。这就是我们今天全面从严治党、推进党的伟大自我革命、党的建设伟大工程需要担当起的历史性责任。改革开放40多年，我们破除计划经济年代对社会主义的僵化理解，剔除附加给社会主义的误导成分，没有退回去走老路，也没有依附西方，而是走出了有中国自己特点、自己品质、自己气派的中国特色社会主义发展道路。正是靠这些，推动当代中国大踏步赶上了时代发展。也只有继续靠这些，才能取得决胜全面建成小康社会的伟大胜利。

第二，高举马克思主义伟大旗帜和在实践中与时俱进推动理论创新。 在近一个世纪的探索中，中国共产党深刻认识到马克思主义是党的指导思想，我们要完整准确掌握马克思主义的基本立场、观点和方法，而不是教条地、机械地、僵化地、简单地背诵革命导师的几句话。我们要把马克思主义的理论与中国具体实际相结合，与火热的变革时代相结合，变成改造中国的强大武器。如此，马克思主义就活了，马克思主义就有了生命力。中国共产党坚持马克思主义指导，强调理论联系实际，坚持解放思想和实事求是有机统一，努力回答时代之问、人民之问，不断开辟马克思主义发展新境界。总结中国发展道路的经验启示，必须把坚持马克思主义的辩证唯物主义和历史唯物主义世界观和方法论考虑进来。中国共产党能够自我革新、不断超越，是与高度重视理论指导和哲学思维分不开的。马克思主义的世界观和方法论为我们走自己的路指明了前进方向，也为正确处理建设、改革、发展、稳定关系提供了理论引领。比如，我们讴歌改革开放40多年的成就，但不忘前30年打下的基础。

我们注重释放市场经济的能量，仍强调宏观调控的重要作用。我们强调发挥大国经济优势，但时刻不忘补齐自身短板。我们激活资本的有效功率，但更关心百姓的身心冷暖。我们实行包产到户，但一直探索发展农村集体经济和各种经济合作组织。从新中国70多年的发展经验看，正是因为有了这个思想武器，我们才能坚持实事求是的精神，才能少犯错误，即使有了错误也能够较快地纠正。

第三，坚持群众路线和走先富帮后富的共同富裕道路。中国共产党特别善于走群众路线，善于发扬协商民主，能够把老百姓和各种各样的利益团体很好地组织起来，变成移山填海的依靠力量。美国经济学家奥尔森在《集体行动的逻辑》中说，无产者是最难组织起来的。但是这个难题被中国共产党解决了。在新民主主义革命时期，中国共产党把天下受苦人组织起来、武装起来，实现了农村包围城市、武装夺取政权的革命理想。中华人民共和国成立后，中国共产党继续发挥着这个优势，开展了社会主义建设的探索，"鞍钢宪法""农业学大寨""工业学大庆"，其基本精神是注重群众参与，强调群众路线。改革开放后，重要的立法、五年发展规划等，都注重发扬民主，听取多方意见。"大众创业、万众创新"体现的也是民众参与、众志成城。所有这些，焕发了"敢叫日月换新天"的豪迈，干出了"东方风来满眼春"的江山。善于走群众路线、注重发扬协商民主，还与中国共产党强调的社会主义共同富裕的理念紧紧连在一起。在经济和社会发展中，党和政府始终注重效率与公平的关系，力求两者之间的统一。在改革开放之初，强调一部分人、一部分地区先发展起来、先富起来的同时，还要先富帮后富，向共同富裕迈进，从而告别了"大锅饭"的岁月。随着改革深化，强调按劳分配和按生产要素贡献分配相结合。到现在，更加注重公平和共享发展，强调以人民为中心，对"资本"注重利用调控，发挥好资本的功效，在发展中保障和改善民生。可以说，正是因为党一直坚守社会主义共同富裕的思想，并为之持续奋斗，从而避免了分配上的两极分化，也避免了严重的利益群体的对立，保持了社会大局总体上的稳定和谐。

第二节 全面建成小康社会的制度遵循

第一，始终坚持以经济建设为中心。在马克思倾注其一生心血的伟大著作中，有一条红线就是坚守人民立场。人民立场体现了对人民创造历史的地位和作用的深刻认识，是马克思主义政党区别于其他政党的显著标志。中国共产党人对坚守人民立场是有深刻认识的，人民立场也是中华人民共和国 70 多年不变的"时代主旋律"。以人民为中心的发展思想彰显了马克思主义的立场、观点、方法，充分体现了中国共产党人的不懈追求。以人民为中心的发展思想要求社会主义要有优越性、要有吸引力，要把发展作为党执政兴国的第一要务，要求改革开放和现代化建设必须以经济建设为中心。党的十一届三中全会作出决定，把全党的工作重点和全国人民的注意力转移到社会主义现代化建设上来。其后，开始了改革开放的探索进程，我们逐步形成了党在社会主义初级阶段的基本路线——"一个中心，两个基本点"，即以经济建设为中心，坚持四项基本原则，坚持改革开放。40 多年来，我们牢牢把握以经济建设为中心，不动摇、不懈怠，开辟出了一片新天地。

第二，建立与时代发展相适应的社会主义市场经济体制。新中国成立后的一段时间里，我们在探索社会主义建设问题上，有凯歌行进的岁月，也有曲折发展的历程。正是因为有了社会主义建设正反两方面的经验教训，我们才深刻认识到，制度是关系党和国家事业发展的根本性、全局性、稳定性、长期性问题。我们坚持和发展社会主义，就必须抓住完善中国特色社会主义制度这个关键，不断发挥和增强我国的制度优势。

我们强调尊重价值规律，发挥经济体制改革的牵引作用，建立竞争机制和产权市场，加快建立和完善社会主义市场经济体制，使市场在资源配置中起决定性作用和更好地发挥政府作用，为解放和发展社会生产力开辟了新的道路。我们建立的社会主义市场经济体制，不是西方那种新自由主义的市场经济，而是党政有为、市场有效的新体制。社会主义与市场经济的结合，在理论上超越了一些马克思主义学者的传统解读，超越了西方主流经济学的理论框架，超越了"市场社会主义"的制度设计，破解了经济学的世界性难题。

第三，坚持不断完善社会主义基本经济制度。社会主义基本经济制度来之不易。中华人民共和国成立后，我国在完成社会主义改造之后，开始了全面建设社会主义时期，但由于计划经济的影响，特别是"文化大革命"时期"左"的错误泛滥，我们对个体私营经济认识发生了严重偏差，搞纯而又纯的公有制经济，甚至一度取缔了个体私营经济。实践证明，单一的经济主体难以满足人民和社会的需要，缺乏竞争的经济也难以提高质量和水平。改革开放以来，我们党在不断发展公有制经济的进程中，逐步解放市场发展非公有制经济，从而推动了各种所有制经济健康发展，公有制经济和非公有制经济各自发挥比较优势、相互融合发展的基本经济格局逐渐形成，混合所有制经济方兴未艾，共同推动了我国经济发展不断取得新成就。"中国道路"来源于理论创新和实践创造。党的十五大取得重大突破，确定以"公有制为主体、多种所有制经济共同发展"作为我国社会主义初级阶段的"基本经济制度"。党的十八大以来，党中央多次重申坚持基本经济制度，坚持"两个毫不动摇"。党的十九大把"两个毫不动摇"写入新时代坚持和发展中国特色社会主义的基本方略，作为党和国家一项大政方针进一步确定下来。2018年11月习近平总书记在民营企业座谈会上发表重要讲话，对"民营经济离场论""新公私合营论""对民营企业控制论"等错误论调进行了批驳，重申"两个毫不动摇",给民营企业家吃了定心丸。

第四,充分利用国内国外两个市场。新中国成立后,中国人民站起来了,但离富起来还有不小的距离。由于我们在探索社会主义建设中走过弯路,很长一段时间老百姓日子过得比较艰难。改革开放是我们党的一次伟大觉醒,从那时起,我们更加奋发图强,开始了从理论到实践的伟大创造。我们憋着一股气、一股劲,带着"闯"的精神,对内改革搞活走新路。从农村联产承包责任制到设立经济特区,从国有企业股份制改革到民营经济加快发展,从浦东新区到海南自贸区,传统僵化的计划经济体制被突破,阻碍生产力发展的枷锁被破除,调动了各类市场主体发展的积极性。正是因为"改"出了这个"活"字,才赢来了"百花盛开的春天"。中国共产党和中国人民从自己的发展历程中深刻地认识到,独立自主、自力更生是我们的立足点。但是,独立自主不是闭关自守,自力更生不是盲目排外。中国的发展离不开世界,关起门来坐井观天是要落伍的。从新中国70多年的历史来看,我们树立了正确的义利观,在自身还不富裕的情况下,发扬了国际主义精神,援助、团结了不少发展中国家,为国际关系发展打开了局面。改革开放以来,中国以开放促改革,勇敢跻身国际市场,努力参与国际经济治理,坚定支持和拥护全球化经济发展,提出共建"一带一路"倡议,构建"人类命运共同体",中国这艘巨轮在大洋上迎接人类文明的八面来风,做到改革与开放相互促进。所有这些,为我国创造了良好国际环境、开拓了广阔发展空间。

第三节　全面建成小康社会的方法遵循

第一,既重视顶层设计,也鼓励基层探索。中华人民共和国成立以来,党和国家每到一个关键时段,都会加强顶层设计,精心制定经济和社会发展方略。比如，我国有从"一五"计划到现在的"十三五"规划，实现"四个现代化"的目标，改革开放后的"三步走"发展战略，全面建成小康社会后分两个阶段建设社会主义现代化国家的战略安排。这些战略上的安排，有利于统一思想、明确方向，有助于统筹资源、把"钱"花在刀刃上，更有利于发挥我们的优势，集中力量办大事。我国现在已经成为经济大国、制造业大国，正向经济强国、制造业强国迈进。看到我们比较雄厚的大国工业化体系，就不能不感念中华人民共和国成立后，勒紧裤带实施的优先发展重工业的战略，为我们打下了比较完整的工业化体系基础。现在，我们向"两个一百年"奋斗目标前进，党和国家也提出了一系列新的发展战略，比如科教兴国战略、人才强国战略、创新驱动战略、乡村振兴战略、区域协调发展战略、军民融合发展战略等。

我们党的正确路线方针政策不是凭空产生的，而是通过中央与地方合理分权，鼓励地方和基层创新，从群众实践经验中发现、总结进而推广的。农村改革是从安徽省凤阳县小岗村开始的，经济特区是从深圳、珠海、汕头、厦门开始设立的。改革开放以后特别是党十八大以来，党和国家在注重加强宏观思考和顶层设计的同时，也鼓励地方和基层大胆探索，通过渐进式改革小步快走、不断试错，逐步积累经验。一般来说，先是选择一些地方和基层进行小范围试点，成功后再大范围推广。人民群众是智慧和力量的源泉，我们党尊重了人民首创精神，鼓励地方和基层探索，从而有效地激发人民群众的积极性、主动性、创造性，形成改革发展的强大力量，推动了改革开放向纵深发展。

第二，既坚持重点突破，也要区别对待。重点突破指的是做工作要抓住关键和重点环节的突破并以此带动工作全面推进的方法。做工作不能平均用力，要像十个指头弹琴，该按哪个按哪个。习近平总书记强调做工作要"注重牵住'牛鼻子'，讲重点论，没有主次，不加区别，眉毛胡子一把抓，是做不好工作的"。① 全面建成小康社会涉及社会发展各个领域、各个环节，要全面推进，但必须在"全面"中抓住重点的工作、环节、岗位、领域和制度，以重点促全面。就建设内容来说，要抓住经济建设和民生改善这个重点。社会发展是以经济发展为基础推动的整体进步。坚持发展是硬道理，必须以经济建设为中心，以经济发展推动小康社会其他各方面全面进步。在城市，要抓住结构调整和实施重大科技项目推进科技创新这个重点，提高我国经济质量和效益。在农村，要以发展现代农业、农村经济为重点加快农民脱贫致富。民生关系群众生活方方面面，是小康不小康的重要衡量指标，也是群众对建成小康社会认可度高低的重要体现。加强民生，要抓住就业这个民生之本，打造更加良好的创业环境，促进大众创业、万众创新，在经济发展的基础上，加大民生改善力度。就发展动力来说，要抓住改革创新这个重点。改革创新是社会发展的重要动力，也是时代发展的客观要求。体制改革、创新发展是保证小康社会建设和持续发展的核心。我们必须弘扬改革创新精神，义无反顾地把改革引向深入，打破影响社会发展进步的保守思想、体制弊端和利益壁垒，理顺城乡、区域、分配等社会各方面的关系，为全面建成小康社会提供制度的支撑和保障。就区域来说，要抓住中西部乡村这个重点。全面建成小康社会难点在农村，在中西部偏远农村。未来几年，要加快新型城镇化的推进工作，促进农民向城镇转移就业安家；要支持发展现代农业、特色产业；加快易地搬迁，基础设施和生态建设，完善农村创业政策、环境支持，增强农村的发展能力。

区别对待就是要具体问题具体分析，针对事物的不同情况进行有区别的分析研究，找到解决问题的方法。初级阶段是我国的基本国情，经过改革开放几十年的发展，基本国情出现了阶段性和地区性变化。在看

---

① 参见习近平：《坚持运用辩证唯物主义世界观方法论，提高解决我国改革发展基本问题本领》，《党建》，2015 年第 2 期。

到基本国情没有变的同时，我们还要看到基本国情在不同地区呈现的差异性，即不同地方的特殊情况。全面建成小康社会是基于我国基本国情提出的有现实针对性的奋斗目标。在实际建设中我们要根据不同的情况区别对待。一要区别地区政策。我国地域广大，自然禀赋和发展基础不同，城市农村二元结构和西部支持东部历史性政策等多因素影响共同造成了城乡、东中西地区比较大的差距。为了平衡发展，需要采取差异化政策。对农村和中西部地区，国家要有更大的支持力度，东部富裕地区要更大地支持西部贫困地区。二要区别目标要求。事物发展具有差异性。我们应该看到，到 2020 年全国所有地区同时同程度实现全面建成小康社会是不实际的，不同地区建成的小康在程度上肯定有一定差别，但必须达到全面建成小康社会的基本标准和要求，否则就不是真正的小康社会了。三要区别重点工作。由于城乡、东中西地区存在差异，所以在重点工作上也要有所差别。我国经过城市化快速发展，城市规模已经较大。由于城市化速度快、经验不足，各种社会问题突出。城市未来面对的是如何破解社会领域的各种"城市病"，进行有效城市治理。而农村面对的是农民的转移就业，农业的现代化，生产生活基础设施改善，农民的思想道德、文化和民主法治素质的提高等传统农村社会向现代农村社会的转变问题。四要区别发展方式。目前农村和城市各自面临不同的发展状况和制约因素。制约城市发展最大的基础性问题是经济质量的提高，必须加大经济结构的调整，各地要根据自身优势，实行差异化产业发展模式。制约农村发展最大的基础性问题是农民脱贫致富，必须发展特色产业促进农村经济富足。

第三，既要实事求是，也要注重实效。全面建成小康社会要坚持实事求是的方法，要知其事度其时，既要坚定信心，又要认清形势。一方面要顺应发展趋势，积极作为。到 2020 年全面建成小康社会已经成为当今中国现实的伟大实践，是全体人民过上幸福生活的期盼，是全党、全国各民族和全体人民的意志。我们要看到这个"决胜期"的重要性，一鼓作气，以终点冲刺的精神争取按时实现既定目标。另一方面，不能急于求成，简单化。我们在充满信心、积极作为的同时，还要充分认识各地区的实际和不平衡性，看到中西部农村地区依然比较落后。因此，全面建成小康社会的衡量指标、实现程度、工作方式就不能简单化、一刀切。习近平总书记强调，"十三五"确定的发展目标是就全国而言的，全国不可能整齐划一，各地经济增长和人均收入增长速度"有些高一点，有些低一点才符合实际"，"不是说各地人均国内生产总值、人均收入等都要达到全国平均水平才是实现了全面小康"，决胜全面建成小康社会"不是新一轮大干快上，走到老路上去"。① 因此，各地区建成小康社会的实现目标和水平届时依然是有差别的，不可能同时达到同一水平，也不能用命令的、运动的、简单化的方式搞发展来达到某一要求。对中西部地区、贫困人口都有不同目标，发展方式不是粗放发展、强力刺激抬高速度，要加快形成新的经济发展方式。

实效是能否如期实现全面建成小康社会的各项预定目标最根本的检验标准，也是让群众获得实惠，取信于民，赢得群众支持的根本。实践性是马克思主义区别于其他一切哲学的鲜明特征。习近平总书记指出，未来发展要"看增量，更要看质量，要着力实现有质量、有效益、没水分、可持续的增长"。② 全面建成小康社会要真抓实干，出实招、办实事、求实效。一是目标和措施要切合实际，不能超越阶段、实际。二是树立正确的政绩观。坚决防止形象工程、政绩工程和为了达到某项指标，某个领导要求而搞竭泽而渔的形式主义。三是树立正确的发展观。要抓好关系发展的根本问题，讲质量、重效益、让群众得实惠，防止避重就轻、避实就虚的工作作风。四是全面建成小康社会必须是实实在在的"实惠"

---

① 参见《十八大以来重要文献选编》（中），中央文献出版社 2016 年版，第 824 页。
② 参见《十八大以来重要文献选编》（中），中央文献出版社 2016 年版，第 778 页。

小康，既要是物质富足的小康，也应是精神文明的小康；既要经济的小康，也要生态的小康；既要充满活力的小康，也要民主法治良好的小康；既要"四个"现代化的小康，也要制度现代化的小康；既要有部分人和部分地区先富的小康，也要全体人民共享发展成果、共同富裕的小康。总之，这是一个社会各方面取得实实在在进步和发展的、人民感到幸福的更高水平的小康社会。

第五章
战略度量：全面建成小康社会的基本度量

目前，全面建成小康社会已经进入了决胜阶段，"十三五"时期经济社会发展主要目标就是确保如期实现全面建成小康社会总体目标。近年来，为了评价全面小康建设成就，一些科研机构提出了全面小康指标体系，不少地区也开展监测考评。从温饱到总体小康，从"三步走"到"新三步走"，从总体小康到全面小康，从党的十二大到十九大，不断提出、更新和扩展全面小康的标准和评价方法，全面小康社会的标准是伴随着实践不断深化的。党的十八届五中全会审议通过的《中共中央关于制定国民经济和社会发展第十三个五年规划的建议》的"五位一体"总体布局、"四个全面"战略布局、"五大发展"新理念，清晰地描绘了全面建成小康社会的宏伟蓝图。这个蓝图告诉我们，全面小康社会是一个综合体系，不仅要强调经济因素，也包括社会转型、民主进程、文化建设和生态环境等各个方面。因此，全面建成小康社会的标准是一个综合、广泛、系统的范畴。全面建成小康社会的标准只有全面体现了这种系统性和综合性，才能科学地评价小康社会建设的进展情况。

第一节　全面小康的标准在实践中不断完善

"小康社会"首先是一个经济概念，但又不仅仅限于经济。它是指在生活比较富足的同时，法令严明、安定和谐的一种社会状态，是中国古代、近代哲人心目中仅次于"大同社会"的一种理想社会模式。小康社会的内涵具有动态性，经过了党的几代领导集体的接力推进。从小康概念的提出到总体小康的实现，由全面建设小康社会再到全面建成小康社会。全面建成小康社会是我国实现现代化的一个阶段，是实现中华民族伟大复兴中国梦的关键一步，是现阶段党和国家事业发展的战略统领。

中国共产党在改革开放实践和社会主义现代化建设进程中，对小康社会的内涵认识逐步深化。改革开放之后，在谋划和构思我国社会主义现代化蓝图时，邓小平同志首先提出了"小康"目标。党的十一届三中全会开辟了社会主义现代化建设新的历史时期，通过对发达国家和新兴发展中国家现代化进程的学习和观察，开始思考和探索中国式现代化道路的问题。1979 年 12 月，邓小平在会见来访的日本首相大平正芳时第一次用"小康"来描述中国的现代化："我们要实现四个现代化，是中国式的四个现代化。我们的四个现代化的概念，不是像你们那样的现代化的概念，而是'小康之家'。到本世纪末，中国的四个现代化即使达到了某种目标，我们的国民生产总值人均水平也还是很低的。要达到第三世界中比较富裕一点的国家的水平，比如国民生产总值人均一千美元，也还得付出很大的努力。就算达到那样的水平，同西方来比，也还是落后的。所以，我只能说，中国到那时也还是一个小康的状态。"①这是根据我国当时的发展水平和与发达国家的差距得出来的战略构想，是邓小平对中国当时的国情及当时与西方发达国家之间的差距提出的务实的阶段性发展目标。

1982 年，党的十二大正式将小康目标确立为今后 20 年中国经济发展的战略目标，这标志着小康社会理论探索的正式起航。这里的小康，按照邓小平的设想，是"虽不富裕，但日子好过"的阶段。党的十二大和十三大在邓小平的"小康"思想基础之上，形成了我国社会主义现代化

---

① 《邓小平文选》(第二卷)，人民出版社 1994 年版，第 237 页。

"三步走"战略。在党的十三大报告中，这一战略被表述为：第一步，从1981年到1990年，国民生产总值翻一番，实现温饱；第二步，从1991年到20世纪末，再翻一番，达到小康；第三步，到21世纪中叶，再翻两番，达到中等发达国家水平。邓小平把"三步走"战略的第一步，称为"解决温饱问题"，第二步称为"小康水平"。1990年，党的十三届七中全会对小康目标做了更加详尽的阐述："人民生活从温饱到小康，生活资料更加丰裕，消费结构趋于合理，居住条件明显改善，文化生活进一步丰富，健康水平继续提高，社会服务设施不断完善。"按照"三步走"战略，1988年提前实现了第一步目标。在此基础上，1997年，党的十五大根据变化了的实际提出面向21世纪前50年的"新三步走"战略，即：第一步在第一个10年，全面建设小康；第二步，在第二个10年，达到富裕小康水平；第三步，到2050年，基本实现现代化。并且提出中国特色社会主义建设"经济、政治、文化协调发展"的"三位一体"格局，小康概念内涵不断丰富。实现前两步意味着我们进入小康社会，把贫困的中国变成小康的中国。

从1989年到2002年是实现总体小康、迈向全面小康的时期，这一时期经济建设在克服困难中稳步推进。2000年我国宣布如期实现"总体小康"，但是这种小康还只是一个低标准、偏重物质消费、发展不平衡不全面的小康。"小康社会"所指的不仅只是经济发展水平，还有人民生活水平。在建设小康的过程中已经暴露出增长方式粗放、区域发展不平衡、自主创新能力不强等问题。鉴于此，2002年，党的十六大指出，现在我们总体上达到了小康的水平，但小康还是低水平的、不全面的、发展很不平衡的小康。进一步解决这些问题，需要提出新的目标，这一目标就是全面建设小康社会。相比小康生活，小康社会更加全面，内涵更丰富。要在21世纪头二十年，集中力量，将全面建设小康社会的内涵发展为"中国特色社会主义经济、政治、文化全面发展"，并形成了社会主义现代化战略的新"三步走"构想，即：到 2020 年实现全面建设小康社会的目标，到 2050 年达到中等发达国家水平，到 21 世纪末进入发达国家行列，实现中华民族的伟大复兴。自此之后，一个以低水平的"总体小康"为基础制定的更高水平的"全面小康"发展规划破茧而出，中国进入从全面建设小康社会迈向全面建成小康社会的新阶段。

2007 年，根据国内外形势的变化，党的十七大进一步发展了"小康社会"的内涵，在全面建设小康社会目标的基础上提出："努力实现经济又好又快发展；扩大社会主义民主，更好保障人民权益和社会公平正义；加强文化建设，明显提高全民族文明素质；加快发展社会事业，全面改善人民生活；建设生态文明，基本形成节约资源能源和保护生态环境的产业结构、增长方式、消费模式。"把中国特色社会主义社会建设纳入全面建设小康社会的范畴，要求全党带领人民，继续全面建设小康社会、加快推进社会主义现代化，确保到 2020 年实现全面建成小康社会的奋斗目标。

2012 年，党的十八大站在新的历史起点上明确指出，我国进入全面建成小康社会的决定性阶段，进一步丰富了小康社会的内涵，形成了经济建设、政治建设、文化建设、社会建设、生态文明建设"五位一体"的全面建成小康社会总布局。全面建成小康社会是经济、政治、文化、社会、生态文明建设五位一体不可分割的全面小康，同时也是社会全面发展进步与人的幸福指数共同提高的全面小康，要以促进人的全面发展为价值导向，不断解放和发展生产力，实现多领域协同发展、不分地域、不让一个人掉队、惠及 13 亿中国人的全面小康。

2015 年 11 月，党的十八届五中全会顺应我国经济社会新发展，赋予"小康"更高的标准、更丰富的内涵。党的十八届五中全会通过的"十三五"规划建议，进一步明确了全面建成小康社会新的目标要求，向广大人民群众描绘了一幅更加美好、幸福、和谐的全面小康社会图景。一是经济保持中高速增长。在提高发展平衡性、包容性、可持续性的基础上，到2020年国内生产总值和城乡居民人均收入比2010年翻一番。主要经济指标平衡协调，发展空间格局得到优化，投资效率和企业效率明显上升，工业化和信息化融合发展水平进一步提高，产业迈向中高端水平，先进制造业加快发展，新产业新业态不断成长，服务业比重进一步上升，消费对经济增长贡献明显加大。户籍人口城镇化率加快提高。农业现代化取得明显进展。迈进创新型国家和人才强国行列。二是人民生活水平和质量普遍提高。就业比较充分，就业、教育、文化、社保、医疗、住房等公共服务体系更加健全，基本公共服务均等化水平稳步提高。教育现代化取得重要进展，劳动年龄人口受教育年限明显增加。收入差距缩小，中等收入人口比重上升。我国现行标准下农村贫困人口实现脱贫，贫困县全部摘帽，解决区域性整体贫困。三是国民素质和社会文明程度显著提高。中国梦和社会主义核心价值观更加深入人心，爱国主义、集体主义、社会主义思想广泛弘扬，向上向善、诚信互助的社会风尚更加浓厚，人民思想道德素质、科学文化素质、健康素质明显提高，全社会法治意识不断增强。公共文化服务体系基本建成，文化产业成为国民经济支柱性产业。中华文化影响持续扩大。四是生态环境质量总体改善。生产方式和生活方式绿色、低碳水平上升。能源资源开发利用效率大幅提高，能源和水资源消耗、建设用地、碳排放总量得到有效控制，主要污染物排放总量大幅减少。主体功能区布局和生态安全屏障基本形成。五是各方面制度更加成熟更加定型。国家治理体系和治理能力现代化取得重大进展，各领域基础性制度体系基本形成。人民民主更加健全，法治政府基本建成，司法公信力明显提高。人权得到切实保障，产权得到有效保护。开放型经济新体制基本形成。中国特色现代军事体系更加完善。党的建设制度化水平显著提高。

2017年，党的十九大报告指出，从现在到2020年，是全面建成小康社会决胜期。我们既要全面建成小康社会、实现第一个百年奋斗目标，又要乘势而上开启全面建设社会主义现代化国家新征程，向第二个百年奋斗目标进军。要按照十六大、十七大、十八大提出的全面建成小康社会各项要求，紧扣我国社会主要矛盾变化，统筹推进经济建设、政治建设、文化建设、社会建设、生态文明建设，坚定实施科教兴国战略、人才强国战略、创新驱动发展战略、乡村振兴战略、区域协调发展战略、可持续发展战略、军民融合发展战略，突出抓重点、补短板、强弱项，特别是要坚决打好防范化解重大风险、精准脱贫、污染防治的攻坚战，使全面建成小康社会得到人民认可、经得起历史检验。

决胜全面建成小康社会战略目标的提出，是我们党对小康社会内涵认识的进一步深化，具有很强的针对性、战略性、指导性，指引着我国社会主义现代化建设不断向前推进，一步步地接近第一个"一百年"奋斗目标。经过理论和实践的一次次充实，全面建成小康社会的标准较之过往的小康标准，一是水平更高，要从一个国际上中等偏下收入的国家向中等偏上收入的国家迈进；二是范围更全，包括经济、政治、社会、文化、生态五个方面。

从改革开放初期提出"小康"理想，小康社会的理论内涵经历了从"总体"到"全面"、从"三位一体"到"五位一体"、从"建设"到"建成"的发展。经过40多年的理论和实践发展，内涵逐渐清晰。"小康社会"不仅是一个经济概念，还是一个社会范畴。它不仅包括人均国民生产总值和人民物质生活达到某种程度，还包括人民生活质量的提高和生活方式的改变，等等。小康社会，是指整个社会发展水平和国家的整体发展状况。"全面建成小康社会"成为新时期我们党领导人民推进社会主义现代化进程的战略目标。

第二节　全面小康的标准不是简单有限指标

一直以来，很多国家的发展战略是以经济增长为核心的，强调工业化发展程度，这是片面追求经济高速增长的"线性发展模式"。这种发展模式使得一些新兴发展国家在短时间内经济上取得了长足进步。但是它也带来了一系列问题：资源过度消耗、贫富差距过大、生态严重破坏，等等。从 20 世纪 60 年代以后，世界各国开始对这种发展模式反思，以应对这种以经济增长为核心的发展模式带来的严重后果。认识到单纯的经济增长并不等于发展，物质富裕不等于幸福。社会发展应该是经济、社会、文化、政治等各方面相互协调发展，最终实现人的全面发展的过程。

全面建成小康社会，最重要同时也是最难做到的是"全面"。如果到 2020 年我们在总量和速度上达到了全面小康标准，但是发展不平衡、不协调、不可持续，这就算不上真正达到了全面建成小康的标准。从小康社会的提出到全面建成小康社会，我们对小康的认识越来越全面。全面小康，是五位一体全面进步的小康，是经济、政治、社会、文化、生态文明共同发展的小康，它们之间相互联系、相互促进、不可分割，任何一条达不到，都会影响全面建成小康社会目标的实现。因此在制定全面建成小康社会标准和评价方法的时候，要充分体现五大发展理念，按照"五位一体"总体布局，全面推进经济建设、政治建设、文化建设、社会建设和生态文明建设。

自从邓小平在 20 世纪 70 年代末 80 年代初提出"小康社会"以来，国内外学者对小康社会指标体系展开了深入的研究，但大部分集中在全面建设小康社会指标体系。近年来，为了评价我国的全面小康社会建设成就，测算与全面建成小康社会的距离，一些研究机构提出了全面小康指标体系。以指标体系衡量，能使人直观看到全面小康建设进展情况。

2005 年,《小康》杂志社以中央精神为指导,在全国首创体现"全面建成小康社会"的综合指标——中国小康指数,记录中国在 21 世纪头二十年这个"重要战略机遇期"里经济社会新一轮的发展历程。中国小康指数不仅仅偏重于对中国经济社会发展作出官方预测和评价,更侧重为小康社会进程中公众的个人体验提供记录。中国小康指数包括饮食小康指数、消费小康指数、公共服务小康指数、生命小康指数、生态小康指数、居住小康指数、平安小康指数、信用小康指数、教育小康指数、休闲小康指数、幸福小康指数十一大关键词,分别从不同领域和角度勾勒、记录经济社会发展的整体面貌。根据中国小康指数评价,2019 年中国综合小康指数 94.2,比上年度提高 6.8 分。2008 年,国家统计局统计科学研究所建立了《全面建设小康社会统计监测方案》,该方案中指标体系是由经济发展、社会和谐、生活质量、民主法治、文化教育、资源环境 6 个方面 23 项指标组成。根据竞争力智库、中国信息协会信用专业委员会联合编制的《中国城市全面建成小康社会监测报告 2019》显示,2019 年中国全面小康指数为 99.18,连续 8 年上升,总体达到预期点。近几年来,随着我国全面深化改革、全面依法治国、全面从严治党的加速推进,全面建成小康社会的步伐亦正在加快向前迈进。

经济发展水平大幅度提升。国家统计局、国家外汇管理局发布的有关数据显示,我国 2019 年 GDP 总额初步核算为 99.09 万亿人民币,比上年增长 6.1%。三次产业比重分别为 7.1%、39%、53.9%,第三产业连续突破 50%。常住人口城镇化率为 60.60%。全年城镇新增就业 1352 万人,年末全国城镇调查失业率为 5.2%。年末国家外汇储备余额 31079 亿美元。全国居民人均可支配收入 30733 元,比上年名义增长 8.9%,增速比上年加快 0.2 个百分点;扣除价格因素实际增长 5.8%,与经济增长基本同步,与人均 GDP 增长大体持平。农村居民人均可支配收入 16021 元,比上年名义增长 9.6%,扣除价格因素实际增长 6.2%。城乡居民人均收入比值为

2.64，比上年缩小 0.05。

社会保障力度大幅度增强。《2018 年国民经济和社会发展统计公报》显示，我国的社会保障建设取得新进展，参加各种社会保险人数显著增加。2018 年末，全国参加城镇职工基本养老保险人数 41848 万人，比上年末增加 1555 万人；参加城乡居民基本养老保险人数 52392 万人，增加 1137 万人；参加基本医疗保险人数 134452 万人，增加 16771 万人；全国共有 1008 万人享受城市居民最低生活保障，3520 万人享受农村居民最低生活保障，455 万人享受农村特困人员救助供养，全年临时救助 1075 万人次。按照每人每年 2300 元（2010 年不变价）的农村扶贫标准计算，截至 2018 年末，农村还有贫困人口 1660 万人，比上年减少 1386 万人。2018 年，教育科技和文化体育事业发展较快，全年高校招生人数、在校生和毕业生人数继续增加；全年研究与试验发展（R&D）经费支出 19657 亿元，比上年增长 11.6%，与国内生产总值之比为 2.18%；卫生和社会服务事业不断改善；全国万元国内生产总值能耗下降 3.1%。

从以上相关标准来看，我国全面建成小康社会已经取得了决定性成果。全面建设小康社会的 6 大方面 23 项指标——经济发展、社会和谐、生活质量、民主法治、文化教育、资源环境的实现程度都有较大提高。除了国家统计局，福建省人民政府发展研究中心课题组提出了全面建设小康社会评价指标体系，它是由经济发展、人民生活、社会结构、科技文化、民主法治和生态环境 6 个方面 28 项指标组成。国家发展改革委宏观经济研究院课题组及一些学者也从不同的角度对全面建设小康社会指标体系进行了思考和研究。

但是通过前文梳理全面小康目标的提出过程不难看出，全面小康是一个定量与定性兼备的目标，内涵十分丰富。进入 21 世纪，我国人民生活总体上达到小康水平后，党的十六大确立全面建设小康社会的目标，明确它是"中国特色社会主义经济、政治、文化全面发展的目标""是实现现代化建设第三步战略目标必经的承上启下的发展阶段"。党的十七大围绕中国特色社会主义经济、政治、文化、社会建设，提出实现全面建设小康社会奋斗目标的新要求。党的十八大进一步明确全面建成小康社会的新要求，即经济持续健康发展，人民民主不断扩大，文化软实力显著增强，人民生活水平全面提高，资源节约型、环境友好型社会建设取得重大进展。党的十九大紧扣我国社会主要矛盾变化，统筹推进"五大建设"，坚定"七大战略"，坚决打好"三大攻坚战"，使全面建成小康社会得到人民认可、经得起历史检验。可见，全面小康实质是我国现代化的阶段性目标，涵盖工业、农业、国防、科学技术"四个现代化"，体现建设中国特色社会主义"五位一体"总布局。在五个方面中，有些可以量化，如经济、社会方面的一些目标；有些难以量化，如政治、文化方面的一些目标。所以，衡量小康社会的标准应全面反映经济社会总体发展状况。

第三节　全面小康的标准应该综合平衡考量

在实践中，要特别防止将全面小康标准简化成为有限指标对全面建成小康社会的误导。实现全面建成小康社会目标，其难度不在于完成定量指标，而在于完成定性标准。如果片面地认为有限或者定量指标就是全面小康目标，就会出现可量化的指标完成情况良好，但是广大人民实际感受不符的被动局面，或者出现对全面建成小康社会目标任务复杂性、艰巨性认识不足，导致思想上的懈怠和放松。我们要特别注意将全面小康的标准简化成有限指标的倾向，更要防范有限指标对全面建成小康社会的误导，要全面、正确认识全面小康"五位一体"的目标任务，重视量化指标，但不迷信、滥用量化指标，既重视定量指标，也重视定性标准，真正将全面建成小康社会落到实处。因此，全面小康的标准应该是定量与定性目标的结合。

第一，全面建成小康社会，全面发展是核心。这个"全面"，体现在覆盖的人群是全面的。是不分地域、不分城乡的全面小康，是不让一个人掉队的全面小康。这个"全面"，也体现在设计的领域是全面的。我们要建成的全面小康，是"干部清正、政府清廉、政治清明""找到全社会意愿和要求的最大公约数"的全面小康，是"破除城乡二元结构，建设农民幸福生活的美好家园"的全面小康，是"国家物质力量和精神力量都增强，全国各族人民物质生活和精神生活都改善"的全面小康，是经济更加发展、民主更加健全、科教更加进步、文化更加繁荣、社会更加和谐、人民生活更加殷实、环境生态更加友好的全面小康。

第二，全面建成小康社会，经济建设是基础。这是实现中国梦的支撑力量。我国改革开放 40 多年建设小康社会的基本经验，根本的一条就是靠坚定不移地把党和国家的中心任务放到经济建设上，推动社会生产力以前所未有的速度发展起来。发展是最大的民意，是最大的共识，是最基本的经验。在发展进入新阶段、经济进入新常态的今天，习近平总书记关于全面建成小康社会的论述，抓住发展中存在的突出矛盾，瞄准的是经济、社会和人的素质的全面提升。发展是当今世界潮流，发展是当今中国主题。无论是"工业化、信息化、城镇化、农业现代化同步发展"，还是"坚持发展是硬道理的战略思想"，全面建成小康社会的战略目标，体现的正是中国特色社会主义的根本属性和必然要求。

第三，全面建成小康社会，以人民为中心是根本。中国共产党人对小康社会建设的探索，始终贯彻着一条主线，就是将人民作为最高的价值主体，一切从人民出发，一切落脚于人民，以人民的利益和发展作为评判全面建设小康社会成败的标准。党的十八届五中全会对于全面建成小康社会的内涵进行了进一步拓展，提出"共享"的新理论。共享，就是强调必须坚持发展为了人民、发展依靠人民、发展成果人民共享。在建设全面小康的道路上，从当年强调允许和鼓励一部分地区、一部分人先富起来，到今天强调全体人民的小康，这是党和国家发展方针的一个重大转变，全面建成小康社会增加了新内涵。缩小社会收入差距，形成橄榄型分配格局是实现"共享"理念的重要途径，优化收入分配格局关键是让中等收入群体持续扩大。中等收入群体持续扩大，是释放消费潜力、扩大内需，建设"橄榄型"社会的重要基础。扩大中等收入群体，关系全面建成小康社会目标的实现，是转方式调结构的必然要求，是维护社会和谐稳定、国家长治久安的必然要求。以人民为中心的发展思想，体现在全面建成小康社会的各个环节。我国正处于并将长期处于社会主义初级阶段，不能做超越阶段的事情。要项项落实好以人民为中心的发展，积小胜为大胜，不断朝着全体人民共同富裕的目标前进。

　　第四，全面建成小康社会，脱贫攻坚是重点。贫困人口全部脱贫是全面建成小康社会的一个标志性指标，是"十三五"时期的重大战略任务。到2020年全面建成小康社会，是我们党确定的"两个一百年"奋斗目标的第一个百年奋斗目标，是党向人民、向历史作出的庄重承诺。按照世界银行现行标准，接近高收入国家水平，基本跨越"中等收入陷阱"。跨越"中等收入陷阱"是就国内生产总值而言的，但全面建成小康社会新的目标要求是全面的，是要惠及十几亿人口、收入差距缩小、人民生活水平和质量普遍提高的，是要城乡区域协调发展、生态文明建设、社会公平正义等取得显著进步的。与这些目标要求比，目前一些方面还存在着差距。其中最突出的是现有农村贫困人口脱贫和解决区域性整体贫困问题。全面建成小康社会这一目标能否最终实现，关键是要解决农村人口的贫困问题。全面小康，是惠及全体人民的小康，是不能有人掉队的小康，绝不能把贫困地区和贫困人口排除在外。全面建成小康社会最艰巨的任务是脱贫攻坚，最突出的短板就是农村还有一部分贫困人口。

如期完成脱贫任务是全面建成小康社会的刚性目标、底线目标。只有打赢脱贫攻坚战，才能凸显全面小康社会成色，让人民群众满意、国际社会认可。

第五，全面建成小康社会，如期建成是关键。这是实现中国梦的战略保障。我们原来提出的"总体小康"还是较低水平、不全面、发展不平衡的小康，要发展成为更高水平、内容比较全面、发展较为均衡的小康社会。全面建成小康社会，是"让人民群众在每一个司法案件中都感受到公平正义"的小康，是"望得见山、看得见水、记得住乡愁"的小康，是"以改革创新精神开拓国防和军队建设新局面""为实现中国梦提供坚强力量支撑"的小康，等等。只有这些真真切切的梦想内容，通过全国各族人民的奋斗努力，能够确保在 2020 年最终得到实现，全面小康社会最终得以建成，这个梦想才有意义，才能激发人民实现梦想的信心和斗志。

第四节　评价全面建成小康社会的原则方法

针对以上全面建成小康社会的重点难点问题，如何评价全面建成小康社会的建设水平？党的十八届五中全会明确指出，如期实现全面建成小康社会奋斗目标，必须遵循"六个坚持"原则。"六个坚持"也是全面建成小康社会的一种评价方法。

坚持人民主体地位，就必须坚持以人民为中心的发展思想，把增进人民福祉、促进人的全面发展作为发展的出发点和落脚点，发展人民民主，维护社会公平正义。

坚持科学发展，就必须坚持以经济建设为中心，从实际出发，把握发展新特征，加大结构性改革力度，加快转变经济发展方式，实现更高质量、更有效率、更加公平、更可持续的发展。

坚持深化改革，就必须按照完善和发展中国特色社会主义制度、推进国家治理体系和治理能力现代化的总目标，健全使市场在资源配置中起决定性作用和更好发挥政府作用的制度体系，以经济体制改革为重点，加快完善各方面体制机制。

坚持依法治国，就必须坚定不移走中国特色社会主义法治道路，加快建设中国特色社会主义法治体系，建设社会主义法治国家，加快建设法治经济和法治社会。

坚持统筹国内国际两个大局，就必须坚持打开国门搞建设，既立足国内，充分运用我国资源、市场、制度等优势，又重视国内国际经济联动效应，积极应对外部环境变化，更好地利用两个市场、两种资源，推动互利共赢、共同发展。

坚持党的领导，就必须贯彻全面从严治党要求，着力加强和改善党的领导，不断提高党的执政能力和执政水平。

"六个坚持"与"五大发展理念"密切相关，要结合起来把握其深刻内涵。它们都是服务于全面建成小康社会的总目标。创新、协调、绿色、开放、共享的发展新理念，在理论和实践上都有新的突破，是指挥棒，是红绿灯，是指南针，对破解发展难题、增强发展动力、厚植发展优势具有重大的指导意义。新发展理念科学地回答了新形势下全面建成小康社会的重点和难点问题，需要什么样的发展，怎样破解。我们要用新发展理念武装头脑，敢于攻坚，突出重点难点，把抓落实工作做好。

第六章
战略关键：坚定实施乡村振兴战略

实施乡村振兴战略，是党的十九大作出的重大决策部署，是决胜全面建成小康社会、全面建设社会主义现代化国家的重大历史任务，是新时代"三农"工作的总抓手，也是打赢脱贫攻坚战的基础性战略举措。

第一节　乡村振兴是全面建成小康社会的必然要求

乡村与城镇互促互进、共生共存，共同构成人类社会活动的主要空间。乡村兴则国家兴，乡村衰则国家衰。我国人民日益增长的美好生活需要和不平衡不充分的发展之间的矛盾在乡村最为突出，我国仍将处于并将长期处于社会主义初级阶段的特征最大程度上表现为乡村。全面建成小康社会、打赢脱贫攻坚战，最艰巨最繁重的任务在农村，最广泛最深厚的基础在农村，最大的潜力和后劲也在农村。实施乡村振兴战略，是解决新时代我国社会主要矛盾、实现"两个一百年"奋斗目标和中华民族伟大复兴中国梦的必然要求。

没有农业农村的现代化，就没有国家的现代化。农业是国民经济的基础，农业稳则国家稳，农业兴则国家兴。推进乡村振兴，深化农业供给侧结构性改革，构建现代农业产业体系、生产体系、经营体系，激活农村各类生产要素，有利于推动农业从增产导向转向提质导向，从传统农业转向现代农业，增强我国农业创新力和竞争力，为推进农业农村现代化奠定坚实基础。

建设美丽中国离不开美丽乡村。实施乡村振兴战略，树立和践行绿水青山就是金山银山的理念，坚持尊重自然、顺应自然、保护自然，统筹山水林田湖草系统治理，加快推行乡村绿色发展方式，加大农村人居环境治理力度，有利于建设生活环境整洁优美、生态系统稳定健康、人与自然和谐共生的生态宜居美丽乡村。

历史悠久的农耕文化是中华文明的重要组成部分，很多村庄都是彰显和传承中华优秀传统文化的重要载体。通过实施乡村振兴战略，挖掘中华优秀农耕文化蕴含的乡村文化资源，在保护传承的基础上与时俱进地进行创造性转化、创新性发展，建设诚实守信、邻里和睦、勤俭节约的文明乡村，有利于在新时代焕发乡村社会文明新气象，进一步丰富、传承中华优秀传统文化。

加强和创新社会治理，是完善和发展中国特色社会主义制度、推进国家治理体系和治理能力现代化的重要内容。社会治理的基础在基层，薄弱环节在乡村。实施乡村振兴战略，加强农村基层基础工作，健全乡村治理体系，确保广大农民安居乐业、农村社会安定有序，有利于打造共建共治共享的现代社会治理格局，推进国家治理体系和治理能力现代化。

实施乡村振兴战略也是实现全体人民共同富裕的必然选择。乡村振兴，生活富裕是根本。实施乡村振兴战略，有利于增进农民福祉，让亿万农民走上共同富裕的道路，汇聚起建设社会主义现代化强国的磅礴力量。

第二节　实施乡村振兴战略的总体要求

实施乡村振兴战略，要按照产业兴旺、生态宜居、乡风文明、治理有效、生活富裕的总要求，建立健全城乡融合发展体制机制和政策体系，统筹推进农村经济建设、政治建设、文化建设、社会建设、生态文明建设和党的建设，加快推进乡村治理体系和治理能力现代化，加快推进农业农村现代化，走中国特色社会主义乡村振兴道路，让农业成为有奔头的产业，让农民成为有吸引力的职业，让农村成为安居乐业的美丽家园。

按照到 2020 年实现全面建成小康社会和分两个阶段实现第二个百年奋斗目标的战略部署，实施乡村振兴战略的目标任务是：到 2020 年，乡村振兴取得重要进展，制度框架和政策体系基本形成。到 2035 年，乡村振兴取得决定性进展，农业农村现代化基本实现。到 2050 年，乡村全面振兴，农业强、农村美、农民富全面实现。其中，2018—2022 年这五年间，既要在农村实现全面小康，又要为基本实现农业农村现代化开好局、起好步、打好基础。

实施乡村振兴战略要遵循产业兴旺、生态宜居、乡风文明、治理有效、生活富裕的总要求。一是产业兴旺是乡村振兴的重点。"要推动乡村产业振兴"，"加快构建现代农业产业体系、生产体系、经营体系"。生态宜居、生活富裕离不开实体经济的支撑，而乡村实体经济的核心是产业。产业兴旺就是在质量兴农、绿色兴农的前提下，通过农业供给侧结构性改革，构建以现代农业为主、一二三产业融合发展的乡村产业体系，做大做强农村实体经济，为乡村振兴提供源源不断的经济动能。二是生态宜居是乡村振兴的关键。"小康全面不全面，生态环境质量是关键。"乡村振兴不仅要百姓富，还要生态美。生态宜居就是要加强农村生态环境综合治理，完善乡村基础设施建设，发展乡村生态经济，让广大农民在宜居的环境中享受生活，切实感受到乡村振兴带来的生态效益。三是乡风文明是乡村振兴的保障。"要推动乡村文化振兴"，"焕发乡村文明新气象"。乡风是农耕文明和现代文明的有机结合，是维系农情、乡情、亲情的重要纽带，也是治理有效、生活富裕的精神支持。乡风文明就是要以社会主义核心价值观为引领，培育文明乡风、良好家风、淳朴民风，不断提高乡村社会文明程度，让广大农民不仅"留得住青山绿水"，而且

"记得住乡愁"。四是治理有效是乡村振兴的基础。"农村稳定是广大农民切身利益。"加强乡村治理既是推进国家治理体系和治理能力现代化的根本要求，也是构建社会主义和谐社会的必要条件。治理有效就是以农村基层党组织建设为抓手，健全自治、法治、德治相结合的乡村治理体系，确保乡村社会充满活力、和谐有序。五是生活富裕是乡村振兴的根本。"小康不小康，关键看老乡。"广大农民对美好生活的向往是推动乡村振兴的动力，维护广大农民根本利益、促进广大农民共同富裕是推动乡村振兴的出发点和落脚点。生活富裕就是千方百计增加农民收入，打好精准脱贫攻坚战，提高农村民生保障水平，让广大农民的日子越来越有奔头。

实施乡村振兴战略必须遵循以下原则：一是坚持党管农村工作。党管农村工作是我们党的传统，是实施乡村振兴战略的一个重大原则。农村工作在党和国家的各项工作中始终具有战略性、基础性地位和作用，应始终把农业、农民和农村问题列为各项工作重中之重，始终坚持党对农村工作的强力领导。二是坚持农业农村优先发展。党的十九大报告从全局和战略高度，明确提出坚持农业农村优先发展。这是一个重大战略思想，是党中央着眼"两个一百年"奋斗目标的目标导向和农业农村短腿短板问题的问题导向作出的战略安排，表明在全面建设社会主义现代化国家新征程中，要始终坚持把解决好"三农"问题作为全党工作重中之重，真正把它摆在优先位置。三是坚持农民主体地位。农民是农业的主体，是乡村振兴的主力军。乡村发展的本质是人的发展，实施乡村振兴战略，应坚持以农民为主体地位不动摇，这是由乡村的独特属性和农业农村发展实际需要所决定的。在乡村振兴中坚持以农民为主体，绝不能让农民成为农村改革的旁观者，而是让其有切身的参与感，让农民成为改革红利的主要受益者。四是坚持乡村全面振兴。实施乡村振兴战略，总要求是产业兴旺、生态宜居、乡风文明、治理有效、生活富裕，这是一个各方面协调发展的、乡村全面振兴的美丽图景。乡村振兴就是要推动农业全面升级、农村全面进步、农民全面发展,使乡村各方面建设全面推进、协调发展。五是坚持城乡融合发展。要坚持以工补农、以城带乡,把公共基础设施建设的重点放在农村,推动农村基础设施建设提档升级,优先发展农村教育事业,促进农村劳动力转移就业和农民增收,加强农村社会保障体系建设,推进健康乡村建设,持续改善农村人居环境,逐步建立健全全民覆盖、普惠共享、城乡一体的基本公共服务体系,让符合条件的农业转移人口在城市落户定居,推动新型工业化、信息化、城镇化、农业现代化同步发展,加快形成工农互促、城乡互补、全面融合、共同繁荣的新型工农城乡关系。六是坚持人与自然和谐共生。落实节约优先、保护优先、自然恢复为主的方针,统筹山水林田湖草系统治理,严守生态保护红线,以绿色发展引领乡村振兴。七是坚持因地制宜、循序渐进。我国农村区域广阔、类型复杂,实施乡村振兴战略,一定要走符合农村实际的路子,遵循乡村发展规律,因地制宜、因势利导,保留乡村特色风貌。2017 年中央农村工作会议指出:"实施乡村振兴战略是一项长期的历史性任务,要科学规划、注重质量、从容建设,不追求速度,更不能刮风搞运动。"

第三节　实施乡村振兴战略的主要任务

第一,提升农业发展质量。乡村振兴,产业兴旺是重点。必须坚持质量兴农、绿色兴农,以农业供给侧结构性改革为主线,加快构建现代农业产业体系、生产体系、经营体系,提高农业创新力、竞争力和全要素生产率,加快实现由农业大国向农业强国转变。夯实农业生产能力基础,深入实施藏粮于地、藏粮于技战略,严守耕地红线,确保国家粮食安全，把中国人的饭碗牢牢端在自己手中。实施质量兴农战略，制定和实施国家质量兴农战略规划，建立健全质量兴农评价体系、政策体系、工作体系和考核体系。大力开发农业多种功能，延长产业链、提升价值链、完善利益链，通过保底分红、股份合作、利润返还等多种形式，让农民合理分享全产业链增值收益。鼓励支持各类市场主体创新发展基于互联网的新型农业产业模式，深入实施电子商务进农村综合示范，加快推进农村流通现代化。实施休闲农业和乡村旅游精品工程，建设一批设施完备、功能多样的休闲观光园区、森林人家、康养基地、乡村民宿、特色小镇。对利用闲置农房发展民宿、养老等项目，研究出台消防、特种行业经营等领域便利市场准入、加强事中事后监管的管理办法。发展乡村共享经济、创意农业、特色文化产业。优化资源配置，着力节本增效，提高我国农产品国际竞争力，构建农业对外开放新格局。

　　第二，推进乡村绿色发展。 乡村振兴，生态宜居是关键。良好的生态环境是农村最大优势和宝贵财富。必须尊重自然、顺应自然、保护自然，推动乡村自然资本加快增值，实现百姓富、生态美的统一。统筹山水林田湖草系统治理，把山水林田湖草作为一个生命共同体，进行统一保护、统一修复。加强农业面源污染防治，开展农业绿色发展行动，实现投入品减量化、生产清洁化、废弃物资源化、产业模式生态化，加强农村突出环境问题综合治理。建立市场化多元化生态补偿机制，落实农业功能区制度，加大重点生态功能区转移支付力度，完善生态保护成效与资金分配挂钩的激励约束机制。正确处理开发与保护的关系，运用现代科技和管理手段，将乡村生态优势转化为发展生态经济的优势，提供更多更好的绿色生态产品和服务，促进生态和经济良性循环。

　　第三，繁荣兴盛农村文化。 乡村振兴，乡风文明是保障。必须坚持物质文明和精神文明一起抓，提升农民精神风貌，培育文明乡风、良好家风、淳朴民风，不断提高乡村社会文明程度。加强农村思想道德建设，以社会主义核心价值观为引领，坚持教育引导、实践养成、制度保障三管齐下，采取符合农村特点的有效方式，深化中国特色社会主义和中国梦宣传教育，大力弘扬民族精神和时代精神。传承发展提升农村优秀传统文化，切实保护好优秀农耕文化遗产，推动优秀农耕文化遗产合理适度利用。划定乡村建设的历史文化保护线，保护好文物古迹、传统村落、民族村寨、传统建筑、农业遗迹、灌溉工程遗产。加强农村公共文化建设，按照有标准、有网络、有内容、有人才的要求，健全乡村公共文化服务体系。

第四，加强乡村治理。 乡村振兴，治理有效是基础。必须把夯实基层基础作为固本之策，建立健全党委领导、政府负责、社会协同、公众参与、法治保障的现代乡村社会治理体制，坚持自治、法治、德治相结合，确保乡村社会充满活力、和谐有序。加强农村基层党组织建设，扎实推进抓党建促乡村振兴，突出政治功能，提升组织力，把农村基层党组织建成坚强战斗堡垒。深化村民自治实践，坚持自治为基础，加强农村群众性自治组织建设，健全和创新村党组织领导的充满活力的村民自治机制。树立依法治理理念，强化法律在维护农民权益、规范市场运行、农业支持保护、生态环境治理、化解农村社会矛盾等方面的权威地位。增强基层干部法治观念、法治为民意识，将政府涉农各项工作纳入法治化轨道。深入推进综合行政执法改革向基层延伸，创新监管方式，推动执法队伍整合、执法力量下沉，提高执法能力和水平。建立健全乡村调解、县市仲裁、司法保障的农村土地承包经营纠纷调处机制。加大农村普法力度，提高农民法治素养，引导广大农民增强尊法学法守法用法意识。健全农村公共法律服务体系，加强对农民的法律援助和司法救助。积极引导农民自我管理、自我教育、自我服务、自我提高，实现家庭和睦、邻里和谐、干群融洽。健全落实社会治安综合治理领导责任制，大力推进农村社会治安防控体系建设，深入开展扫黑除恶专项斗争，严厉打击农村黑恶势力、宗族恶势力，推动农村社会治安和社会秩序持续好转。

第五，提高农村民生保障水平。乡村振兴，生活富裕是根本。要坚持人人尽责、人人享有，按照抓重点、补短板、强弱项的要求，围绕农民群众最关心最直接最现实的利益问题，一件事情接着一件事情办，一年接着一年干，把乡村建设成为幸福美丽新家园。高度重视发展农村义务教育，推动建立以城带乡、整体推进、城乡一体、均衡发展的义务教育发展机制。促进农村劳动力转移就业和农民增收，健全覆盖城乡的公共就业服务体系，大规模开展职业技能培训，促进农民工多渠道转移就业，提高就业质量。继续把基础设施建设重点放在农村，加快农村公路、供水、供气、环保、电网、物流、信息、广播电视等基础设施建设，推动城乡基础设施互联互通。完善统一的城乡居民基本医疗保险制度和大病保险制度，建立城乡居民基本养老保险待遇确定和基础养老金标准正常调整机制，进一步健全和完善农村社会保障体系。持续改善农村人居环境，以农村垃圾、污水治理和村容村貌提升为主攻方向，整合各种资源，强化各种举措，稳步有序推进农村人居环境突出问题治理。

第六，打好精准脱贫攻坚战。乡村振兴，摆脱贫困是前提。必须坚持精准扶贫、精准脱贫，把提高脱贫质量放在首位，既不降低扶贫标准，也不吊高胃口，采取更加有力的举措、更加集中的支持、更加精细的工作，坚决打好精准脱贫这场对全面建成小康社会具有决定性意义的攻坚战。瞄准贫困人口精准帮扶。对有劳动能力的贫困人口，强化产业和就业扶持，着力做好产销衔接、劳务对接，实现稳定脱贫；对完全或部分丧失劳动能力的特殊贫困人口，综合实施保障性扶贫政策，确保病有所医、残有所助、生活有兜底。聚焦深度贫困地区集中发力，全面改善贫困地区生产生活条件，确保实现贫困地区基本公共服务主要指标接近全国平均水平。激发贫困人口内生动力，把扶贫同扶志、扶智结合起来，把救急纾困和内生脱贫结合起来，提升贫困群众发展生产和务工经商的基本技能，实现可持续稳固脱贫。

第七，推进体制机制创新。 实施乡村振兴战略，必须把制度建设贯穿其中。要以完善产权制度和要素市场化配置为重点，激活主体、激活要素、激活市场，着力增强改革的系统性、整体性、协同性。巩固和完善农村基本经营制度，落实农村土地承包关系稳定并长久不变政策，让农民吃上长效"定心丸"。完善农村承包地"三权分置"制度，在依法保护集体土地所有权和农户承包权前提下，平等保护土地经营权。深化农村土地制度改革，系统总结农村土地征收、集体经营性建设用地入市、宅基地制度改革试点经验，逐步扩大试点，加快土地管理法修改，完善农村土地利用管理政策体系。深入推进农村集体产权制度改革，维护进城落户农民土地承包权、宅基地使用权和集体收益分配权。完善农业支持保护制度，深化农产品收储制度和价格形成机制改革，落实和完善对农民直接补贴制度，进一步健全粮食主产区利益补偿机制。

第八，强化乡村振兴人才支撑。 实施乡村振兴战略，必须破解人才瓶颈制约。要把人力资本开发放在首要位置，畅通智力、技术、管理下乡通道，造就更多乡土人才，聚天下人才而用之。大力培育新型职业农民，全面建立职业农民制度，完善配套政策体系。加强农村专业人才队伍建设，建立县域专业人才统筹使用制度，提高农村专业人才服务保障能力。全面建立高等院校、科研院所等事业单位专业技术人员到乡村和企业挂职、兼职和离岗创新创业制度，保障其在职称评定、工资福利、社会保障等方面的权益，确保科技人才安心扎根农村、服务农村。建立有效激励机制，吸引支持企业家、党政干部、专家学者、医生教师、规划师、建筑师、律师、技能人才等，通过下乡担任志愿者、投资兴业、包村包项目、行医办学、捐资捐物、法律服务等方式服务乡村振兴事业。

第九，开拓投融资渠道。 实施乡村振兴战略，必须解决钱从哪里来的问题。要健全投入保障制度，创新投融资机制，加快形成财政优先保障、金融重点倾斜、社会积极参与的多元投入格局，确保投入力度不断增强、总量持续增加。建立健全实施乡村振兴战略财政投入保障制度，公共财政应更大力度向"三农"倾斜，确保财政投入与乡村振兴目标任务相适应。坚持农村金融改革发展的正确方向，健全适合农业农村特点的农村金融体系，推动农村金融机构回归本源，把更多金融资源配置到农村经济社会发展的重点领域和薄弱环节，更好满足乡村振兴多样化金融需求。强化金融服务方式创新，防止脱实向虚倾向，严格管控风险，提高金融服务乡村振兴能力和水平。

第十，坚持和完善党对"三农"工作的领导。实施乡村振兴战略是党和国家的重大决策部署，各级党委和政府要提高对实施乡村振兴战略重大意义的认识，真正把实施乡村振兴战略摆在优先位置，把党管农村工作的要求落到实处。完善党的农村工作领导体制机制，各级党委和政府要坚持工业农业一起抓、城市农村一起抓，把农业农村优先发展原则体现到各个方面。健全党委统一领导、政府负责、党委农村工作部门统筹协调的农村工作领导体制。建立实施乡村振兴战略领导责任制，实行中央统筹省负总责市县抓落实的工作机制。党政一把手是第一责任人，五级书记抓乡村振兴。县委书记要下大气力抓好"三农"工作，当好乡村振兴"一线总指挥"。各部门要按照职责，加强工作指导，强化资源要素支持和制度供给，做好协同配合，形成乡村振兴工作合力。要把懂农业、爱农村、爱农民作为基本要求，加强"三农"工作干部队伍培养、配备、管理、使用。

第四节　大力推动城乡融合发展

推动城乡融合发展，建立健全城乡融合发展体制机制和政策体系，是实现乡村振兴的有力举措。改革开放以来，我国工业化、城镇化快速推进，截至 2019 年底，常住人口城镇化率达到 60.60%。但与此同时，一些农村地区出现了村庄空心化、农户空巢化、农民老龄化等问题。能否顺利解决这些问题，对于能否全面实现乡村振兴至关重要。由于知识水平、资金实力和技术条件等因素的制约，仅仅依靠农民自身是难以有效解决这些问题的。推动城乡融合发展，积极引导城市的人才、资本、技术、信息等生产要素流向农村，让各类人才与留乡、返乡的农民形成优势互补的乡村振兴新主体，能够有力促进工业化、城镇化过程中乡村问题的解决，确保实现乡村振兴。

第一，积极推进"三权分置"改革，夯实城乡融合发展的制度基础。多元新型经营主体和乡村产业新业态的发展，是城乡融合发展的重要特征之一。"三权分置"是农村基本经营制度的进一步完善，符合生产关系要适应生产力发展要求的客观规律。推进"三权分置"改革，有利于进一步优化农村土地、林地、宅基地等资源配置，有利于发展适度规模经营，也有利于农村创新创业主体的培育和新业态的成长。要贯彻落实中央《关于完善农村土地所有权承包权经营权分置办法的意见》及相关政策措施，正确处理"三权分置"改革中的重要关系，不断探索和丰富"三权分置"的具体实现形式，夯实城乡融合发展的制度基础，激活农村丰富的存量资源。

第二，探索农村一二三产业融合发展新模式，提高城乡经济融合度。农村一二三产业融合发展，能够为城乡融合发展提供广阔产业空间，为农民就业创业开辟更多渠道。鼓励各地因地制宜、因业制宜探索多种融合方式，发展大田托管、农产品加工、仓储物流等市场化服务，促进农业与旅游、健康养老等产业深度融合，培育农村电商、农产品定制等"互联网+"新业态，鼓励社会力量利用互联网发展各种亲农惠农新业态、新模式，满足"三农"发展多样化需求。通过农村一二三产业融合发展引导资源和要素从城市流向农村，大力开发农业多种功能、延长产业链、提升价值链、完善利益链。深入挖掘家庭联产承包责任制的制度优势，积极探索土地流转和适度规模经营新模式，逐步建立适应城乡融合发展的现代农业产业体系、生产体系、经营体系，提高城乡经济融合度。

第三，壮大多元经营主体，增添城乡融合发展新活力。发展壮大多元经营主体，通过多元经营主体带动城乡资金、技术、信息等要素互通互融，是实现城乡融合发展的重要途径。要引导鼓励大中专毕业生、返乡人员等领办合作社和家庭农场，支持龙头企业通过直接投资、参股经营、签订长期合同等方式，带动农民发展多种形式的适度规模经营。积极培育农业龙头企业、农民专业合作社、家庭农场、乡村创客等城乡融合发展新主体，带动城市资源和要素向农村流动，实现城市人才、资本、技术、信息等要素与农村闲置、低效利用资源的有效对接，为城乡融合发展注入强大活力。

第四，深化供给侧结构性改革，破解影响城乡融合发展的难题。坚持用以人民为中心的思想推进城乡融合发展，本质上属于供给侧改革和创新的内容。我国现有统计制度下的城市化水平并不能真实反映城市化实际水平，很多城市常住人口并非真正意义上的城市居民。要采取措施，允许 2.7 亿进城农民工和近 1 亿城市间流动就业的城镇人口自主选择获得就业居住所在地户籍并享受均等化公共服务。要相应调整财政支出结构，将更多财政支出用于进城落户人口的城市保障房建设和公共服务支出，这有利于稳定预期，扩大消费支出，形成政府支出与消费需求持续稳定增长之间的良性循环，其经济持续增长的效应要强于简单增加基础设施投资支出，对社会结构的改善和公平正义的维护也具有积极作用。考虑到更多的创业机会和服务业就业机会主要在城市特别是特大城市和超大城市，因此要完善城市社会治理模式，禁止城市政府采取限制外地人流入或是以疏散为名驱赶外地人的错误做法，还城市社会应有的开放包容姿态。在深度城市化过程中，要进一步完善城市建设用地供地机制和农村建设用地的高效配置机制，使建设用地特别是住宅建设用地的增加与城市常住人口特别是落户人口的增加相适应，使进城落户农民工的农村闲置宅基地有更好的入市变现通道和市场化权益价值实现机制。政府财政转移支付规模也要与人口流入地的人口流入规模，特别是流入人口落户规模相适应，形成对吸纳转移就业人口落户的正向激励机制。在城市房地产调控模式方面，要改变目前通过行政管制限购限价的扭曲市场供求关系和价格信号的不合理做法，通过税收手段调控抑制不合理炒作行为，使正常的房地产需求得到有效释放。

第七章

战略重点：坚决打赢脱贫攻坚战

脱贫攻坚战是党的十九大确定的三大攻坚战之一。党的十八届五中全会提出，到 2020 年，我国现行标准下农村贫困人口实现脱贫，贫困县全部摘帽，解决区域性整体贫困。2019 年中央经济工作会议强调，要确保脱贫攻坚任务如期全面完成，集中兵力打好深度贫困歼灭战。如期实现全面建成小康社会目标，必须打赢、打好脱贫攻坚战，确保到 2020 年所有贫困地区和贫困人口一道迈入全面小康社会。

第一节　打赢脱贫攻坚战是全面建成小康社会的基本要求

贫穷不是社会主义。消除贫困、改善民生、逐步实现共同富裕是社会主义本质要求，是我党的重要使命。[①] 党的十八大以来，以习近平同志为核心的党中央把扶贫开发工作纳入"四个全面"战略布局，大力实施精准扶贫，不断丰富和拓展中国特色扶贫开发道路，不断开创扶贫开发事业新局面，体现了新一届中央领导集体实现第一个百年奋斗目标的坚定决心和强大信心，也充分体现了中国特色社会主义的优越性。全面建成小康社会最艰巨的任务是脱贫攻坚，最突出的短板是农村还有一部分贫困人口。2017 年 7 月 26 日，习近平总书记在"省部级主要领导干部'学习习近平总书记重要讲话精神，迎接党的十九大'专题研讨班"上讲话指出："我们不能一边宣布全面建成了小康社会，另一边还有几千万人

---

① 参见《习近平谈治国理政》（第二卷），外文出版社 2017 年版，第 83 页。

口的生活水平处在扶贫标准线以下，这既影响人民群众对全面建成小康社会的认可度，也影响国际社会对我国全面建成小康社会的认可度。"打赢脱贫攻坚战是我们党在当前和今后一段时期重大而紧迫的任务，是影响全面建成小康社会的关键之战，我们一定要从政治、全局、战略高度看待和重视脱贫问题，实现《中共中央关于制定国民经济和社会发展第十三个五年规划的建议》确定的脱贫攻坚目标。

贫困人口全部脱贫是全面建成小康社会的一个标志性指标，是"十三五"时期的重大战略任务。到 2020 年全面建成小康社会，是我们党确定的"两个一百年"奋斗目标的第一个百年奋斗目标，是党向人民、向历史作出的庄重承诺。届时如果实现国内生产总值和城乡居民人均收入比 2010 年翻一番，人均国内生产总值将达到 1.2 万美元左右，按照世界银行现行标准，接近高收入国家水平，基本跨越"中等收入陷阱"。跨越"中等收入陷阱"是就国内生产总值而言的，但全面建成小康社会新的目标要求是全面的，是要惠及十几亿人口、收入差距缩小、人民生活水平和质量普遍提高的，是要城乡区域协调发展、生态文明建设、社会公平正义等取得显著进步的。与这些目标要求比，我们在工作推进和工作成效上还有一定差距。其中最突出的是现有农村贫困人口脱贫和解决区域性整体贫困问题。全面建成小康社会这一目标能否最终实现，关键是要解决农村人口的贫困问题。全面小康，是惠及全体人民的小康，是不能有人掉队的小康，绝不能把贫困地区和贫困人口排除在外。全面建成小康社会最艰巨的任务是脱贫攻坚，最突出的短板就是农村还有一部分贫困人口。如期完成脱贫任务是全面建成小康社会的刚性目标、底线目标。只有打赢脱贫攻坚战，才能凸显全面小康社会成色，让人民群众满意、国际社会认可。

消除贫困、改善民生，逐步实现共同富裕，是社会主义的本质要求。改革开放 40 多年来，我们在经济社会领域取得了巨大成就，但是，如果还有大量的贫困人口存在，脱贫问题没有解决，就很难说是实现了共同富裕。贫困往往是导致很多社会矛盾和问题产生的根源，当贫困还大面积存在时，没有人能置身事外。因此，习近平总书记指出："解决农村的扶贫现状，绝不能让一个少数民族、一个地区掉队，要让 13 亿中国人民共享全面小康的成果。"① 扶贫开发要始终以消除贫困为首要任务，以改善民生为基本目的，以实现共同富裕为根本方向，让困难群众过上有尊严的幸福生活，从内心感受到温暖，从而充分体现我国社会主义制度的优越性。让全体人民共享改革发展的成果，是我们党治国理政的基本理念。习近平总书记指出："中国梦归根到底是人民的梦，必须紧紧依靠人民来实现，必须不断为人民造福。"② 目前我国人民生活水平、居民收入水平、社会保障水平持续提高，但仍存在收入差距较大、社会矛盾增多、部分群众生活比较困难等问题，因此必须坚持发展为了人民、发展依靠人民、发展成果由人民共享，必须维护社会的公平正义。坚决打赢脱贫攻坚战就是不断增进全体人民的福祉，就是真正落实共同富裕的理念。

当前，我国发展进入新常态，正处于新旧动能转换期，要保持经济中高速增长、迈向中高端水平，跨越"中等收入陷阱"，必须培育新的发展动能，拓展发展空间。贫困地区幅员辽阔，仅 14 个集中连片特困地区占国土面积就达 40% 左右，区域发展水平、居民收入与其他地区有很大差距。我们经常说中国经济发展有巨大的潜力、空间和回旋余地，一个重要方面就在贫困地区和贫困人口。

从消费方面看，这些地区增加收入，可以扩大有效消费需求，为产业结构调整升级赢得时间。从投资方面看，加强贫困地区基础设施和公共服务，既能新增有效投资需求，也有助于消化过剩产能。做好扶贫工作，可以催生新的经济增长点，推动经济健康发展。贫困地区的自然资

---

① 李军：《打赢脱贫攻坚战的强大思想武器》，《人民日报》，2018 年 9 月 17 日。
② 王炳林、张鑫：《在依靠人民造福人民中实现中国梦》，《人民日报》，2013 年 10 月 31 日。

源、土地资源和劳动力资源都很丰富，不少贫困地区拥有独特的自然条件，山清水秀、环境优美，土壤没有污染，如果将这些优势转换为多样化产品，激活潜在投资，并且形成一股新的消费力量，既有利于经济健康平稳地发展，又增进了全体人民的福祉。促进贫困地区加快发展，就可以形成新的经济增长极，为我国经济赢得更大的空间。通过东中西部密切协作，促进产业向中西部转移，可以让中西部劳动力就地就业，还可以促进经济增长。

打赢脱贫攻坚战也是实现党长期执政、国家长治久安的保障。得民心者得天下，中国共产党执政的根本宗旨是全心全意为人民服务。我们党只有始终践行以人民为中心的发展思想，坚持为人民服务的根本宗旨，真正做到为人民造福，执政基础才能坚不可摧。只有全体人民过上了好日子，才能巩固党的执政基础。在国际风云激烈变幻的过程中，为什么我们党和我国社会主义制度能够岿然不动，而苏联东欧国家等像多米诺骨牌一样倒下去了，就是因为我们党的路线方针政策给亿万人民带来了好处。中国共产党在中国执政就是要为民造福，而只有做到为民造福，我们党的执政基础才能坚如磐石。中华人民共和国成立以来，党和政府始终重视消除贫困，不断加大扶贫开发工作力度，尤其是改革开放以后，在党中央、国务院的领导下，扶贫开发工作成效显著，得到了广大人民的支持和拥护。在侧重农村贫困人口脱贫力度、完善贫困地区基础设施和公共服务、促进贫困地区经济发展等方面成果显著。党的十八大以来，以习近平同志为核心的党中央提出实施精准扶贫方略，誓言打赢脱贫攻坚战，这更是体现了我们党真正执政为民的信心和决心。

贫穷往往是引发社会矛盾、社会冲突、社会动荡的深刻根源。在人类历史上，富足总是伴随稳定，贫穷必然导致动乱。所以能否摆脱贫困，是关系到整个国家稳定和社会和谐的全局性问题。一方面，当前许多引发社会矛盾和冲突的群体性事件，如就业、收入分配、教育、医疗、生态、社会保障等问题的出现，主要是由于发展不足所引起的，加快发展，消除贫穷，是保证人民安居乐业、社会和谐稳定的基础。另一方面，由于贫困地区主要集中在西部民族地区，民族问题、宗教问题、边疆安全问题往往交织在一起，形成错综复杂的治理难题，也为国外敌对势力的干涉渗透提供了诱因和条件。所以，改革开放以来，我们党始终抓住发展这个主题不动摇不懈怠，深入实施西部大开发战略，加快西部民族地区的发展，尽快消除贫困，这对于维护民族团结，维护国家统一，维护主权和领土完整，实现国家的长治久安意义重大。"十三五"规划纲要提出要把革命老区、民族地区、边疆地区、集中连片贫困地区作为脱贫攻坚重点，持续加大对集中连片特殊困难地区的扶贫投入力度，增强造血能力，实现贫困地区农民人均可支配收入增长幅度高于全国平均水平，基本公共服务主要领域指标接近全国平均水平。扶贫开发工作不仅要在改善贫困人口生产生活条件上着力，更要注重提升教育、医疗、文化等方面的公共服务水平，使他们跟上全面小康的步伐。只有让全体人民安居乐业，社会才能和谐稳定，国家才能长治久安。

第二节　带领人民脱贫致富是中国共产党的不懈追求

回顾中国共产党的历史，中国共产党始终把群众利益放在首位，无论是在革命时期，还是在建设时期，都致力于改变我国贫穷落后的面貌，不断改善群众的生活水平，带领大家"脱贫困、奔小康"，共同致富。

1921 年中国共产党成立后，就开始带领全国人民为争取民族独立、国家富强、人民富裕而奋斗。当时，中国已沦为半殖民地半封建社会，军阀割据，战乱不已，国家羸弱，人民饥寒交迫，过着极端贫困的生活。为改变这种家国积弱的面貌，中国共产党人在革命中，抓住社会的主要矛盾，积极进行反帝反封建的斗争。特别是在农村牢牢抓住土地这个关键问题，领导广大贫困人民"打土豪、分田地"。在抗日根据地实行"减租减息"，在解放区进行了大规模土地改革，实现"耕者有其田"。解放战争时期，中国共产党在更广泛的范围内进行了土地革命，分得土地的农民生产积极性极为高涨，生产生活很快得到改善。正是因为密切联系群众、为了群众、依靠群众，中国共产党才凝聚起强大的力量，取得了革命战争的胜利，为国家富强、人民富裕创造了政治条件。

1949 年中华人民共和国成立后，中国共产党领导人民在全国范围内消除贫困。当时，中国是世界上最贫穷的国家之一，根据联合国统计资料显示，1949 年中国人均国民收入只有 27 美元，不足亚洲平均 44 美元的三分之二。当时，中国近 90% 的人口是农民，绝大多数贫困人口也是农民。为改变大多数农民的贫困生活，1950 年开始进行土地改革，到 1952 年底，3 亿多无地和少地农民，获得约 7 亿亩土地。中国共产党还倡导农民办农业合作社，进行互帮互助。到 1956 年底，绝大多数农民走上了农业合作化道路。应该说，土地改革的全面完成进一步激发了全国人民的生产热情，有效缓解了农村极端贫困的现状，极大促进了当时国民经济和社会的发展。

1978 年改革开放后，中国共产党开始在全国范围内领导实施有组织、有计划、大规模的扶贫开发。首先在农村进行改革，建立了以家庭联产承包经营为基础的经营体制，大大解放和发展了生产力，使农村大面积贫困问题得到缓解。1986 年，为更好地开展扶贫工作，国务院扶贫开发领导小组及办公室成立。1994 年后，先后制定并颁布实施了《国家八七扶贫攻坚计划（1994—2000 年）》和《中国农村扶贫开发纲要（2001—2010 年）》。这一时期，政府开始引导更多的社会组织和社会力量参与扶贫工作。各类企业、社会组织和个人以多种方式参与扶贫工作，显现了深厚的发展潜力，逐步推动形成了社会大扶贫格局。到 2010 年，基本解决了农村居民的温饱问题。2011 年，颁布实施《中国农村扶贫开发纲要（2011—2020 年)》，提高扶贫标准，确定了 14 个连片特困地区为扶贫开发主战场。

第三节　党的十八大以来脱贫攻坚取得巨大成就

打好脱贫攻坚战是社会主义的本质要求，是中国共产党对人民的庄严承诺。党的十八大以来，以习近平同志为核心的党中央高度重视扶贫开发工作，把脱贫攻坚摆到治国理政的突出位置，提出一系列新思想新观点，作出一系列新决策新部署，全面打响脱贫攻坚战。中国采取超常规举措，以前所未有的力度推进脱贫攻坚，农村贫困人口显著减少，贫困发生率持续下降，解决区域性整体贫困迈出坚实步伐，贫困地区农民生产生活条件显著改善，贫困群众获得感显著增强，脱贫攻坚取得决定性进展，创造了中国减贫史上的最好成绩，谱写了人类反贫困历史新篇章，中国扶贫开发也进入新的历史阶段。

一方面，我们创造了我国减贫史上的最好成绩。现行标准下的农村贫困人口从 2012 年底的 9899 万人减少到 2019 年底的 551 万人，累计减贫 9348 万人，年均减贫 1335 万人；贫困发生率从 2012 年的 10.2% 下降到 2019 年的 0.6%，减贫规模前所未有。截至 2019 年底，全国有 52 个国家扶贫开发工作重点县尚未摘帽，解决区域性整体贫困迈出坚实步伐。2019 年贫困地区农村居民人均可支配收入 11567 元，比上年名义增长 11.5%，扣除价格因素影响，实际增长 8.0%，实际增速比全国农村快 1.8 个百分点。

基础设施和基本公共服务显著改善。贫困地区新建改建农村公路 50 多万千米，解决了 1400 多万贫困人口饮水安全问题，易地扶贫搬迁 870

万贫困人口，危房改造 700 万贫困农户，自然村通电接近全覆盖，71% 的自然村通上宽带，完成 9.7 万所义务教育薄弱学校改造任务，累计救治 420 多万大病和慢性病贫困患者，贫困地区基础设施和基本公共服务得到显著改善。[①]

经济社会发展明显加快。贫困县地区生产总值年均增长速度比全国平均水平高 2.2 个百分点。集中实施产业扶贫、就业扶贫、电商扶贫、光伏扶贫、旅游扶贫，有效促进了新业态、新产业发展，贫困地区一大批特色优势产业得到培育壮大，发展动力明显增强。通过实施易地扶贫搬迁、生态扶贫和退耕还林等，贫困地区生态环境明显改善。

农村基层治理能力和管理水平大幅提升。通过选派第一书记和驻村工作队，锻炼了机关干部，培养了农村人才。截至 2018 年底，累计向贫困村选派第一书记 45.9 万人，驻村干部约 300 万人次。组织开展贫困识别、精准帮扶、贫困退出和大规模轮训，农村基层治理能力和管理水平大幅提升，农村基层党组织创造力凝聚力战斗力明显增强。

另一方面，我们建立了中国特色脱贫攻坚支撑体系。党的十八大以来，我们加强打赢精准脱贫攻坚战的顶层设计，创新扶贫体制机制，推进四梁八柱建设，建立脱贫攻坚责任制，建立政策、投入、动员、监督和考核体系，不断完善脱贫攻坚的支撑体系。

建立脱贫攻坚责任制。2016 年 10 月 17 日，中共中央办公厅、国务院办公厅印发《脱贫攻坚责任制实施办法》，随后，湖南等省份相继出台了《脱贫攻坚责任制实施细则》，进一步加强党对脱贫攻坚的全面领导，实行中央统筹、省负总责、市县抓落实的管理体制。中西部 22 个省份党政主要负责同志向中央签署脱贫攻坚责任书，立下军令状，省市县乡村五级书记一起抓，层层落实脱贫攻坚责任制。

---

① 参见刘永富：《有效应对脱贫攻坚面临的困难和挑战》，《政策》，2019 年第 3 期。

建立脱贫攻坚政策体系。为落实中共中央、国务院《关于打赢脱贫攻坚战的决定》，国务院制定实施了《"十三五"脱贫攻坚规划》，中央办公厅、国务院办公厅出台了 13 个配套文件，中央各部门和各地区相继出台和完善 "1+N" 的脱贫攻坚政策措施，打出政策组合拳，扶贫领域很多 "老大难""拖延病" 问题都有了针对性措施。此外，还不断强化脱贫攻坚的支撑体系，加大脱贫攻坚的政策倾斜。

建立脱贫攻坚投入体系。持续不断加大资金投入，是保障脱贫攻坚各项政策措施落实的根本所在。不断加大各级财政专项扶贫资金的投入。党的十八大以来，中央财政专项扶贫资金连年增长。建立脱贫攻坚投入体系。持续不断加大资金投入，是保障脱贫攻坚各项政策措施落实的根本所在。不断加大各级财政专项扶贫资金的投入。党的十八大以来，中央财政专项扶贫资金连年增长。财政部发布的数据显示，2019 年安排中央专项扶贫资金 1261 亿元，连续 4 年每年净增 200 亿元。2016 年至 2019 年，中央财政累计安排专项扶贫资金 3843.8 亿元，年均增长 28.6%；省级财政专项扶贫资金年均增长在 30% 以上，市县相应地也加大了专项扶贫资金投入，据测算，2018 年、2019 年，省和市县财政专项扶贫资金都超过了 1000 亿元；2016—2019 年，财政部还安排地方政府债务资金约 3500 亿元用于脱贫攻坚，吸引更多的金融资金、社会资金、企业资金投入到脱贫攻坚工作中。党的十八大以来，共安排易地扶贫搬迁专项贷款 2000 多亿元，扶贫小额信贷累计超过 5000 亿元。此外，我们还增加了扶贫县扶贫资金项目审批权限，增强县里统筹使用的自主权，让 "打油的钱可以买醋"。①

建立社会动员体系。发挥社会主义制度集中力量办大事的优势，动员各方面力量合力攻坚。加强东西部扶贫协作，调整完善结对关系。组

① 全国干部培训教材编审指导委员会：《决胜全面建成小康社会》，人民出版社 2019 年版，第 140—141 页。

织 342 个东部经济较发达县（市、区）与西部 573 个贫困县实施"携手奔小康"行动。加强机关定点扶贫，目前中央层面共有 310 个单位帮扶 592 个贫困县，地方各级党政机关、国有企事业单位都开展了定点扶贫。加强军队和武警部队扶贫，全军和武警部队已在地方建立了 2.6 万多个扶贫联系点。动员民营企业、社会组织、公民个人参与社会扶贫。目前全国有 4.6 万家民营企业参与"万企帮万村"精准扶贫行动，结对帮扶 3.36 万个贫困村。同时，加大宣传表彰力度，营造良好社会氛围。每年组织好扶贫日系列活动，表彰全国脱贫攻坚模范，总结推广一批精准扶贫精准脱贫成功案例。

建立脱贫攻坚监督体系。我们把全面从严治党要求贯穿脱贫攻坚全过程各环节。中央巡视组把脱贫攻坚作为重要内容，国务院扶贫开发领导小组对各地开展脱贫攻坚督查巡查。八个民主党派中央分别对口八个中西部省区，开展脱贫攻坚民主监督。国务院扶贫办设立"12317"全国扶贫监督举报电话，配合人大、政协、民主党派、纪检监察、审计、检察开展监督工作，接受社会和媒体监督，把各方面的监督结果运用到考核评估和督查巡查中。

建立脱贫攻坚考核体系。出台省级党委和政府扶贫开发工作成效考核办法、东西部扶贫协作考核办法、中央单位定点扶贫考核办法，组织省际交叉考核、第三方评估、财政扶贫资金绩效评价和媒体暗访，实行最严格的考核制度。2017 年，组织对 2016 年扶贫成效开展第一次正式考核，约谈了 8 个省区；2018 年，组织对 2017 年扶贫成效开展第二次正式考核，约谈了 4 个省份，有力地促进了全国脱贫攻坚工作。同时，还组织第三方对中央和国家机关落实《关于打赢脱贫攻坚战的决定》政策措施落实情况开展评估。通过考核评估表扬先进、激励后进，发现解决问题，有效推动工作。

第四节　脱贫攻坚取得巨大成就的价值体现

贫困是人类社会的顽疾，是世界各国经济社会发展过程中面临的共同挑战。中国在 2005 年将贫困人口减半，提前 10 年完成《联合国千年发展目标》任务。我们还将在 2020 年消除绝对贫困，比《联合国 2030年可持续发展目标》又提前了 10 年。根据世界银行统计，全球范围内，每 100 人脱贫，就有 70 多人来自中国。国务委员、外交部部长王毅在首届 "南南人权论坛" 开幕式上发言指出，"中国解决了 13 亿多人的温饱，减少了 8 亿多贫困人口，为 7.7 亿人提供了就业，建成世界最大规模的教育体系、最大规模的社保体系、最大规模的基层民主选举体系"。联合国粮农组织总干事达席尔瓦在《中国成功减贫给世界的启示》一文中也高度评价中国脱贫攻坚的重要意义，中国的努力是使全球饥饿人口减少的最大因素。

第一，消除贫困是中国济贫传统的时代新内涵。 中华文化历来具有扶贫济困、乐善好施、助人为乐的优良传统。先秦时期，中国就提出了 "夫施与贫困者，此世之所谓仁义"。后期在儒家文化影响下，形成了仁爱、民本、兼爱、大同等思想，个体、邻里、宗族、机构与政府各个主体开展各种形式的济贫行为。近代以来，以孙中山为代表的爱国人士提出了民生和救助的社会思想，倡导建立以政府为主导的社会救助制度，开创了近代中国社会救助制度的雏形。中国共产党的宗旨是全心全意为人民服务，自成立之初就坚持为人民求解放、谋幸福的使命和初衷。1956 年建立社会主义制度后，从制度上保障人与人的平等关系，为反贫困奠定了制度基础。1978 年改革开放之后，一系列农村体制改革措施解放了农村劳动生产力，为扶贫奠定了物质基础。农村经济发展，农民生活实现温饱，但农村城市的差距依然很大，扶贫任务任重而道远。1986

年，中国政府开始在全国范围实施有计划、有组织、大规模的农村扶贫开发。1994年，中共中央、国务院颁布《国家八七扶贫攻坚计划（1994—2000年）》，扶贫开发作为国家战略继续深入推进。党的十八大以来，中国特色社会主义进入新时代，新的历史情境也为解决贫困问题提供了新条件，提出新挑战。以习近平同志为核心的党中央把扶贫开发放在了治国理政的突出位置，开创性地做出了打赢脱贫攻坚战的重大战略决策，赋予消除贫困新的时代内涵。

第二，消除贫困体现出我们的平衡普惠协调发展观。改革开放40年来，全国居民人均可支配收入由171元增加到2.6万元，中等收入群体持续扩大。贫困人口累计减少7.4亿人，谱写了人类反贫困史上的辉煌篇章。教育事业全面发展，九年义务教育巩固率达93.8%。我国建成了包括养老、医疗、低保、住房在内的世界最大的社会保障体系，基本养老保险覆盖超过9亿人，医疗保险覆盖超过13亿人。常住人口城镇化率达到58.52%，上升40.6个百分点。居民预期寿命由1981年的67.8岁提高到2017年的76.7岁。我国社会大局保持长期稳定，成为世界上最有安全感的国家之一。[1]贫困地区主要分布在中西部的农村，先富裕的地区帮助落后地区，带动贫困地区走向共同富裕之路。工业反哺农业，城市支持农村，推进城乡要素平等交换合理配置，促进农民增收、农业发展和乡村振兴。

第三，消除贫困向世界贡献了中国智慧和中国方案。贫困问题的核心是发展和发展成果如何分配问题。纵观国际减贫历程，从联合国、世界银行等国际机构到英美日等发达国家开展全球贫困治理，从千年发展目标到2030年可持续发展目标，如何消除贫困实现可持续发展依旧没有找到解决方案。撒哈拉以南非洲贫困人口不但没有减少反而增加，全球

---

[1] 参见习近平：《习近平在庆祝改革开放40周年大会上的讲话》，《人民日报》，2018年12月19日。

贫富差距日益扩大。反观中国，从解决温饱、摆脱贫困到脱贫攻坚，提出了一些新的治理理念和实践。改革开放以来，中国政府把扶贫开发作为国家发展目标，列入国家发展规划，明确扶贫开发方向，完善扶贫开发战略和政策体系，逐步创造了中国特色的反贫困机制和模式。中国扶贫的理论和实践表明，良好的政治愿景、科学的扶贫战略、适宜的政策措施，实现整体脱贫是完全可能的。埃及前外交部部长助理西夏姆·宰迈提表示，中国减贫经验为发展中国家提供有益借鉴，更在共建"一带一路"过程中为沿线国家提供切实可行的共同发展方案。中国方案对非洲实现消除贫困和饥饿的目标具有重要作用。

第四，消除贫困体现出中国承担国际责任的良好形象。当今世界仍有 8 亿多人生活在极端贫困线以下，全球减贫工作任重道远。中国扶贫开发事业既是中国政府的职责，也是全世界反贫困事业的重要组成部分。中国绝对贫困人口数量和占世界贫困人口总量比重大幅度"双下降"，推动了全球减贫事业发展。党的十九大报告提出了"促进人的全面发展，实现共同富裕"，在一国范围内，就是整体消除绝对贫困，让全体中国人共享发展的成果；在全球范围，就是共建一个没有贫困的人类命运共同体，建设持久和平、普遍安全、共同繁荣、开放包容、清洁美丽的世界。中国秉承和平合作、开放包容、互学互鉴、互利共赢的精神，坚持共商、共建、共享的原则，以丝绸之路经济带和 21 世纪海上丝绸之路为依托，支持发展中国家增强自身发展能力，为国际减贫事业提供支持。德国科隆经济研究所经济学家鲁舍表示，在已经取得巨大成就的基础上，中国仍在坚持脱贫攻坚，并在国际减贫领域发挥越来越大的作用。通过"一带一路"倡议，沿线国家的人民生活水平得到了改善，也让更多国家的脱贫工作变得更容易开展。

第五节　脱贫攻坚具有长期性、艰巨性和复杂性

打赢脱贫攻坚战，还存在许多方面的制约。归结起来，不外乎两方面的因素。一是客观因素，也就是自然方面的因素，不少贫困地区受资源环境约束，一方水土养活不了一方人。二是主观因素，也就是人的因素，能不能把各方面积极性都调动起来，形成打赢脱贫攻坚战的强大合力，直接决定脱贫攻坚的进程和效果。当前，我国进入了全面建成小康社会的决胜阶段，扶贫开发进入了啃硬骨头、攻坚拔寨的冲刺期。我们必须清醒认识到脱贫攻坚的严峻形势，客观分析脱贫攻坚面临的新挑战。

第一，脱贫仍然是经济社会发展最突出的短板。虽然扶贫开发工作成绩斐然，但是全国依然有大量贫困人口。农村贫困人口能否脱贫，已成为全面建成小康社会的短板和重中之重，在全面建成小康社会的决胜阶段，我们必须尽最大努力补上这块短板。一是贫困群体规模仍然较大。截至 2019 年底，全国仍有 551 万人尚未脱贫，52 个贫困县尚未摘帽，1113 个贫困村的贫困人口超过 1000 人和贫困发生率超过 10%，这些都凸显了扶贫脱贫形势依然严峻。二是扶贫开发难度也越来越大。经过多年的持续扶贫开发，现在所面对的都是贫中之贫，困中之困。一些贫困者非残即病，劳动能力弱。2011 年以来，我国减贫幅度呈连续逐年下降趋势，减贫难度日益增加。

现在距离 2020 年底所剩时间不多，还有一部分极度贫困人口要实现脱贫，任务十分繁重艰巨。而且，经过多年的努力，容易脱贫的地区和人口已经基本脱贫了，剩下的贫困人口大多贫困程度较深，自身发展能力比较弱，越往后脱贫攻坚成本越高、难度越大。以前出台一项政策、采取一项措施就可以解决成百万甚至上千万人的贫困，现在减贫政策效应递减，需要以更大的投入实现脱贫目标。在脱贫攻坚工作中，要贯彻

落实创新、协调、绿色、开放、共享的发展理念，充分发挥政治优势和制度优势，决不让贫困地区和贫困人口在全面建成小康社会征程中落伍掉队。打好脱贫攻坚战，是当前的头等大事和第一民生工程，必须坚持把扶贫脱贫作为我们党治国理政的一项重要工作。

第二，经济新常态是脱贫攻坚面临的新环境。我国经济发展进入新常态后，经济下行压力在持续加大，这会影响到整体就业规模，结构性就业矛盾将会更加凸显，因此贫困人口就业和增收难度必然增大。发展方式从规模速度型粗放增长向质量效率型集约增长转换，增长动力由要素驱动投资驱动向创新驱动转换，这些都会对劳动力的素质提出更高要求，而贫困人口缺乏的正是信息和技术，一些农民工因丧失工作重新陷入贫困，返贫压力加大。

产业结构仍在调整过程中，传统产业扶贫带动效应减弱，一些新的产业尚在成长之中。随着经济下行，地方财政收入增速放缓、区域之间发展差距加大、农村"老龄化"和"空心化"等问题也给扶贫脱贫工作带来新挑战。面对新的环境，扶贫脱贫需要不断创新理念，采用常规思路和办法按部就班推进，将难以完成任务。因此我们要探索结合生态保护脱贫、资产收益扶贫、光伏扶贫、电商扶贫、增加贫困人口在土地增值中的受益程度等新方式。

第三，脱贫管理体制机制和政策配套措施不够完善。目前，扶贫组织人员呈现"上级队伍强，下面队伍弱"局面，工作效能和协调力度较弱，缺乏政府多部门之间的协调与沟通，造成扶贫效率较低，扶贫政策执行不到位。从实际情况看，"中央统筹、省负总责、县抓落实"的管理体制存在各级职责不够明晰、边界不够明确、执行不够有力等问题。贫困地区政绩考核偏重于地区生产总值，针对贫困户的政策措施总体上缺乏精准性、连续性、全面性。还存在对精准扶贫精准脱贫的认识不到位的问题，一些实际工作还停留在"大水漫灌"的传统观念和方式上。因此落实脱贫工作责任制显得尤为重要。要强化脱贫工作责任考核，全面落实扶贫开发工作成效考核办法；建立扶贫工作督查制度，强化责任追究。

扶贫和社会保障如何分工协调缺乏有效的政策安排，扶贫同农村低保、新农保、医疗救助、危房改造、家庭经济困难学生资助等政策尚未做到无缝衔接。扶贫开发资金使用效果及监管力度有待提高，有关部门自有一套规划、自建一套系统，信息共享渠道不畅通，相互既有交叉重复，又有空白盲区。我国社会不缺少扶贫济困的爱心和力量，缺的是有效可信的平台和参与渠道，一些有能力有愿望参与扶贫的企业和个人宁愿把钱捐到国外去，也不愿用到国内贫困人口身上，导致不能形成有效的扶贫合力。要鼓励支持民营企业、社会组织、个人参与扶贫开发，引导社会扶贫重心下移，实现社会帮扶资源和精准扶贫有效对接。创新参与模式，鼓励设立产业投资基金和公益信托基金，实施扶贫志愿者行动计划和社会工作专业人才服务贫困地区计划。

第四，贫困地区和贫困人口的发展能力和内生动力较弱。老少边穷地区贫困问题集中，贫困人口普遍存在受教育程度低、健康水平低的"两低"情况，自我发展能力弱。绝大多数建档立卡贫困村没有集体经济，内生发展动力严重不足。贫困人口之贫困因素较多，因病致贫、因学致贫突出，缺资金、缺技术普遍，因病返贫、因灾返贫、因市场风险返贫常见。

虽然中央财政投入扶贫的资金总量一直在增加，但同脱贫攻坚的需求相比仍显不足，财政扶贫资金分配和使用效率有待提高。加大中央和省级财政扶贫投入，发挥政策性金融、开发性金融、商业性金融和合作性金融的互补作用，整合各类扶贫资源，拓宽资金来源渠道。创新扶贫开发政策，完善资源开发收益分享机制，提高贫困地区的内生动力。同时实施贫困地区人才支持计划和本土人才培养计划，提高贫困地区的发展能力。

贫困群众是扶贫攻坚的对象，更是脱贫致富的主体，在政策和资金倾斜的情况下，如果不注重调动群众积极性、主动性、创造性，反而会助长等靠要思想。党和政府有责任帮助贫困群众致富，但不能大包大揽，否则再多的扶贫资金也只能管一时，不能管长久。

下篇

打赢脱贫攻坚战
的战略部署

第八章
战略指导：脱贫攻坚的指导方略

党的十八大以来，为了让全体中国人民一道迈入小康社会，中国扶贫开发进入了全面消除绝对贫困的脱贫攻坚新阶段，全面打响了以习近平扶贫论述为根本遵循的脱贫攻坚战。在习近平扶贫论述的领导下，我们制定了脱贫攻坚的总体规划，明确了扶贫脱贫的标准，中国脱贫攻坚蓝图基本绘就。

第一节　习近平扶贫论述领航新时代脱贫攻坚

第一，习近平扶贫论述的基本内涵。习近平扶贫论述"形"于知青的特殊经历和长期在地方主政的探索积淀，"成"于担任党的总书记成为党和国家的领导核心后。在这一历史过程中，习近平扶贫论述不断发展完善，形成了问题意识明确、理论体系完备、内在逻辑严密的扶贫体系。不仅从根本上回答了脱贫攻坚的目的和意义，也为打赢脱贫攻坚战确立了原则和战略，深化了扶贫开发的方法和策略，为破解反贫困提供了理论与现实答案。

一是明确脱贫攻坚的战略地位。党的十八大以来，中国特色社会主义进入了新时代，中国共产党形成并统筹推进经济建设、政治建设、文化建设、社会建设、生态文明建设五位一体的总体布局，形成并协调推进全面建成小康社会、全面深化改革、全面依法治国、全面从严治党的战略布局，打赢脱贫攻坚战既是全面建成小康社会补短板的核心任务，又是"五位一体"总体布局和"四个全面"战略布局的重要载体。习近平扶贫论述贯穿了马克思主义的基本立场和方法，不仅把人民的发展看作经济社会发展的重要目标，把脱贫攻坚作为全面建成小康社会的底线任务；同样把人的全面发展作为脱贫攻坚的重要内容，将调动贫困地区干部群众积极性和创造性作为脱贫攻坚的重要原则，使扶贫工作有了超越温饱目标和面向美好生活的全新内涵。而且随着中国不断走近世界舞台中央，习近平总书记也将减贫纳入全人类发展的视野，不仅要以让中国的减贫成绩为世界减贫做贡献，同样要以中国减贫经验为国际减贫提供智慧和方案。

二是坚持党对脱贫攻坚的领导。中国共产党人从党成立之日起就确立了为天下劳苦人民谋幸福的目标，这就是我们的初心。坚持党的领导，发挥社会主义制度可以集中力量办大事的优势，这是我们的最大政治优势。必须坚持发挥各级党委总揽全局、协调各方的作用，落实脱贫攻坚一把手负责制，省市县乡村五级书记一起抓，为脱贫攻坚提供坚强政治保证。扶贫开发，要给钱给物，更要建个好支部。我们践行习近平扶贫论述，就是要始终坚持党的领导，充分发挥政治优势和制度优势，强化中央统筹、省负总责、市县抓落实的体制机制，五级书记抓扶贫，为脱贫攻坚提供根本保障。

三是实施精准扶贫精准脱贫。习近平总书记指出：扶贫开发推进到今天这样的程度，贵在精准，重在精准，成败之举在于精准。[1]改革开放初期，我们农村普遍贫困，需要通过普惠性的政策措施，使大部分地区和群众受益。现在，情况发生了很大变化。所谓贫有百样、困有千种。过去那种大水漫灌式扶贫很难奏效，必须采取更精准的措施。精准识别、精准施策，根据致贫原因有针对性地制定方案，对不同原因不同类型的贫困采取不同措施，因人因户因村施策，对症下药、精准滴灌、靶向治

---

[1] 参见刘永富：《以精准发力提高脱贫攻坚成效》，《人民日报》，2016年1月11日。

疗。精准扶贫精准脱贫基本方略的主要内容，就是做到"六个精准"，实施"五个一批"，解决"四个问题"。我们践行习近平扶贫论述，就是要真正落实基本方略，把精准理念落到实处，不断提升精准识别、精准帮扶、精准施策、精准退出质量，扶贫扶到点上扶到根上。

四是构建大扶贫格局。习近平总书记指出：扶贫开发是全党全社会的共同责任。[①]必须坚持充分发挥政府和社会两方面力量作用，构建专项扶贫、行业扶贫、社会扶贫互为补充的大扶贫格局，调动各方面积极性，引领市场、社会协同发力，形成全社会广泛参与脱贫攻坚格局。中央和国家机关各部门要把脱贫攻坚作为分内职责，东部地区要加大对西部地区的帮扶力度。要健全东西部协作、党政机关定点扶贫机制，各部门要积极完成所承担的定点扶贫任务，东部地区要加大对西部地区的帮扶力度，国有企业要承担更多扶贫开发任务。要鼓励支持各类企业、社会组织、个人参与脱贫攻坚。要引导社会扶贫重心下沉，促进帮扶资源向贫困村和贫困户流动，实现同精准扶贫有效对接。我们践行习近平扶贫论述，就是要更加广泛、更加有效地动员和凝聚各方面力量，不断完善大扶贫格局，更加聚焦精准，形成脱贫攻坚的强大合力。

五是激发内生动力。习近平总书记指出：脱贫致富贵在立志，只要有志气、有信心，就没有迈不过去的坎。[②]扶贫不是慈善救济，而是要引导和支持所有有劳动能力的人，依靠自己的双手开创美好明天。要改变我们习惯的送钱送物方式，坚持扶贫先扶智、扶贫先扶志，深入细致地做好群众的思想工作，帮助贫困群众提高增收致富的能力，帮助贫困群众摆脱思想贫困、意识贫困。要改进帮扶方式，多采取以工代赈、生产奖补、劳务补助等方式，组织动员贫困群众参与帮扶项目实施，提倡多劳多得，不要包办代替和简单发钱发物。践行习近平扶贫论述，就是要

---

① 参见韩俊：《众志成城打赢脱贫攻坚战》，《学习时报》，2018 年 11 月 5 日。
② 参见李军：《打赢脱贫攻坚战的强大思想武器》，《人民日报》，2018 年 9 月 17 日。

正确处理外部帮扶和贫困群众自身努力关系，把贫困群众积极性和主动性充分调动起来，靠自己辛勤劳动实现脱贫，靠自己的努力改变命运。

六是实行最严格的考核制度。习近平总书记指出：必须坚持把全面从严治党要求贯穿脱贫攻坚工作全过程和各环节，实施经常性的督查巡查和最严格的考核评估，确保脱贫过程扎实、脱贫结果真实，使脱贫攻坚成效经得起实践和历史检验。[①] 要把握好脱贫攻坚正确方向，防止层层加码，要量力而行、真实可靠、保证质量。要防止形式主义，扶真贫、真扶贫。要坚持年度脱贫攻坚报告和督查制度，加强督查问责，对不严不实、弄虚作假的严肃问责。扶贫资金量大、面广、点多、线长，监管难度大，社会各方面关注度高，要强化监管，做到阳光扶贫、廉洁扶贫。要加强扶贫资金管理使用，对挪用、贪污扶贫款项的行为必须坚决纠正、严肃处理。要加大惩治力度，对扶贫领域腐败问题，发现一起，严肃查处问责一起，绝不姑息迁就！践行习近平扶贫论述，就是要始终把纪律和规矩挺在前面，不断完善制度，确保责任落实、政策落实、工作落实，切实加强监管，坚决惩治和预防扶贫领域违纪违法行为，提高扶贫资金使用效率和效益，确保扶贫资金真正用到建档立卡贫困人口脱贫上。考核评估要较真碰硬，确保脱贫质量。

七是携手共建人类命运共同体。习近平总书记指出："消除贫困是人类的共同使命。"[②] 中国在致力于自身消除贫困的同时，始终积极开展南南合作，力所能及地向其他发展中国家提供不附加任何政治条件的援助，支持和帮助广大发展中国家特别是最不发达国家消除贫困。在国际减贫领域积极作为，树立负责任大国形象。践行习近平扶贫论述，就要把减贫纳入国际视角，深化减贫领域国际交流合作，为全球减贫事业提供中国方案，为携手共建人类命运共同体贡献中国智慧。

---

① 参见《习近平谈扶贫》,《人民日报海外版》, 2018 年 8 月 29 日。
② 参见《十八大以来重要文献选编》(中), 中央文献出版社 2016 年版, 第 721 页。

　　第二，习近平扶贫论述的时代价值。习近平扶贫论述具有马克思主义和新时代中国特色社会主义思想的理论特质，充分体现了始终把人民的利益放到最高位置的人民性，坚持一切从实际出发、理论联系实际、实事求是的科学性，以精准为要义不断深化扶贫体制机制改革的创新性，展现大国领袖世界眼光和天下情怀的国际性，具有重要的历史地位。

　　一是习近平扶贫论述是习近平新时代中国特色社会主义思想的重要组成部分。习近平新时代中国特色社会主义思想具有丰富的时代内容和思想内涵，我国脱贫攻坚是习近平新时代中国特色社会主义思想的伟大实践，取得的显著成效充分证明了习近平新时代中国特色社会主义思想的重要理论和实践价值。习近平总书记将治国理政思想贯彻到扶贫开发领域，坚持正确的政治方向，坚持实事求是的思想路线，坚持以人民为中心的发展思想，坚持新发展理念，坚持全面从严治党，习近平扶贫论述成为习近平新时代中国特色社会主义思想的重要内容。习近平扶贫论述极大拓展了治国理政思想的内涵，精准扶贫在实践中取得的成功也推动精准思维在治国理政中的广泛运用。

　　二是习近平扶贫论述是马克思主义反贫困理论中国化的最新成果。习近平扶贫论述与马克思主义反贫困理论一脉相承，是马克思主义反贫困理论中国化的最新理论成果，是运用马克思主义立场、观点、方法解决中国具体问题的成功典范。受客观条件限制，马克思反贫困理论主要关注资本主义制度下城市工人阶级的贫困问题。习近平在继承发展马克思主义反贫困理论的基础上，坚持运用马克思主义基本立场观点方法来分析我国贫困问题，对社会主义初级阶段下农村贫困问题特征、反贫困深层次矛盾问题以及系统治理贫困进行了深入研究，深化了对社会主义制度下农村贫困问题的认识，得出了符合辩证唯物主义和历史唯物主义的反贫困客观规律，体现了人类社会发展规律的新要求，开创了社会主义制度下反贫困理论新境界，是马克思主义同中国特色社会主义制度下反贫困最新实践相结合的产物。

三是习近平扶贫论述是中国特色扶贫开发理论的最新发展。中国特色扶贫开发事业是中国特色社会主义事业的重要组成部分，中国特色扶贫开发理论是中国特色社会主义理论体系的有机构成。习近平总书记立足我国社会主义初级阶段的基本国情、人民日益增长的美好生活需要和不平衡不充分发展的社会主要矛盾，以"确保到2020年所有贫困地区和贫困人口一道迈入全面小康社会"为底线任务，以自我革新的巨大勇气，透过现象看本质，深刻揭示了当前我国贫困问题的新特征和反贫困存在的深层次矛盾和问题，在坚持开发式扶贫方针的基础上，创造性地提出了精准扶贫精准脱贫的基本方略，创新了我国反贫困的价值理念、工作模式、组织方式。习近平扶贫论述解决了我国脱贫攻坚的一系列重大理论和实践问题，极大地创新发展了中国特色扶贫开发理论。

四是习近平扶贫论述是全球贫困治理的"中国智慧"。消除贫困是全世界的共同使命。作为大国领袖，习近平以天下为己任，心系人类发展，"为共建一个没有贫困、共同发展的人类命运共同体而不懈奋斗"[1]的重要论述，体现了习近平对反贫困重大战略意义的认识，彰显了大国领袖对于全球减贫事业的责任担当。以习近平扶贫论述为指引，我国坚持精准扶贫精准脱贫方略，逐步形成了一整套科学高效的贫困治理体系，不仅指引我国脱贫攻坚取得了历史最好成绩，也为全球贫困治理贡献了中国智慧和方案，得到了国际社会的充分肯定和高度评价。联合国秘书长古特雷斯指出："（中国）精准减贫方略是帮助贫困人口、实现《2030年可持续发展议程》宏伟目标的唯一途径。中国已实现数亿人脱贫，中国的经验可以为其他发展中国家提供有益借鉴。"[2]

---

[1] 参见《十八大以来重要文献选编》（中），中央文献出版社2016年版，第723页。
[2] 参见刘永富：《习近平扶贫思想的形成过程、科学内涵及历史贡献》，《行政管理改革》，2018年第9期。

第二节　新发展理念引领新时代脱贫攻坚

发展理念是发展行动的先导，是管全局、管根本、管方向、管长远的东西。发展理念搞对了，目标任务就好定了，政策举措也就跟着好定了。党的十八届五中全会提出了全面建成小康社会需要坚持创新、协调、绿色、开放、共享的新发展理念。脱贫攻坚是全面建成小康社会最艰巨的任务，打赢脱贫攻坚战关键是牢固树立并坚持贯彻新发展理念。

第一，共享发展是脱贫攻坚的基本价值取向。共享发展居于五大理念的核心地位。全面建成小康社会绝不能让一个少数民族、一个地区掉队，要让全体中国人民共享全面小康的成果。要以共享发展理念确保扶贫成果惠民，加强贫困地区基础设施和公共服务建设，不断完善就业、教育、医疗等社会保障体系，让贫困群众在经济社会发展中不断增强获得感、幸福感、安全感。消除贫困、改善民生、逐步实现共同富裕，是社会主义的本质要求，是我党的重要使命。发展的目的是为了人民、发展过程需要依靠人民、发展的成果应该由人民共享，使全体人民在共建共享发展中有更多获得感，从而在共同富裕中增强发展的动力。从这个维度上讲，共享与前四大发展理念的关系是目的与手段的关系。在全面建成小康社会这幅壮美画卷中，民生是最厚重的底色，共享是最温暖的主题。

牢固树立共享发展理念，让贫困人口享有更多发展成果。共享发展，明确了发展为了谁的问题。共享是全面共享，要让人人享有；共享是全面共享，让人民共享经济、政治、文化、社会、生态各方面的成果；共享是共建共享，要形成人人参与、人人尽力、人人都有成就感的发展局面；共享是渐进共享，要立足国情，不好高骛远。共享既不能走绝对平均主义的老路，也不能复制欧洲国家的高福利发展模式。共享注重的是社会公平，目的是要实现"共同富裕"。脱贫"军令状"的出台，足见中央重拳扶贫的力度。打赢脱贫攻坚战要靠的是精准扶贫，因人因地施策，用共享发展的理念摆脱贫困。

落实共享发展理念，实施精准扶贫。打赢脱贫攻坚战，贵在精准扶贫，精准脱贫。我国扶贫开发工作走过了一条不断寻求新方法、积累新经验的探索道路。扶贫必先识贫，要确保把真正的贫困人口弄清楚。要明确"扶持谁"，把精准扶贫、精准脱贫落到实处。要明确"怎么扶"，找到"贫根"，对症下药，靶向治疗。要明确"谁来扶"，明晰分工，落实责任，通过"六个精准"（扶持对象、项目安排、资金使用、措施到户、因村派人、脱贫成效）施策，践行"四个切实"（切实落实领导责任、切实做到精准扶贫、切实强化社会合力、切实加强基层组织），大力实施"五个一批"工程（发展生产脱贫一批、易地搬迁脱贫一批、生态补偿脱贫一批、发展教育脱贫一批、社会保障兜底一批），确保每一户贫困群众在奔向小康的征程中不落伍掉队，共享改革发展成果。

落实共享发展理念，实现有效脱贫。一是要充分调动人民群众的积极性、主动性、创造性，举全民之力推进脱贫攻坚，增加公共服务供给、提高教育质量、促进就业创业，不断把蛋糕做大。二是把不断做大的蛋糕分好，加大对贫困群众的帮扶力度，缩小收入差距、建立更加公平更可持续的社会保障制度，让社会主义制度的优越性得到更充分体现，让人民群众有更多获得感。

第二，创新发展是助力脱贫攻坚的强大动力。创新是脱贫攻坚的强大动力。习近平总书记从决定民族前途命运的高度反复强调创新的极端重要性，指出创新是引领发展的第一动力。完成脱贫攻坚工作任务，我们必须把创新发展摆在脱贫攻坚全局的核心位置，不断改革创新扶贫机制和扶贫方式，切实把贫困地区发展基点放在创新上，让贫困人口搭上改革发展的快车，共同致富，进一步形成脱贫致富的内在驱动力。

创新扶贫开发路径，由"大水漫灌"向"精准滴灌"转变。脱贫攻坚要取得实实在在的效果，关键是找准路子，抓重点、解难点、把握着力点。搞大水漫灌、走马观花、大而化之、手榴弹炸跳蚤肯定不行。必须在精准施策上出实招、在精准推进上下功夫、在精准落地上见实效。要抓好精准识别、建档立卡这个关键环节，为打赢脱贫攻坚战打好基础。按照"六个精准"的要求，解决好扶持谁、谁来扶、怎么扶、如何退的问题，实现精准滴灌式的真扶贫、扶真贫。

创新扶贫资源使用方式，由多头分散向统筹集中转变。要整合各类资源，打好扶贫资源使用的组合拳。建立"多条渠道进水、一个龙头出水"的项目整合机制和部门协作机制，以扶贫规划为引领，以重点扶贫项目为平台，把专项资金、相关涉农资金和社会帮扶资金捆绑集中使用，统筹运用好资金、资产、资源，集中力量精准脱贫。

创新扶贫开发模式，由偏重"输血"向注重"造血"转变。继续推进开发式扶贫，充分调动贫困地区干部群众积极性和创造性，注重扶贫先扶智，增强贫困人口自我发展能力。加强贫困地区路、水、电、通信等基础设施建设，有效改善贫困群众的生产生活条件。统筹推进贫困地区科教文卫体等社会事业发展，提高贫困人口素质。大力推进贫困地区特色产业发展，加快一二三产业融合发展。

创新扶贫考评体系，由侧重考核地区生产总值向主要考核减贫脱贫成效转变。脱贫攻坚是当前的头等大事和第一民生工程，为确保目标顺利实现，要加强党的领导，层层压实责任。要严格落实《省级党委和政府扶贫开发工作成效考核办法》，建立年度脱贫攻坚报告和督查制度，对贫困县的考核，要提高减贫、民生、生态方面指标的权重，把脱贫成效实绩作为选拔任用干部的重要依据。形成五级书记抓扶贫、全党动员促攻坚的局面。

第三，协调发展是贫困地区摆脱贫困的必然路径。协调是持续健康发展的内在要求。改革开放以来，我国经济社会快速发展，然而地区城乡差距也随之拉大。贫困地区主要分布在中西部的农村，发展中不平衡、不协调、不可持续的问题突出。唯有坚持协调发展，才能破解发展困境，强化整体性和协调性，增强发展后劲，带动贫困地区走向共同富裕之路。没有贫困地区的小康，没有贫困人口的脱贫，就没有全面建成小康社会。要以协调发展理念推进扶贫资源整合，加强跨区域重大基础设施建设、生产力布局、经济协作等方面的衔接与协调，提升区域整体脱贫能力。当前和今后一段时期经济社会发展，关键在于补齐"短板"，其中必须补好扶贫开发这块"短板"。

推进四化同步，带动贫困地区快速发展。以工业化为动力，着力推进绿色、循环、低碳为主的新型工业化，以信息化为依托壮大特色绿色产业，推动劳动密集型污染少的工业产业发展，打造脱贫攻坚的发动机。以"信息化"为纽带，降低扶贫工作成本、提升扶贫工作实效，激发扶贫开发的发展潜能。以"新型城镇化"为载体，贫困人口实现从农村向相对发达城市转移，同时为工业化提供场所、劳动力和消费市场，推动脱贫攻坚全面展开。以"农业现代化"为抓手，提高农业劳动效率，促使富余劳动力进入非农产业就业，为工业发展提供了大量劳动力，推动城镇的形成和贫困人口的减少，夯实精准脱贫的基础。

推动区域城乡协调发展，解决区域性整体贫困。全面建成小康社会，难点在农村。目前仍有为数众多的国家扶贫开发工作重点县，2019年预期实现300个左右贫困县摘帽。刚刚摘帽、正在摘帽和准备摘帽的贫困县，以及连片特困地区，都是脱贫攻坚的主战场。要健全城乡发展一体化体制机制，坚持工业反哺农业、城市支持农村，推进城乡要素平等交换、合理配置和基本公共服务均等化，促进农业发展、农民增收，把贫困地区建设成农民幸福生活的美好家园。大河有水小河满，区域城乡协调发展了，才能消除区域性整体贫困。

第四，绿色发展是贫困地区永续发展的必要条件。消除贫困和保护环境是世界可持续发展领域的两大核心问题。扶贫开发要同保护生态环境结合起来，守住发展和生态两条底线。对中国而言，消除贫困、实现共同富裕也是我们党肩负的重要使命。把绿色发展理念贯穿精准扶贫全过程，将发展绿色经济作为推进精准扶贫工作的重要抓手，既是深入学习贯彻党的十八届五中全会精神的重要举措，又是推动贫困地区实现永续发展和贫困地区群众精准脱贫的需要。

强化绿色扶贫理念。绿色发展，既是当前的治贫之举，也是长远固本之道。扶贫开发不能以牺牲生态为代价，在精准脱贫工作中，要牢固树立"保护生态就是保护生产力，绿水青山就是金山银山"的理念，把生态保护放在优先位置，坚持节约优先、保护优先、自然恢复优先的基本方针，坚持绿色发展、低碳发展、循环发展的基本途径，在适度开发减少贫困的同时，为贫困地区留足持续发展的生态资本，走出一条发展经济、消除贫困、优化环境的新路子。

加快发展绿色经济。要有效利用资源，发展绿色产业，培育绿色经济增长点，破除能源、资源和环境因素的制约等瓶颈。要以市场需求为导向，因地制宜，依托绿色资源和环境，生产绿色、无污染的"土特"产品。加强生态环境的修复和建设，大力开发生态产品和生态产业，强化绿色资本的积累，推动贫困地区自然资本大量增值，让良好的生态环境成为贫困地区人民生活的增长点。

加强绿色扶贫政策支持。要因地制宜，分类施策。对于生态遭到破坏的贫困地区，要大力恢复生态。退耕还林还草、天然林保护、石漠化治理、水生态治理等重大生态工程，在项目和资金安排上都要向贫困地区倾斜，提高贫困人口参与度和受益水平。对于需要保护的重点生态功能区，要增加转移支付，开展生态综合补偿试点，健全公益林补偿标准动态调整机制，完善生态保护补助奖励政策等，让贫困地区从生态保护中得到更多实惠。

第五，开放发展是贫困地区繁荣发展的必由之路。人类的历史就是在开放中发展的。任何一个民族的发展都不能只靠本民族的力量。只有处于开放交流之中，经常与外界保持经济文化的吐纳关系，才能得到发展，这是历史的规律。要以开放发展理念拓宽扶贫思路，大力吸引国内外产业、资本、人才等资源向贫困地区聚集，坚持走出去与引进来并重，加强扶贫开发经验的互相学习交流，为国际减贫事业提供中国方案、贡献中国智慧。贫困地区的发展必须树立开放意识，运用开放政策。

大力实施开放式精准扶贫。引导和帮助贫困群众摆脱封闭、单一的自然经济状态，向开放的市场经济发展，使贫困地区经济实现良性循环。要走对内、对外同步开放的"双向开放"道路，一方面积极参与国内市场竞争，加强内引外联，大力引进信息、资金、技术和人才，实现优势互补；另一方面，积极参与国际市场的竞争和交换，促进贫困地区经济发展。使开放与精准脱贫相互依存、相互促进、彼此融合，让开放成为取得脱贫成效的重要举措，让脱贫成效成为开放的新起点，使扶贫工作水平迈上新台阶。

鼓励引导全社会广泛参与脱贫攻坚。脱贫攻坚需要政府、市场和社会的协同推进，以及贫困地区、扶贫对象的充分参与。政府应发挥主导作用，让市场和社会成为反贫困的重要力量，先富帮后富，同奔小康路。要健全东西部扶贫合作机制、定点扶贫机制和社会力量参与机制，广泛动员全社会力量，合力推进脱贫攻坚。

加强减贫交流合作。一是加强国内各地区的减贫交流合作。各地在扶贫开发中不断探索实践，形成了很多行之有效的方法，积累了丰富多样的扶贫经验，要加强沟通交流，互相取长补短，共同推进脱贫攻坚。二是加强国际减贫交流合作。通过对外援助、项目合作、技术扩散、智库交流等多种形式，加强与发展中国家和国际机构在减贫领域的交流合作，积极借鉴国际先进减贫理念与经验。

第三节　中国脱贫攻坚的蓝图绘就

党的十八大以来，中国共产党把贫困人口脱贫作为全面建成小康社会的底线任务和标志性指标，从战略全局的高度着手制定脱贫攻坚蓝图，举全党全国全社会之力，采取超常规的举措，全面打响脱贫攻坚战。

2015 年 11 月，习近平总书记在中央扶贫开发工作会议上强调，要立下愚公移山志，咬定目标、苦干实干，坚决打赢脱贫攻坚战，确保到 2020 年所有贫困地区和贫困人口一道迈入全面小康社会。2015 年 11 月，中共中央、国务院颁布《中共中央　国务院关于打赢脱贫攻坚战的决定》，提出了打赢脱贫攻坚战的总体要求和具体方略。2016 年 11 月，国务院印发《"十三五"脱贫攻坚规划》，阐明"十三五"时期国家脱贫攻坚总体思路、基本目标、主要任务和重大举措。2017 年 10 月，在党的十九大报告中，习近平总书记再次把扶贫提高到新的战略高度，并对扶贫攻坚提出了新思想、新目标和新征程。经过多年努力，中国扶贫攻坚工作取得决定性进展，贫困人口和贫困地区明显减少，贫困群众生产生活条件明显改善，贫困群众收入水平明显提高。然而，中国脱贫攻坚面临的任务仍然艰巨，越往后脱贫攻坚的难度越大。为提高脱贫质量，聚焦深贫地区扎扎实实打好脱贫攻坚战，2018 年 6 月，中共中央、国务院印发《中共中央　国务院关于打赢脱贫攻坚战三年行动的指导意见》（以下简称《指导意见》），对 2018—2020 年的脱贫攻坚工作做了全面部署。这个《指导意见》是当前中国脱贫攻坚工作的纲领性文件，明确了各项工作的任务书、路线图和时间表。

所谓任务书就是目标任务，就是要在脱贫攻坚上下真功夫，把脱贫攻坚工作分解成若干的任务项、任务包，逐一对号、逐一落实、逐一销号，强调脱贫攻坚的结果和质量；所谓路线图就是建立行之有效的体制机制，要在尊重中国经济社会发展规律和扶贫开发工作实际的基础上，制定出一套管用的体制机制，推动扶贫开发工作制度化、规范化、体系化，用健全管用的体制机制确保脱贫工作任务的完成；所谓时间表就是要按照既定时间要求，出成绩、成实效，不辜负人民的期望，如期完成中央既定的任务。一般来说，时间表里体现着一定的任务书，任务书是对时间表的具体细化。

《指导意见》指出了脱贫攻坚新的时代背景。党的十九大明确把精准脱贫作为决胜全面建成小康社会必须打好的三大攻坚战之一，作出了新的部署。从脱贫攻坚任务看，还有一部分农村贫困人口需要脱贫，其中因病、因残致贫比例居高不下，在2020年以前完成脱贫目标，任务十分艰巨。特别是西藏、四省藏区、南疆四地州和四川凉山州、云南怒江州、甘肃临夏州（以下简称"三区三州"）等深度贫困地区，不仅贫困发生率高、贫困程度深，而且基础条件薄弱、致贫原因复杂、发展严重滞后、公共服务不足，脱贫难度更大。从脱贫攻坚工作看，形式主义、官僚主义、弄虚作假、急躁和厌战情绪以及消极腐败现象仍然存在，有的还很严重，影响脱贫攻坚有效推进。必须清醒地把握打赢脱贫攻坚战的困难和挑战，一鼓作气、精锐出战、精准施策，以更有力的行动、更扎实的工作，集中力量攻克贫困的难中之难、坚中之坚，确保坚决打赢脱贫这场对如期全面建成小康社会、实现第一个百年奋斗目标具有决定性意义的攻坚战。

《指导意见》明确了脱贫攻坚的时间表。即：到2020年，巩固脱贫成果，通过发展生产脱贫一批，易地搬迁脱贫一批，生态补偿脱贫一批，发展教育脱贫一批，社会保障兜底一批，因地制宜综合施策，确保现行标准下农村贫困人口实现脱贫，消除绝对贫困；确保贫困县全部摘帽，解决区域性整体贫困。实现贫困地区农民人均可支配收入增长幅度高于全国平均水平。实现贫困地区基本公共服务主要领域指标接近全国平均水平，主要有：贫困地区具备条件的乡镇和建制村通硬化路，贫困村全部实现通动力电，全面解决贫困人口住房和饮水安全问题，贫困村达到人居环境干净整洁的基本要求，切实解决义务教育学生因贫失学辍学问题，基本养老保险和基本医疗保险、大病保险实现贫困人口全覆盖，最低生活保障实现应保尽保。集中连片特困地区和革命老区、民族地区、边疆地区发展环境明显改善，深度贫困地区如期完成全面脱贫任务。

《指导意见》明确了脱贫攻坚的任务书。即：集中力量支持深度贫困地区脱贫攻坚、强化到村到户到人精准帮扶举措、加快补齐贫困地区基础设施短板。一是提出从3个方面集中力量支持深度贫困地区脱贫攻坚，这3个方面是：着力从基础设施建设和生态环境治理方面改善深度贫困地区发展条件、着力从卫生健康和居住条件方面解决深度贫困地区群众特殊困难、着力从民生建设和产业发展等方面加大深度贫困地区政策倾斜力度。二是从10个方面强化各项到村到户到人的精准帮扶举措，这10个方面是：加大产业扶贫力度，全力推进就业扶贫，深入推动易地扶贫搬迁，加强生态扶贫，着力实施教育脱贫攻坚行动，深入实施健康扶贫工程，加快推进农村危房改造，强化综合性保障扶贫，开展贫困残疾人脱贫行动，开展扶贫扶志行动。三是从4个方面加快补齐贫困地区基础设施的短板，这4个方面是：加快实施交通扶贫行动，大力推进水利扶贫行动，大力实施电力和网络扶贫行动，大力推进贫困地区农村人居环境整治。

《指导意见》明确了脱贫攻坚的路线图。一是从4个方面加强精准脱贫攻坚行动支撑保障，包括强化财政投入保障、加大金融扶贫支持力度、加强土地政策支持、实施人才和科技扶贫计划。二是从6个方面动员全社会力量参与脱贫攻坚，包括加大东西部扶贫协作和对口支援力度、深入开展定点扶贫工作、扎实做好军队帮扶工作、激励各类企业、社会组织扶贫和大力开展扶贫志愿服务活动。三是从 3 个方面夯实精准扶贫精准脱贫基础性工作，包括强化扶贫信息的精准和共享、健全贫困退出机制和开展国家脱贫攻坚普查。四是从 9 个方面加强和改善党对脱贫攻坚工作的领导，包括进一步落实脱贫攻坚责任制、压实中央部门扶贫责任、完善脱贫攻坚考核监督评估机制、加强贫困村党组织、培养锻炼过硬的脱贫攻坚干部队伍、营造良好舆论氛围、开展扶贫领域腐败和作风问题专项治理、做好脱贫攻坚风险防范工作和统筹衔接脱贫攻坚与乡村振兴。

第四节　中国脱贫攻坚的标准设定

制定符合国情、参照国际的扶贫标准，是打赢脱贫攻坚战的基础。当前，全球贫困标准不一，大多采用绝对贫困标准。中国是倡言仁政之邦，反贫困是古今中外的治国大事。扶贫贵在知贫，精准贵在标准。放眼全球看贫困标准，对我国的精准扶贫有参考意义。

第一，关于贫困线划定的国际标准。世界银行发布的贫困线是公认的国际标准，分为绝对贫困线和一般贫困线。1990 年，世界银行根据 12 个最穷国的情况，采用购买力平价法，制定了绝对贫困线，即每人每天生活费 1.01 美元；1994、2008、2015 年分别调整为 1.08、1.25、1.9 美元。2008 年，根据 75 个发展中国家的贫困标准中位数，首次制定了 2 美元的一般贫困线，2015 年提高到 3.1 美元。按照 1.9 美元的绝对贫困标准，世界贫困人口从 1981 年的 20 亿减少到 2016 年的 9 亿左右，贫困率从 44% 降至 13%。其中，高收入国家贫困率为零，中高收入国家从 63% 降至 5.4%，中低收入国家从 51% 降至 19%，低收入国家从 70% 降至 47%，我国同期 7.9 亿人脱贫，对全球减贫的贡献高达 72%。

按照 1.9 美元的绝对贫困标准，我国贫困人口从 1981 年末的 8.78 亿人减少到 2013 年末的 2511 万人，累计减少 8.53 亿人，减贫人口占全球减贫总规模超七成；中国贫困发生率从 1981 年末的 88.3% 下降至 2013 年末的 1.9%，累计下降了 86.4 个百分点；同期全球贫困发生率从 42.3% 下降到 10.9%，累计下降 31.4 个百分点。[①] 我国减贫速度明显快于全球，贫困发生率也大大低于全球平均水平。

第二，关于发达国家贫困标准。虽然高收入国家已无世行标准下的贫困人口，但各国立足国情，制定了自己的贫困标准。

美国有贫困线和贫困指导线两个标准。贫困线由人口普查局发布，依据家庭人数、18 岁以下成员数、家庭收入确定贫困线，共分九个层级。按美国当前贫困标准，从一人到九人以上家庭，贫困线从 11354 美元到 52685 美元。例如，有两个孩子的四口之家，收入在 24008 美元以下，则为贫困家庭。2017 年贫困率为 12.3%，贫困人口约为 4200 万，约占总人口的 13.4%。超过 500 万全年从事全职工作的美国人年收入低于贫困线。贫困指导线是贫困线的简化版，也是根据家庭人数制定，主要用于管理目的，决定是否给予联邦项目援助。根据 1939 年罗斯福政府创立的"补充营养协助计划"，人均收入低于联邦贫困线 130% 以下的美国家庭（包括持绿卡的永久居民），可以向政府申请"食品券"福利。可享受食品券的人群比例为 20%，高于贫困线的 15%。单身月总收入低于 1245 美元，四口之家月总收入低于 2552 美元（这里的收入是指在税收、保险、养老金等任何扣除之前的税前收入）即可享受。2016 财年，联邦政府在这方面的福利开支为 709 亿美元，为 4400 万美国人提供了每人每月平均为 125.51 美元的食品援助。

欧盟采用相对贫困指标，将全国居民家庭收入中位数的 60% 作为贫

① 参见张翼：《改革开放以来我国农村贫困人口减少 7.4 亿人》，《光明日报》，2018 年 9 月 4 日。

困线。欧洲统计局统计数据显示，2018年，德国绝对社会贫困人口占比为3.4%，与上一年度基本持平；法国为4.7%，较去年有所增加；英国和西班牙占比分别为4.6%和5.1%；2018年意大利社会绝对贫困人口占比为8.4%，是2010年以来最好水平；欧盟的平均水平为6.2%。按百分比计算，意大利的贫困率接近斯洛伐克、克罗地亚和匈牙利。排在意大利前面，贫困率更高的有3个国家：保加利亚（贫穷人口比例为20.9%）、希腊和罗马尼亚。而北欧成员国贫穷人口比例最低，瑞典2017年为1.1%，卢森堡2017年为1.2%，荷兰2018年为2.4%。

日本与欧盟类似，将全国居民家庭收入中位数的50%作为贫困线。2017年贫困线为年收入122万日元左右，相当于人民币7.57万元。2017年日本人均GDP为38214美元。人均GDP和贫困线的比值为3.43。

第三，关于发展中国家贫困标准。发展中国家大多数采用绝对贫困指标，主要根据每天需摄入的热量，换算成食品及相应的货币收入。如印度针对城市和农村制定了不同的贫困线，2012年的贫困线是，农村每人每天2435大卡、27卢比；城市2095大卡、33卢比，全国的贫困率为22%，2.6亿人。巴西有两条贫困线：贫困线和绝对贫困线，前者按照最低工资的1/2来确定，后者是最低工资的1/4。埃及根据家庭调查确定贫困线，低于全国人均支出的1/3为绝对贫困，低于2/3为相对贫困。由于1.9美元是按最穷15国的平均数计算的，所以绝大多数国家的贫困标准都明显高于国际标准，如南非、俄罗斯、巴西国内标准下的贫困率比国际标准下的贫困率，分别高30个、10个、4个百分点，印度和我国则与国际标准接近。

比较世界各国的贫困标准，可以看出：一是既有绝对贫困又有相对贫困。贫困分为绝对和相对，前者指难以维持基本生活，后者指无法过上大多数人的生活。绝对贫困可以消除，相对贫困长期存在。如美欧日等发达国家已消除绝对贫困，但相对贫困率仍高达15%左右。二是贫困标准是立足国情的。各国贫困标准的制定，综合考虑财力、收入水平、生存需要等因素，因国情不同而标准各异。贫困国多以基本生存需要为线；而富国还要考虑过上"体面生活"，如欧盟将每隔一天才能吃到鱼、肉等，不能每年外出休假一周也视为贫困。同时，贫困国对城乡、区域分设贫困标准，富国则多为统一标准。三是贫困标准是动态调整的。各国贫困标准随着经济社会发展不断变化，考虑因素越来越多。多数国家定期调查，适时调整贫困标准。贫困测度从单维转向多维，开始以食品需要为主，后来增加了住房、教育和交通等需求，现在一些非收入和消费支出也被纳入。如巴西的"家庭补助金"计划，包括了学校补助、食品补助、燃气扶助和食品券等。欧盟将社会排斥纳入贫困统计，将实际贫困率提高了若干个百分点。

第四，关于我国贫困线标准的划定。我国贫困标准的制定和调整可分为三个阶段：第一阶段：解决基本温饱。1986年，我国首次制定贫困标准，用恩格尔系数法，以每人每日2100大卡热量的最低营养需求为基准，再根据最低收入人群的消费结构来进行测算，1985年的农村贫困标准为人均纯收入206元，当年的全国农村贫困人口为1.25亿人。此后，依据物价逐年调整，1994年为440元，以此制定的《国家八七攻坚扶贫计划》提出，力争7年基本解决8000万农村贫困人口的温饱。到2000年，按625元的贫困线，贫困人口减少至3209万，贫困发生率降至3.5%，该计划的战略目标基本实现。第二阶段：兼顾非食品需求。2001年，国家制定了《中国农村扶贫开发纲要（2001—2010）》，提出尽快解决少数贫困人口温饱问题，为小康创造条件。为此，国家调整了扶贫标准：在保留1986年标准的基础上，增加了低收入标准，计算了部分非食品需求，将2000年农民人均纯收入865元定为低收入标准，涉及9423万人。2008年，国家将这一低收入标准明确为扶贫标准，当年为1196元，2010年提高到1274元，贫困人口比2000年减少6735万，为2688万人，贫困发生率降至 2.8%，《纲要》确定的目标基本实现。第三阶段：兼顾适度发展。2011年，国家制定《中国农村扶贫开发纲要（2010—2020）》，在综合考虑发展水平、解决温饱、适度发展及政府财力的基础上，将 2300 元作为新的扶贫标准，比 2008 年提高了 92.3%，贫困人口扩大到 16567 万人，贫困发生率升至 17.2%。截至 2018 年底，按 2855 元现价贫困线，贫困人口减少到 1660 万人，贫困发生率降至 1.7%，向"两不愁、三保障"的预定目标稳步推进。

综合比较国际国内贫困标准，可以看出：一是现行标准符合国情与承受能力。我国每次制定标准，充分考虑了财力和扶贫目标群体。现已基本消除 1978 年和 2008 年标准的贫困人口，现行标准所代表的生活水平能基本保障贫困人口"两不愁、三保障"，与全面建成小康社会的要求总体相适应。二是我国与国际标准逐步衔接。我国前两个标准明显低于国际标准，2015 年我国标准约 2.12 美元，已高于 1.9 美元国际绝对贫困标准。三是适时提高标准，对内利民，对外利国。标准提高，是为了人民受益，如 2011 年就多覆盖了 1.4 亿人，充分体现了社会主义本质要求和我党全心全意为人民服务的宗旨。由于我国人均 GDP 已达 7800 美元，属中上等收入国家，世行推荐我国使用发展中国家 3.1 美元的一般贫困标准，按此标准，我国 2010 年贫困发生率为 27.2%，比我国标准高 10 个百分点。针对"中国威胁论""中国责任论"升温，提高扶贫标准，有利于争取国际主动，获得更大的发展空间。

全面建成小康社会，最艰巨的任务是脱贫攻坚，我们决不让贫困地区和贫困人口在全面建成小康社会征程中落伍掉队。贫困标准是脱贫攻坚对策的有机组成部分，我们应立足当前，着眼未来，放眼世界，努力完善和引领国际减贫标准。一是正确引导，准确解读我国现行标准。现行标准科学合理，但公众和外界缺乏了解，存在认识误区，如有人不考虑基准年后的物价等因素的变化，直接用 2300 元与汇率折算，误认为我国扶贫标准仅 1 美元左右；有人用 2300 元与发达国家上万美元的贫困线直接对比，认为我国的贫困率比发达国家贫困率还低，这不真实；有人认为"农村贫困人口实现脱贫"后，就没有贫困问题了。主动正确解读，加强舆论宣传，正确引导社会心理预期，应是打赢这一攻坚战的必要内容。二是适当增加需求内容，逐步与 3.1 美元的国际一般贫困线接轨。随着经济社会日益发展，全国居民人均可支配收入逐步提高，需要逐步拓宽贫困家庭的消费范围，将一部分必要的发展需求纳入计算范围，建议国家鼓励有条件的地区依据物价上涨和需求拓宽两个因素，率先提高标准。此外，要主动加强国际合作，争取参与和引领世界减贫规则。2015年《联合国千年发展目标报告》认为"中国在全球减贫中发挥了核心作用"。中国把扶贫开发纳入国家总体战略，制定适合发展阶段的贫困标准，推行开发式扶贫和精准扶贫，这些经验是国际扶贫事业的样板。加强国际合作，积极参与贫困标准和减贫政策制定，增强世界减贫话语权，不断提升国家软实力，为实现中华民族伟大复兴的中国梦做出更大贡献。

第九章
战略方法：脱贫攻坚强调精准

　　党的十八大以来，习近平总书记从党和国家全局发展的高度，把扶贫开发作为实现第一个百年奋斗目标的重大战略任务来抓。2012 年 12 月，党的十八大闭幕后不久，习近平总书记就到革命老区河北阜平，进村入户看贫情，提出了科学扶贫、内源扶贫等重要思想。2013 年，习近平总书记在湖南湘西十八洞村调研时，首次提出精准扶贫。2014 年，习近平总书记进一步提出了精细化管理、精确化配置、精准化扶持等重要思想。2015 年，习近平总书记先后到陕西、贵州调研考察扶贫工作，又提出了"六个精准"。在中央扶贫开发工作会议上，习近平总书记系统阐述了"五个一批"，进一步完善了精准扶贫、精准脱贫的基本方略。2016 年以来，习近平总书记在新年贺词，考察重庆和江西、宁夏、河北、山西等地，围绕精准扶贫、精准脱贫这个重大问题，作了一系列深入的阐释。2017 年以来，随着脱贫攻坚战深入推进，习近平总书记进一步指出，扶持谁、谁来扶、怎么扶、如何退，全过程都要精准，有的需要下一番"绣花"功夫。党的十九大上，习近平总书记又提出坚持大格局扶贫。这些论述形成了习近平扶贫开发的战略思想，集中体现了习近平以人民为中心的发展理念，为打赢脱贫攻坚战注入了强大精神动力。

　　精准扶贫、精准脱贫，实现共同富裕，是社会主义的本质要求。实现共同富裕，除了让有能力有条件发展经济的所有人能够脱贫致富，也不能让没有能力和条件或者暂时没有能力条件发展的人被忽略，这就需要对每个贫困人口进行帮扶，这是精准扶贫、精准脱贫实现共同富裕思想的核心所在。因此，实施精准扶贫，就是要把发展成果更多更公平地惠及广大贫困群众，不断筑牢党的执政根基，矢志不渝地走逐步实现共同富裕的中国特色社会主义道路。

第一节　实施精准扶贫意义重大

精准扶贫是指针对不同贫困区域环境、不同贫困农户状况，运用科学有效程序对扶贫对象实施精确识别、精确帮扶、精确管理的治贫方式。精准扶贫战略的核心是要改变过去扶贫工作"大水漫灌"和"撒胡椒面儿"的做法，确保扶贫资源能够精准地与贫困个体对接，帮扶措施能够切实有效，确保扶贫利益能够落实在扶贫对象身上。2015 年，中国作出了"打赢脱贫攻坚战"的决定，明确提出到 2020 年实现现行标准下贫困人口全部脱贫，贫困县全部摘帽，区域性整体贫困问题得到解决。应该说，推进精准扶贫，打好精准脱贫攻坚战，是扶贫进入到关键阶段所进行的深层次改革，是对传统扶贫的重大突破，是中国特色社会主义关于国家建设理论的新发展。

第一，打好精准脱贫攻坚战事关增进人民福祉。习近平总书记指出："贫穷不是社会主义。如果贫困地区长期贫困，面貌长期得不到改变，群众生活长期得不到明显提高，那就没有体现我国社会主义制度的优越性，那也不是社会主义。"[①]改革开放以来，伴随着经济社会持续发展，中国组织实施了大规模扶贫开发运动，扶贫工作取得了举世瞩目的成就，人民生活水平不断得到提升。但农村还有很多贫困群众，我们不能一边宣布全面建成了小康社会，另一边还有很多人生活水平处在扶贫标准线以下。只有继续坚定不移地推进中国特色扶贫开发事业，让全体中国人民脱贫，

---

① 李军：《打赢脱贫攻坚战的强大思想武器》，《人民日报》，2018 年 9 月 17 日。

才能不断增强人民群众的获得感和幸福感，才能展示和证明中国共产党领导和中国特色社会主义制度的优越性。

第二，打好精准脱贫攻坚战事关巩固中国共产党的执政基础。得民心者得天下。中国共产党执政的根本宗旨是全民全意为人民服务，只有始终践行以人民为中心的发展思想，坚持为人民服务的根本宗旨，真正做到为人民造福，中国共产党的执政基础才能坚不可摧。打好精准脱贫攻坚战，是当前中国共产党的头等大事和第一民生工程。只有全体人民过上了好日子，才能巩固党的执政基础。

第三，打好精准脱贫攻坚战事关中国长治久安。改革开放以来，中国扶贫开发事业大踏步发展，极大改变了贫困地区人民群众的生产生活状态和精神面貌，对促进社会进步、民族团结和谐、国家长治久安发挥了重要作用。在新的发展起点上，扶贫开发的标准在提高，扶贫开发的任务也更加艰巨和繁重。在新时期，扶贫开发工作不仅要在改善贫困人口生产生活条件上着力，更要注重提升教育、医疗、文化等方面的公共服务水平，让贫困人口跟上全面小康的步伐。只有全体人民安居乐业，社会才能和谐稳定，国家才能长治久安。

第二节　把握精准是精准扶贫的核心要义

脱贫攻坚要取得实实在在的效果，必须着力解决底数不清、情况不明、目标不准、措施不对路等问题，量身定做、对症下药，做到扶真贫、真扶贫、真脱贫。把握精准，就必须"对症下药，药到病除"。习近平总书记提出："我们注重抓六个精准，即扶持对象精准、项目安排精准、资金使用精准、措施到户精准、因村派人精准、脱贫成效精准，确保各项政策好处落到扶贫对象身上。"①

第一，精准识别扶贫对象。准确识别贫困人口，搞清贫困程度，找准致贫原因，是精准扶贫的第一步。在此基础上准确掌握贫困人口规模、分布情况、居住条件、就业渠道、收入来源等，方可精准施策、精准管理。要通过入户调查、群众评议、公告公示、建档立卡等，把贫困人口识别出来。在贫困人口的认定与扶持方面，以前人们对贫困的认定，一般是对收入来源、财产状况、家庭劳动力等因素进行综合分析，如今我们采取的措施是根据贫困人口的贫困原因和贫困程度，给予不同的救济扶助，实施精准扶贫。精准扶贫就是在精准识别的基础上精准发力，应因地制宜、因户施策、分类扶持，提高扶贫的针对性与实效性。

第二，精准安排扶贫项目。精准扶贫工作大多要落实到具体的扶贫项目上，选择和安排什么样的扶贫项目，要因人因地施策、因贫困原因施策、因贫困类型施策，区别不同情况，做到对症下药、精准滴灌、靶向治疗。以前的扶贫制度设计存在一些缺陷，不少扶贫项目粗放"漫灌"，针对性不强，更多地是在"扶农"而不是"扶贫"。以扶贫搬迁工程为例，居住在边远山区、地质灾害隐患区等地的贫困户，一方水土难养一方人，是扶贫开发最难啃的"硬骨头"，移民搬迁是较好的出路，但是，因为补助资金少，所以，享受扶贫资金补助搬出来的多是经济条件相对较好的农户，贫困的特别是最穷的农户根本搬不起。新村扶贫、产业扶贫、劳务扶贫等项目，受益多的主要还是贫困社区中的中高收入农户，只有较少比例贫困农户从中受益，且受益也相对较少。

第三，精准使用扶贫资金。要提高扶贫资金的有效性，必须对财政扶贫资金运行过程中的每个环节，包括资金的分配、使用对象的确定、使用方向的选择、监督机制的完善等，均作出科学的比较和分析，完善

---

① 中共中央党史和文献研究院：《习近平扶贫论述摘编》，中央文献出版社 2018 年版，第 158 页。

相关机制，切实提升扶贫资金使用管理的精准性、安全性及高效性，让有限的资金发挥最大的效益。一要"精准拨付"。财政扶贫资金投向必须要符合政策，必须专款专用，只能用于贫困地区和贫困群众，坚决避免资金分配的随意性，确保扶贫资金精准拨付、及时拨付，保证好钢用到刀刃上。二要高效利用。要立足地方实际，以扶贫攻坚规划和重大扶贫项目为平台，整合扶贫资金等各类扶贫资源，统筹安排，形成合力，集中力量解决突出贫困问题。三要严格监管。按照"项目跟着规划走，资金跟着项目走，监督跟着资金走"的原则，强化项目监督管理，严格按照精准扶贫的标准、程序等实施项目，未经报批不能擅自更改项目的建设内容和用途，确保每一个项目都落实到贫困户身上。

第四，精准落实扶贫措施。 针对扶贫对象的贫困情况和致贫原因，制定具体帮扶方案，分类确定帮扶措施，确保帮扶措施和效果落实到户、到人。习近平总书记提出，要按照贫困地区和贫困人口的具体情况，实施"五个一批"工程，解决好"怎么扶"的问题。一是发展生产脱贫一批。对贫困人口中有劳动能力、有耕地或其他资源，但缺少资金来源、缺少产业支撑、缺少专业技能的，要立足当地资源，因地制宜，实现就地脱贫。支持贫困地区农民在本地或外地务工、创业。引导和支持所有有劳动能力的人依靠自己的双手开创美好明天。二是易地搬迁脱贫一批。生存条件恶劣、自然灾害频发的地区，通水、通路、通电等成本很高，贫困人口很难实现就地脱贫，要在坚持群众自愿的前提下，实施易地搬迁。实施搬迁中，要想方设法为搬迁人口创造就业机会，保障他们有稳定收入，同当地群众享受同等的基本公共服务，确保搬得出、稳得住、能致富。三是生态补偿脱贫一批。对生存条件差、但生态系统重要、需要保护修复的地区，结合生态环境保护和治理，通过建立生态补偿机制，帮助贫困地区和贫困人口脱贫。四是发展教育脱贫一批。国家教育经费要继续向贫困地区倾斜、向基础教育倾斜、向职业教育倾斜。重点做好职业教育培训，使贫困家庭的子女通过接受职业教育掌握一技之长，促进劳动力就业创业。帮助贫困地区改善办学条件，推进农村中小学校标准化和寄宿制学校建设，加强贫困地区教师队伍建设。对建档立卡的贫困家庭学生实施普通高中教育免学杂费，落实中等职业教育免学杂费政策。五是社会保障兜底一批。对贫困人口中完全或部分丧失劳动能力的人，由社会保障来兜底。

第五，精准派驻扶贫干部。推进脱贫攻坚，关键是责任落实到人。从中央到地方，各级党政领导要将脱贫攻坚的责任落到实处。加快形成中央统筹、省（自治区、直辖市）负总责、市（地）县抓落实的扶贫开发工作机制，做到分工明确、责任清晰、任务到人、考核到位，既各司其职、各尽其责，又协调运转、协同发力。尤其要在选派驻村扶贫干部上，做到精准派驻。派驻干部是开展精准扶贫的一项重要举措。当前，大批干部被派往贫困村，吹响了攻坚克难的"冲锋号"，他们脚粘泥土，察实情、出实招、办实事，改变着村里的落后面貌，受到了基层群众的欢迎和爱戴，树起党在农村的良好形象。但驻村干部要因人而异，因村而异，不能"一刀切"，也不能为"凑数"而派出"中庸"之人，更不能"大散羊"，切莫一派了之。否则，驻村干部的"一技之长"不仅不能得到有效发挥，而且贫困村的问题也很难得到有效破解，派驻工作也就成了"水中月""镜中花"。选派的驻村干部要"好钢用到刀刃上"，做到"精准对接"，哪里需什么样的干部，就把什么样的干部派到哪里，最需要什么样的干部，就把什么样的干部派过去，力求选得准、用得上、干得好。

第六，精准衡量脱贫成效。精准扶贫，目的在于精准脱贫。已脱贫的农户精准有序退出也是非常重要的环节。在这方面，要通过细致调查、群众评议，明确已真正稳定脱贫的户和人，既不能使尚未脱贫的人退出，也不能让已稳定脱贫的人继续"戴帽"。对贫困县而言，一要设定与全面建成小康社会进程相协同的时间表，早建机制、早作规划，实现有序退出；二要在政策上为其留出一定的缓冲期，进一步培育和巩固自我发展的能力，防止出现大量返贫；三要实行严格评估，按照标准验收，明确摘帽标准和程序，增强脱贫工作绩效的可信度。对贫困户而言，要实行逐户销号，脱贫到人。要对建档立卡的贫困户实行动态管理，脱贫了就销号，返贫户重新建档，做到有进有出，客观真实，群众认可。同样对已经脱贫销号的家庭，也要追踪观察一段时间，政策上有一定缓冲，做到不稳定脱贫就不彻底脱钩。

第三节　做到精准扶贫重在把握好"四个问题"

打好精准脱贫攻坚战，贵在精准，重在精准，制胜之道也在于精准。长期以来，中国扶贫工作中一直存在贫困人口底数识别不准、具体情况不明、责任落实不到位、扶贫合力未形成、资金投入不足、贫困群体主观能动性不高和分类指导待加强等问题。"谁是真正的贫困户""贫困原因是什么""怎么针对性帮扶""帮扶效果又怎样""脱贫之后如何退出"等一系列问题制约着扶贫开发工作的深入开展，使得一些真正的贫困人口没有得到帮扶。主要原因在于扶贫对象的精准性、因贫施策的科学性不够。

精准扶贫，正是扶贫工作科学性的体现。精准扶贫的要义，就是"对症下药，药到病除"。2014年3月7日，习近平总书记在参加十二届全国人大二次会议贵州代表团审议时指出："精准扶贫，就是要对扶贫对象实行精细化管理，对扶贫资源实行精确化配置，对扶贫对象实行精准化扶持，确保扶贫资源真正用在扶贫对象身上、真正用在贫困地区。"[1]

---

[1] 中共中央党史和文献研究院：《习近平扶贫论述摘编》，中央文献出版社2018年版，第58页。

2015 年 6 月 18 日，在部分省区市扶贫攻坚与"十三五"时期经济社会发展座谈会上，习近平总书记又指出："切实做到精准扶贫。扶贫开发推进到今天这样的程度，贵在精准，重在精准，成败之举在于精准。搞大水漫灌、走马观花、大而化之、手榴弹炸跳蚤不行。"① 2018 年 2 月 12 日，在打好精准脱贫攻坚战座谈会上，习近平总书记再次强调："坚持精准方略，提高脱贫实效。脱贫攻坚，精准是要义。"② 要想做到精准，必须进行体制机制创新，健全精准扶贫工作机制，真正解决好扶持谁、谁来扶、怎么扶、如何退等问题。

　　第一，解决好"扶持谁"的问题。准确识别贫困人口，搞清贫困程度，找准致贫原因，是精准扶贫的第一步。在此基础上准确掌握贫困人口规模、分布情况、居住条件、就业渠道、收入来源等，方可精准施策、精准管理。

　　精确识别是精准扶贫的重要前提。扶贫工作要到村到户，首先要了解哪一村贫，哪一户穷，摸清底数、建档立卡，被称为精准扶贫的"第一战役"。习近平总书记在部分省区市扶贫攻坚与"十三五"时期经济社会发展座谈会上讲话指出："如果连谁是贫困人口都不知道，扶贫行动从何处发力呢？搞准扶贫对象，一定要进村入户，深入调查研究。贵州省威宁县迤那镇在实践中总结出了'四看法'：一看房、二看粮、三看劳动力强不强、四看家中有没有读书郎。看房，就是通过看农户的居住条件和生活环境，估算其贫困程度；看粮，就是通过看农户的土地情况和生产条件，估算其农业收入和食品支出；看劳动力强不强，就是通过看农户的劳动力状况和有无病残人口，估算其务工收入和医疗支出；看家中有没有读书郎，就是通过看农户受教育程度和在校生现状等，估算其发展潜力

①《在部分省区市扶贫攻坚与"十三五"时期经济社会发展座谈会上的讲话（节选）》（2015 年　6 月 18 日）。

②《在打好精准脱贫攻坚战座谈会上的讲话》（2018 年 2 月 12 日）。

和教育支出。'四看法'实际效果好，在实践中管用，是一个创造，可以在实践中不断完善。在摸清扶贫对象的基础上，要通过建档立卡，对扶贫对象实行规范化管理，做到心中有数，一目了然。"①

精准识别贫困人口是精准施策的前提，只有扶贫对象清楚了，才能因户施策、因人施策。多年来，我国贫困人口总数是国家统计局在抽样调查基础上推算出来的，没有具体落实到人头上。也就是说，这么多贫困人口究竟是谁、具体分布在什么地方，说不大清楚。要问有多少贫困户，还可以回答个大概；要问谁是贫困户，则大多是说不准。正是因为我们没有对扶贫开发对象建档立卡、精确到人，主要是通过抽样调查推算各地贫困人口总量，一些地方采用层层分解指标的办法确定扶贫对象，这也造成了一些真正的贫困户可能被屏蔽在扶贫对象之外，各类帮扶措施也就无法真正做到到村到户到人。2014年，我们在全国范围逐村逐户开展贫困识别，识别出12.8万个贫困村、2948万贫困户、8962万贫困人口，对这些贫困村、贫困户、贫苦人口都建了档、立了卡，基本摸清了我国贫困人口分布、致贫原因、脱贫需求等信息，建立起了全国扶贫开发信息系统。建档立卡后，对建档立卡贫困户进行动态监测管理。按照脱贫出、返贫进的原则，以年度为节点，以脱贫目标为依据，逐村逐户建立贫困帮扶档案，及时进行数据更新，做到有进有出、逐年更新、分级管理、动态监测。经过2015年、2016年的"回头看"和后续几年的动态调整，建档立卡贫困识别准确率逐步提升。建档立卡与动态监测管理为中央制定精准扶贫政策措施、实行最严格考核评估制度和保证脱贫质量打下了坚实基础。

几年来，在解决"扶持谁"的问题上，总结中国各地精准扶贫的实践和探索，有以下经验值得借鉴：

① 中共中央党史和文献研究院：《习近平扶贫论述摘编》，中央文献出版社2018年版，第58页。

一是核准底数，精准识别。按照国家制定的统一的扶贫对象识别办法，在摸清底数的基础上，根据致贫原因和发展需求，科学划分扶贫开发户、扶贫低保户、纯低保户、五保户四种贫困户类型。完善规模控制、精准识别、动态管理机制，采取按收入倒排、公示公告的方式，逐村逐户开展摸底排查和精确复核，以收入为依据，设置排除指标，对上一年建档扶贫对象进行再次摸底识别，并纳入扶贫信息网络管理系统。严格审核各村上报的帮扶贫困户名单，确保建档立卡户是真贫困，确保做到扶真贫。

二是完善系统，建档立卡。充分发扬基层民主，发动群众参与。开展到村到户的贫困状况调查和建档立卡工作，通过群众评议、入户调查、公示公告、抽查检验、信息录入等举措，透明公开，把识别权交给基层群众，让群众按他们自己的"标准"识别谁是穷人，以保证贫困户认定的透明公开、相对公平。做到民主评议和集中决策相结合，公开、公平、公正合理确定扶贫对象，确保真正的扶贫对象进入帮扶范围。

三是分析原因，明确目标。在找准贫困对象的基础上，进一步找准致贫原因。从全国层面看，致贫原因主要包括：因基础设施落后致贫、因生存环境制约和自然灾害致贫、因上学致贫、因地方病和突发重病致贫、孤寡老人或因残疾失去劳动能力致贫等。对家庭没有劳动能力的农村生活困难户，给予农村最低生活保障扶持，根据有关政策切实做到"应保尽保"。对有劳动能力和劳动意愿的低收入户，明确具体的到户帮扶措施和年度目标，采取各种扶贫开发方式和方法，扎实开展针对性的帮扶。建立结对帮扶台账，帮扶台账要有帮扶责任人、帮扶措施、年度目标、帮扶投入、实施过程、实施结果和扶贫对象户收入变动等内容和指标。

四是动态监测，分级管理。按照脱贫出、返贫进的原则，以年度为节点，以脱贫目标为依据，逐村逐户建立贫困帮扶档案，及时进行数据更新，做到有进有出、逐年更新、分级管理、动态监测。

各地区在精准识别、建档立卡过程中也有很多好的做法，在解决"扶持谁"的问题上积累了一些值得借鉴的经验。例如，河北省阜平县推行的"一主四辅、三类五步"工作法，取得了较好效果。他们的做法是，在识别标准上采用人均可支配收入为主，住房、教育、医疗、社保为辅的"一主四辅"法，按百分制对每项设立不同权重的分值和详细的评分标准以及评分方法。在农户分类上，将识别对象分为贫困户、基本脱贫户、非贫困户"三个类别"，在识别程序上分信息采集、综合评估、逐级审核、民主评议、公开公示"五个步骤"。对贫困对象和致贫原因的精准识别，有利于提高扶贫工作的针对性和有效性。

第二，解决好"谁来扶"的问题。推进脱贫攻坚，关键是责任落实到人。解决好"谁来扶"的问题，加强共产党对脱贫攻坚的全面领导，构建扶贫开发责任机制和工作机制至关重要。习近平总书记在 2015 年中央扶贫开发工作会议上强调指出："越是进行脱贫攻坚战，越是要加强和改善党的领导。各级党委和政府必须坚定信心、勇于担当，把脱贫职责扛在肩上，把脱贫任务抓在手上。各级领导干部要保持顽强的工作作风和拼劲，满腔热情做好脱贫攻坚工作。"[1]

一是从中央到地方，将脱贫攻坚的责任落到实处，形成中央统筹、省（自治区、直辖市）负总责、市（地）县抓落实的扶贫开发工作机制，做到分工明确、责任清晰、任务到人、考核到位，既各司其职、各尽其责，又协调运转、协同发力。2018 年 6 月，习近平总书记对脱贫攻坚工作作出重要指示，再次强调："打赢脱贫攻坚战，对全面建成小康社会、实现'两个一百年'奋斗目标具有十分重要的意义。行百里者半九十。各级党委和政府要把打赢脱贫攻坚战作为重大政治任务，强化中央统筹、省负总责、市县抓落实的管理体制，强化党政一把手负总责的领导责任

① 习近平：《脱贫攻坚战冲锋号已经吹响　全党全国咬定目标苦干实干》，《人民日报》，2015年 11 月 29 日。

制，明确责任、尽锐出战、狠抓实效。要坚持党中央确定的脱贫攻坚目标和扶贫标准，贯彻精准扶贫精准脱贫基本方略，既不急躁蛮干，也不消极拖延，既不降低标准，也不吊高胃口，确保焦点不散、靶心不变。要聚焦深度贫困地区和特殊贫困群体，确保不漏一村不落一人。要深化东西部扶贫协作和党政机关定点扶贫，调动社会各界参与脱贫攻坚积极性，实现政府、市场、社会互动和行业扶贫、专项扶贫、社会扶贫联动。"①

二是在选派贫困村共产党基层组织（村党支部）第一书记上下功夫，确保"因村派人精准"。"农村富不富，关键在支部"，选派优秀干部到贫困村担任第一书记，夯实农村基层基础，对改变农村贫困面貌、带领贫困人口脱贫致富，至关重要。第一书记人选从哪里来？近年来全国各地的实践证明，优秀大学生村官、创业致富能手、复退军人、返乡农民工或各级机关优秀年轻干部、后备干部和国有企事业单位优秀人员等都是第一书记的备选者。例如，河南省兰考县有 115 个贫困村，2014 年抽调 345 名优秀干部入驻贫困村，每个贫困村派驻 3 位工作人员担任驻村队员和第一书记。县委、县政府对这些驻村队员开展多轮次业务培训，通过选树标兵、分区域排查、逐一"过筛子"考试，确保扶贫政策落实到位；同时强化对工作队政策、资金、生活保障，解除后顾之忧，确保驻村工作队员"住得下、干得好、可带富"。2017 年 2 月，兰考县在全国率先脱贫摘帽，驻村队员和第一书记的努力功不可没。同时，大力培育农村致富带头人。通过对贫困地区的种养业能手、农村经纪人、专业技术人才、知识型人才给予项目、技术、信息、资金等方面的扶持，精准培育一大批农村发展的"能人"，发挥"领头羊"作用，带动贫困户脱贫致富。

三是广泛动员社会力量投入扶贫济困工作。习近平总书记在"2015减贫与发展高层论坛"上指出："我们坚持动员全社会参与，发挥中国制

---

① 新华社：《习近平：真抓实干埋头苦干万众一心夺取脱贫攻坚战全面胜利》，人民网，2018 年 6 月 11 日。

度优势，构建了政府、社会、市场协同推进的大扶贫格局，形成了跨地区、跨部门、跨单位、全社会共同参与的多元主体的社会扶贫体系。"①2015 年 6 月 18 日，习近平总书记在部分省区市扶贫攻坚与"十三五"时期经济社会发展座谈会上指出："扶贫开发是全党全社会的共同责任，要动员和凝聚全社会力量广泛参与。要坚持专项扶贫、行业扶贫、社会扶贫等多方力量、多种举措有机结合和互为支撑的'三位一体'大扶贫格局，健全东西部协作、党政机关定点扶贫机制，广泛调动社会各界参与扶贫开发积极性。"②这对于发挥政府和社会两方面力量作用，引领市场、社会协同发力，完善东西部扶贫协作和定点扶贫机制，促进"输血"与"造血"并行，扶贫与扶志、扶智相结合，形成全社会广泛参与脱贫攻坚格局具有重要意义。

第三，解决好"怎么扶"的问题。精准扶贫怎么扶？中国共产党提出坚持实事求是原则，具体问题具体分析，运用科学有效手段精准识别扶贫对象，精准分析贫困地区环境和贫困人口具体情况，因地因人施策，因贫困原因施策，因贫困类型施策，通过实施好"五个一批"工程，即：发展生产脱贫一批、易地搬迁脱贫一批、生态补偿脱贫一批、发展教育脱贫一批、社会保障兜底一批，达到扶贫、脱贫目的。实施"五个一批"工程是精准扶贫的基本途径，有效解决了"怎么扶"的问题。开对了"药方子"，才能拔掉"穷根子"。按照贫困地区和贫困人口的具体情况，实施"五个一批"工程。

2017 年 6 月山西召开的深度贫困地区脱贫攻坚座谈会上，习总书记就山西问题谈扶贫观点，再次强调："只要我们集中力量，找对路子，对居住在自然条件特别恶劣地区的群众加大易地扶贫搬迁力度，对生态环

①《2015 减贫与发展论坛今日举行　习近平发表主旨演讲》，人民网，2015 年 10 月 16 日。
②《在部分省区市扶贫攻坚与"十三五"时期经济社会发展座谈会上的讲话（节选）》（2015 年 6 月 18 日）。

境脆弱的禁止开发区和限制开发区群众增加护林员等公益岗位,对因病致贫群众加大医疗救助、临时救助、慈善救助等帮扶力度,对无法依靠产业扶持和就业帮助脱贫的家庭实行政策性保障兜底,就完全有能力啃下这些硬骨头。"①

一是发展生产脱贫一批。对贫困人口中有劳动能力、有耕地或其他资源,但缺少资金来源、缺少产业支撑、缺少专业技能的,要立足当地资源,因地制宜,实现就地脱贫。对这类贫困地区和贫困人口,要把脱贫攻坚重点放在改善生产生活条件上,着重加强基础设施和技术培训、教育医疗等公共服务建设,特别是要解决好基础工程项目入村入户的"最后一公里"问题。要支持贫困地区农民在本地或外地务工、创业。引导和支持所有有劳动能力的人依靠自己的双手开创美好明天。

农村贫困人口如期脱贫,离不开农业稳定发展和农民收入的持续增长。农业生产稳定发展、劳动生产率稳步提升、农民增收渠道不断拓宽,农业人口转移力度加大,农民的经营性收入、工资性收入和财产性收入日益提高,是推进扶贫开发从"输血"到"造血",实现精准脱贫的根基。精准安排扶贫项目和建立产业扶贫的带动机制尤为重要。因地制宜发展特色产业。根据当地的区位条件、资源优势和产业基础,选择适合当地发展的特色产业。把扶贫项目与贫困乡镇、贫困村的实际和贫困群众意愿结合起来,把"造血式"扶贫与"输血式"救济结合起来,把近期脱贫与长远致富结合起来,提高群众的积极性和项目的针对性,充分发挥好扶贫项目和资金的带动引领作用。根据市场情况,把贫困户吸入产业,实施短期、中期、长期项目配套措施,以短养长,长短结合,使近期脱贫与长远致富一脉相承。首先,因地制宜制订产业扶持发展规划。坚持宜农则农、宜游则游、宜商则商,大力发展特色优势产业,培育主

---

① 《在深度贫困地区脱贫攻坚座谈会上的讲话》(2017年6月23日)。

导产品，提高特色产业开发效益。其次，促进扶持政策落实到户。对有劳动能力和劳动意愿的扶贫对象，申报实施产业扶贫项目的农业产业化组织要因地制宜，因户施策，采取以奖代补、提供种苗，以及提供信息、技术、服务等方式，有针对性地引导和帮助贫困户发展产业。同时，产业扶贫专项资金，主要用于扶持贫困户能直接参与、直接受益、稳定增收的种植、养殖、农产品加工、服务项目和其他产业项目，加大对贫困村产业基地的基础设施建设投入，发挥产业基地对贫困户的辐射带动作用。构建产业发展带动机制。对建档立卡贫困户统筹安排使用资金，建立产业发展带动机制，奠定牢固的产业发展基础和稳定的脱贫机制保障。重点扶持符合相关条件的农民专业合作社、村集体经济组织、扶贫企业发展扶贫产业，带动贫困户创收增收。积极引导承包土地向专业种养大户、家庭农场、农民合作社、农业龙头企业流转，增加贫困户财产性收入。推行"公司＋合作社（基地）＋贫困户"等模式，提高贫困户的组织化水平，让贫困户从产业发展中获得更多利益。对扶贫工作成绩突出的龙头企业、合作社和农村集体经济组织给予扶贫资金项目扶持。对龙头企业而言，在一定的扶持期内，通过在贫困村建立特色种养业基地，发展农业产业化，带动贫困户就业，增加贫困户收入。在贫困地区和贫困村的扶贫项目总投资达到一定规模。对农民专业合作社而言，其入社会员中贫困户达到一定比例，贫困户人均纯收入年增加额达到一定水平，在贫困村年度总投资达到一定规模。对农村集体经济组织而言，在扶持期内带动贫困户增收的户数增加，且人均纯收入年持续增长一定比例。

产业扶贫是稳定脱贫的根本之策，但现在大部分地区产业扶贫措施比较重视短平快，考虑长期效益、稳定增收不够，很难做到长期有效。如何巩固脱贫成效，实现脱贫效果的可持续性，是打好脱贫攻坚战必须正视和解决好的重要问题。

二是易地搬迁脱贫一批。对生存条件恶劣、自然灾害频发的地方，通水、通路、通电等成本很高，贫困人口很难实现就地脱贫，要在坚持群众自愿的前提下，实施易地搬迁。通过整合相关项目资源、提高补助标准、用好城乡建设用地增减挂钩政策、发放贴息贷款等方式，拓宽资金来源渠道，解决好扶贫移民搬迁所需资金问题。做好规划，合理确定搬迁规模，区分轻重缓急，明确搬迁目标任务和建设时序，按规划、分年度、有计划组织实施。根据当地资源条件和环境承载能力，科学确定安置点，尽量搬迁到县城和交通便利的乡镇级中心村，促进就近就地转移。想方设法为搬迁人口创造就业机会，保障他们有稳定收入，同当地群众享受同等的基本公共服务，确保搬得出、稳得住、能致富。

三是生态补偿脱贫一批。对生存条件差，但生态系统重要、需要保护修复的地区，结合生态环境保护和治理，通过建立生态补偿机制，帮助贫困地区和贫困人口脱贫。一方面，要加大生态保护修复力度，增加重点生态功能区转移支付，扩大政策实施范围。结合国家生态保护区管理体制改革，可以让有劳动能力的贫困人口就地转成护林员等生态保护人员，用生态补偿和生态保护工程资金的一部分作为其劳动报酬。另一方面，要加大贫困地区新一轮退耕还林还草范围，合理调整基本农田保有指标。

四是发展教育脱贫一批。授人以鱼，不如授人以渔。治贫先治愚，扶贫先扶智，让贫困地区的孩子们接受良好教育，是扶贫开发的重要任务，也是阻断贫困代际传递的治本之策。国家教育经费要继续向贫困地区倾斜、向基础教育倾斜、向职业教育倾斜。要重点做好职业教育培训，使贫困家庭的子女通过接受职业教育掌握一技之长，促进劳动力就业创业。就业是民生之本，也是脱贫之要。唯有教育培训可以提升就业能力。要帮助贫困地区改善办学条件，推进农村中小学校标准化和寄宿制学校建设，加强贫困地区教师队伍建设。为贫困地区乡村学校定向培养一专多能教师，制定符合基层实际的教师招聘引进办法，建立省级统筹乡村教师补充机制，推动城乡教师合理流动和对口支援。全面落实集中连片特困地区乡村教师生活补助政策。要探索率先从建档立卡的贫困家庭学生开始实施普通高中教育免学杂费，落实中等职业教育免学杂费政策。加大对贫困学生的资助力度，完善资助方式。对农村贫困家庭幼儿特别是留守儿童给予特殊关爱，探索建立贫困地区学前儿童教育公共服务体系。

五是社会保障兜底一批。对贫困人口中完全或部分丧失劳动能力的人，由社会保障来兜底。要聚焦特殊贫困人口精准发力，加快织密筑牢民生保障安全网，把没有劳动能力的老弱病残等特殊贫困人口的基本生活兜起来，强化保障性扶贫。①统筹协调农村扶贫标准和农村低保标准，按照国家扶贫标准综合确定各地农村低保的最低指导标准，低保标准低的地区要逐步提高到国家扶贫标准，实现"两线合一"。此外，进一步加大其他形式的社会救助力度，加强农村最低生活保障和城乡居民养老保险、五保供养等社会救助制度的统筹衔接。与此同时，大力加强医疗保险和医疗救助。建立健全医疗保险和医疗救助制度，对因病致贫或因病返贫的群众给予及时有效的救助。新型农村合作医疗、大病保险政策、门诊统筹和财政补贴都要向贫困人口倾斜。加大医疗救助、临时救助、慈善救助等帮扶力度，使重特大疾病救助政策覆盖全部贫困人口。实施健康扶贫工程，加强贫困地区传染病、地方病、慢性病防治工作，全面实施贫困地区重大公共卫生项目，保障贫困人口享有基本医疗卫生服务。

"五个一批"工程是中国共产党在实际工作中不断探索得出的精准扶贫的基本途径，由此形成关于"精准扶贫"的方法论，对于贫困地区、贫困户因地制宜、因人制宜进行精准施策，实现精准脱贫具有重要指导意义和价值。

第四，解决好"如何退"的问题。精准扶贫，目的在于精准脱贫。

---

① 参见习近平:《在中央农村工作会议上的讲话》(2017年12月28日)，《习近平扶贫论述摘编》，中央文献出版社2018年版，第82页。

已脱贫的农户精准有序退出也是非常重要的环节。在这方面，通过细致调查、群众评议，明确已真正稳定脱贫的户和人，既不能使尚未脱贫的人退出，也不能让已稳定脱贫的人继续"戴帽"。建立贫困户脱贫和贫困县摘帽评估机制，明确退出标准、程序、核查办法和后续扶持政策，是解决好"如何退"问题的关键。对贫困县摘帽、贫困人口退出组织第三方评估，重点了解贫困人口识别和退出准确率、群众满意度等，确保脱贫结果真实。

一是要设定时间表，实现有序退出。贫困县摘帽要和全面建成小康社会进程对表，早建机制、早作规划，每年退出多少要心中有数。这件事情，既要防止拖延病，又要防止急躁症。

二是要留出缓冲期，在一定时间内实行摘帽不摘政策。贫困县的帽子不好看，但很多地方却舍不得摘，主要是这顶帽子有相当高的含金量，担心摘帽后真金白银没了。这样的担心有其合理成分。客观上讲，贫困县摘帽后培育和巩固自我发展能力需要有个过程。这就需要扶上马、送一程，保证贫困县摘帽后各方面扶持政策能够继续执行一段时间，行业规划、年度计划要继续倾斜，专项扶贫资金项目和对口帮扶等也要继续保留。不仅如此，对提前摘帽的贫困县，还可以给予奖励，以形成正向激励，保证苦干实干先摘帽的不吃亏。

三是要实行严格评估，按照摘帽标准验收。鼓励贫困县摘帽，但不能弄虚作假、蒙混过关，或者降低扶贫标准、为摘帽而摘帽。要严格脱贫验收办法，明确摘帽标准和程序，确保摘帽结果经得起检验。要加强对脱贫工作绩效的社会监督，可以让当地群众自己来评价，也可以建立第三方评估机制，以增强脱贫工作绩效的可信度。对玩数字游戏、搞"数字扶贫"的，一经查实，要严肃追责。

四是要实行逐户销号，做到脱贫到人。对建档立卡的贫困户要实行动态管理，脱贫了逐户销号，返贫了重新录入，做到政策到户、脱贫到人、有进有出，保证各级减贫任务和建档立卡数据对得上、扶贫政策及时调整、扶贫力量进一步聚焦。部署脱贫任务不能不顾贫困分布现状、采取层层分解的简单做法。这种做法是自欺欺人，必然会使一些贫困户"被脱贫"。脱没脱贫，要同群众一起算账，要群众认账。对贫困户的帮扶措施，即使销号了也可以再保留一段时间，做到不稳定脱贫就不彻底脱钩。[1]

2018 年 2 月 12 日，习近平总书记在四川省成都市主持召开的打好精准脱贫攻坚战座谈会上强调指出，打好脱贫攻坚战，成败在于精准。[2]打好精准脱贫攻坚战，精准施策仍需完善。

[1] 参见习近平:《在中央扶贫开发工作会议上的讲话》(2015 年 11 月 27 日),《十八大以来重要文献选编》(下),中央文献出版社 2018 年版, 第 44—45 页。
[2] 参见习近平:《在打好精准脱贫攻坚战座谈会上的讲话》(2018 年 2 月 12 日),《习近平扶贫论述摘编》,中央文献出版社 2018 年版, 第 83—84 页。

第十章

战略路径：脱贫攻坚聚焦补短板

我们坚持精准扶贫精准脱贫基本方略、坚持扶贫同扶志扶智相结合、坚持开发式扶贫和保障性扶贫相统筹，结合致贫原因和各地实际，创造性提出产业扶贫、就业扶贫、易地扶贫、生态扶贫、教育扶贫、健康扶贫、综合保障性扶贫等丰富多样、效果明显的扶贫方式，[①]确保扶贫成果惠民，让贫困群众不断增强获得感、幸福感、安全感。当前和今后一段时期，我们必须牢牢把握脱贫攻坚的主攻方向，聚焦脱贫攻坚的主要战场，着力改善贫困地区发展环境，提升贫困地区内生发展动力。

第一节　加强贫困地区基础设施建设

加强贫困地区基础设施建设，是实现农村脱贫和推进乡村全面振兴工作大局中的基础性工程。党的十八大以来，中国农村基础设施建设成效显著，特别是通过"四好农村路"[②]建设、农村饮水安全工程、农村厕所革命等重点工作，实现了绝大多数自然村通公路、通电、通电话，自来水、天然气、宽带网络等生活设施进入农村的新气象，打造出不少田园风光与现代文明交相辉映的新农村社区，大大提升了农民群众的获得

---

① 参见《中共中央　国务院关于打赢脱贫攻坚战三年行动的指导意见》，《人民日报》，2018年8月20日。

② "四好农村路"是习近平总书记于2014年3月4日提出的。他指出，要进一步把农村公路建好、管好、护好、运营好，逐步消除制约农村发展的交通瓶颈，为广大农民脱贫致富奔小康提供更好的保障。

感、幸福感、安全感。然而，在一些地方，农村基础设施建设落后依然是城乡发展不平衡的突出表现，基础设施城里高大上、农村一穷二白的现象仍然存在；有些农村因自然条件、经济发展水平、历史文化等因素的制约，在基础设施规划建设和后续管护服务中存在着"痛点"和"堵点"。基础设施建设仍是贫困地区发展的短板，需要尽快补齐。

第一，加快实施交通扶贫行动。在贫困地区逐步建成外通内联、通村畅乡、客车到村、安全便捷的交通运输网络。实现具备条件的乡镇、建制村通硬化路。以示范县为载体，推进贫困地区"四好农村路"建设。扩大农村客运覆盖范围，2020年实现具备条件的建制村通客车目标。加快贫困地区农村公路安全生命防护工程建设，基本完成乡道及以上行政等级公路安全隐患治理。推进窄路基路面农村公路合理加宽改造和危桥改造。改造建设一批贫困乡村旅游路、产业路、资源路，优先改善自然人文、少数民族特色村寨和风情小镇等旅游景点景区交通设施。加大成品油税费改革转移支付用于贫困地区农村公路养护力度。推进国家铁路网、国家高速公路网连接贫困地区项目建设，加快贫困地区普通国省道改造和支线机场、通用机场、内河航道建设。

第二，大力推进水利扶贫行动。加快实施贫困地区农村饮水安全巩固提升工程，落实工程建设和管护责任，强化水源保护和水质保障，因地制宜加强供水工程建设与改造，显著提高农村集中供水率、自来水普及率、供水保证率和水质达标率，2020年全面解决贫困人口饮水安全问题。加快贫困地区大中型灌区续建配套与节水改造、小型农田水利工程建设，实现灌溉水源、灌排骨干工程与田间工程协调配套。切实加强贫困地区防洪工程建设和运行管理。继续推进贫困地区水土保持和水生态建设工程。

第三，大力实施电力和网络扶贫行动。实施贫困地区农网改造升级，加强电力基础设施建设，建立贫困地区电力普遍服务监测评价体系，引导电网企业做好贫困地区农村电力建设管理和供电服务，2020 年实现大电网延伸覆盖至全部县城。大力推进贫困地区农村可再生能源开发利用。深入实施网络扶贫行动，统筹推进网络覆盖、农村电商、网络扶智、信息服务、网络公益五大工程向纵深发展，创新"互联网 +"扶贫模式。完善电信普遍服务补偿机制，引导基础电信企业加大投资力度，实现 90% 以上贫困村宽带网络覆盖。鼓励基础电信企业针对贫困地区和贫困群众推出资费优惠举措，鼓励企业开发有助精准脱贫的移动应用软件、智能终端。

第四，大力推进贫困地区农村人居环境整治。 根据《农村人居环境整治三年行动方案》要求，因地制宜确定贫困地区村庄人居环境整治目标，重点推进农村生活垃圾治理、卫生厕所改造。开展贫困地区农村生活垃圾治理专项行动，有条件的地方探索建立村庄保洁制度。因地制宜普及不同类型的卫生厕所，同步开展厕所粪污治理。有条件的地方逐步开展生活污水治理。加快推进通村组道路建设，基本解决村内道路泥泞、村民出行不便等问题。

补齐农村基础设施短板，工作多、难度大、周期长，是农村民生工程的重中之重。需要真抓实干、久久为功，让农村基础设施建设经得起历史和人民的检验，建立全域覆盖、普惠共享、城乡一体的基础设施服务网络。一是坚持先规划后建设的原则。农村基础设施建设投入大、周期长、影响广，必须先进行科学规划再开展项目实施，杜绝建设性破坏、贪大求洋、"翻烧饼"等现象。同时，要将规划放在乡村全面振兴和城乡融合发展的大局中进行设计，通盘考虑土地利用、产业发展、居民点布局、人居环境整治、生态保护和历史文化传承，务求多规合一、实用适用，推进城乡基础设施互联互通。二是创新多元投入的机制。农村基础设施建设不能只靠敲锣打鼓，必须有真金白银的投入。有关部门应再多给予一些财政支持，通过机制创新提高财政资金使用效能。一方面算好

"整合账"，统筹安排财政资金的分配使用，重点支持需要优先发展的领域，避免撒胡椒面；另一方面念好"撬动经"，积极创新投入方式，引导和鼓励社会资本投入农村基础设施项目建设和后续管护服务。三是明确循序渐进的基调。农村基础设施建设不会一口吃个胖子，应遵循先抓重点工程，再向外延伸；先搞好硬件，再完善软件的思路；既有突破精神，提高建设效率，又有历史耐心；确保建设质量，一步一个脚印地扎实推进。当前，应重点建设好农村交通运输、农田水利、农村饮水、乡村物流、宽带网络等与农村生产生活关系最密切的基础设施。

第二节　加大贫困地区生态环境保护

贫困地区大多分布在生态脆弱地区、重点生态功能区等在地理空间上高度重叠的一些集中连片特困地区，这些地区生态环境保护与减贫任务繁重，如何在既保护好生态环境的同时又实现贫困人口全面脱贫是摆在中国面前的一个重要课题。近年来，生态扶贫作为精准扶贫的重要方式被予以高度重视。2018 年 1 月 18 日，国家发展改革委、国务院扶贫办等六部门联合印发了《生态扶贫工作方案》，部署发挥生态保护在精准扶贫、精准脱贫中的作用，牢固树立和践行绿水青山就是金山银山的理念，把精准扶贫、精准脱贫作为基本方略，坚持扶贫开发与生态保护并重，采取超常规举措，通过实施重大生态工程建设、加大生态补偿力度、大力发展生态产业、创新生态扶贫方式等，切实加大对贫困地区、贫困人口的支持力度，推动贫困地区扶贫开发与生态保护相协调、脱贫致富与可持续发展相促进，使贫困人口从生态保护与修复中得到更多实惠，实现脱贫攻坚与生态文明建设"双赢"。

第一，加强重大生态工程建设。中国政府加强贫困地区生态保护与修复，在各类重大生态工程项目和资金安排上进一步向贫困地区倾斜，组织动员贫困人口参与重大生态工程建设，提高贫困人口受益程度。2018 年以来，重点实施了退耕还林还草、退牧还草、沙源治理、天然林资源保护、防护林体系建设、水土保持、石漠化综合治理、湿地保护与恢复等 11 项生态工程。

一是实施退耕还林还草工程。调整贫困地区 25 度以上陡坡耕地基本农田保有指标，加大贫困地区新一轮退耕还林还草力度。新增退耕还林还草任务向中西部 22 个省（区、市）倾斜，省（区、市）优先支持有需求的贫困县，特别是深度贫困地区。各贫困县优先安排给符合条件的贫困人口。在树种、草种选择上，指导贫困户发展具有较好经济效益且适应当地种植条件的经济林种、草种，促使贫困户得到长期稳定收益，巩固脱贫成果。确保 2020 年底前，贫困县符合现行退耕政策且有退耕意愿的耕地全部完成退耕还林还草。

二是实施退牧还草工程。在内蒙古、陕西、宁夏、新疆、甘肃、四川、云南、青海、西藏、贵州等省区及新疆生产建设兵团符合条件的贫困县实施退牧还草工程，根据退牧还草工程区贫困农牧民需求，在具备条件的县适当增加舍饲棚圈和人工饲草地年度任务规模。

三是实施青海三江源生态保护和建设二期工程。深入推进三江源地区森林、草原、荒漠、湿地与湖泊生态系统保护和建设，加大黑土滩等退化草地治理，完成黑土滩治理面积 220 万亩，有效提高草地生产力。为从事畜牧业生产的牧户配套建设牲畜暖棚和贮草棚，改善生产条件。通过发展高原生态有机畜牧业，促进牧民增收。

四是实施京津风沙源治理工程。推进工程范围内 53 个贫困县（旗）的林草植被保护修复和重点区域沙化土地治理，提高现有植被质量和覆盖率，遏制局部区域流沙侵蚀，安排营造林 315 万亩、工程固沙 6 万亩，吸纳贫困人口参与工程建设。

五是实施天然林资源保护工程。以长江上游、黄河上中游为重点，加大对贫困地区天然林资源保护工程建设支持力度。支持依法通过购买服务开展公益林管护，为贫困人口创造更多的就业机会。

六是实施三北等防护林体系建设工程。优先安排三北、长江、珠江、沿海、太行山等防护林体系建设工程范围内226个贫困县的建设任务，加大森林经营力度，推进退化林修复，完成营造林1000万亩。加强国家储备林建设，积极利用金融等社会资本，重点在南方光热水土条件较好、森林资源较为丰富、集中连片贫困区域，发展1000万亩国家储备林。

七是实施水土保持重点工程。加大长江和黄河上中游、西南岩溶区、东北黑土区等重点区域水土流失治理力度，对纳入相关规划的水土流失严重贫困县，加大政策和项目倾斜力度，加快推进坡耕地、侵蚀沟治理和小流域综合治理。在综合治理水土流失的同时，培育经济林果和特色产业，实施生态修复，促进项目区生态经济良性循环，改善项目区农业生产生活条件。

八是实施石漠化综合治理工程。坚持"治石与治贫"相结合，重点支持滇桂黔石漠化区、滇西边境山区、乌蒙山区和武陵山区等贫困地区重点县的石漠化治理工程，采取封山育林育草、人工造林、森林抚育、小流域综合治理等多种措施，完成岩溶治理面积1.8万平方公里。

九是实施沙化土地封禁保护区建设工程。在内蒙古、西藏、陕西、甘肃、青海、宁夏、新疆等省（区）及新疆生产建设兵团的贫困地区推进沙化土地封禁保护区建设，优先将贫困县适宜沙地纳入工程范围，实行严格的封禁保护。加大深度贫困地区全国防沙治沙综合示范区建设，提升贫困地区防风固沙能力。

十是实施湿地保护与恢复工程。在贫困地区的国际重要湿地、国家级湿地自然保护区，实施一批湿地保护修复重大工程，提升贫困地区涵养水源、蓄洪防涝、净化水质的能力。支持贫困县实施湿地保护与恢复、湿地生态效益补偿、退耕还湿试点等项目，完善湿地保护体系。

十一是实施农牧交错带已垦草原综合治理工程。统筹推进农牧交错带已垦草原治理工程，加大向贫困地区倾斜力度，通过发展人工种草，提高治理区植被覆盖率，建设旱作优质饲草基地，结合饲草播种、加工机械的农机购置补贴，引导和支持贫困地区发展草食畜牧业，在实现草原生态恢复的同时，促进畜牧业提质增效。

第二，加大生态保护补偿力度。 中国政府不断完善转移支付制度，探索建立多元化生态保护补偿机制，逐步扩大贫困地区和贫困人口生态补偿受益程度。

一是增加重点生态功能区转移支付。中央财政加大对国家重点生态功能区中的贫困县特别是"三区三州"等深度贫困地区的转移支付力度，扩大政策实施范围，完善补助办法，逐步加大对重点生态功能区生态保护与恢复的支持力度。

二是不断完善森林生态效益补偿补助机制。健全各级财政森林生态效益补偿补助标准动态调整机制，调动森林保护相关利益主体的积极性，完善森林生态效益补偿补助政策，推动补偿标准更加科学合理。抓好森林生态效益补偿资金监管，保障贫困群众的切身利益。

三是实施新一轮草原生态保护补助奖励政策。在内蒙古、西藏、新疆、青海、四川、甘肃、云南、宁夏、黑龙江、吉林、辽宁、河北、山西和新疆生产建设兵团的牧区半牧区县实施草原生态保护补助奖励政策，及时足额向牧民发放禁牧补助和草畜平衡奖励资金。

四是开展生态综合补偿试点。以国家重点生态功能区中的贫困县为主体，整合转移支付、横向补偿和市场化补偿等渠道资金，结合当地实际建立生态综合补偿制度，健全有效的监测评估考核体系，把生态补偿资金支付与生态保护成效紧密结合起来，让贫困地区农牧民在参与生态保护中获得应有的补偿。

第三，**大力发展生态产业**。中国注重依托和发挥贫困地区生态资源禀赋优势，选择与生态保护紧密结合、市场相对稳定的特色产业，将资源优势有效转化为产业优势、经济优势。支持贫困地区创建特色农产品优势区，在国家级特优区评定时，对脱贫攻坚任务重、带动农民增收效果突出的贫困地区适当倾斜。引导贫困县拓宽投融资渠道，落实资金整合政策，强化金融保险服务，着力提高特色产业抗风险能力。培育壮大生态产业，促进一二三产业融合发展，通过入股分红、订单帮扶、合作经营、劳动就业等多种形式，建立产业化龙头企业、新型经营主体与贫困人口的紧密利益联结机制，拓宽贫困人口增收渠道。

一是发展生态旅游业。健全生态旅游开发与生态资源保护衔接机制，加大生态旅游扶贫的指导和扶持力度，依法加强自然保护区、森林公园、湿地公园、沙漠公园、草原等旅游配套设施建设，完善生态旅游行业标准，建立健全消防安全、环境保护等监管规范。积极打造多元化的生态旅游产品，推进生态与旅游、教育、文化、康养等产业深度融合，大力发展生态旅游体验、生态科考、生态康养等，倡导智慧旅游、低碳旅游。引导贫困人口由分散的个体经营向规模化经营发展，为贫困人口兴办森林（草原）人家、从事土特产销售和运输提供便利服务。扩大与旅游相关的种植业、养殖业和手工业发展，促进贫困人口脱贫增收。在贫困地区打造具有较高知名度的50处精品森林旅游地、20条精品森林旅游线路、30个森林特色小镇、10处全国森林体验和森林养生试点基地等，依托森林旅游实现增收的贫困人口数量达到65万户、200万人。

二是发展特色林产业。在保证生态效益的前提下，积极发展适合在贫困地区种植、市场需求旺盛、经济价值较高的木本油料、特色林果、速丰林、竹藤、花卉等产业。建设林特产品标准化生产基地，推广标准化生产技术，促进特色林产业提质增效，因地制宜发展贫困地区区域特色林产业，做大产业规模，加强专业化经营管理。以发展具有地方和民族特点的林特产品初加工和精深加工为重点，延长产业链，完善仓储物流设施，提升综合效益。充分发挥品牌引领作用，支持龙头企业发展企业品牌，提高特色品牌的知名度和美誉度，扩大消费市场容量。为深度贫困地区特色林产品搭建展销平台，充分利用电商平台、线上线下融合、"互联网+"等各种新兴手段，加大林特产品市场推介力度。

三是发展特色种养业。立足资源环境承载力，充分发挥贫困地区湖泊水库、森林、草原等生态资源优势，积极发展林下经济，推进农林复合经营。大力发展林下中药材、特色经济作物、野生动植物繁（培）育利用、林下养殖、高产饲草种植、草食畜牧业、特色水产养殖业等产业，积极推进种养结合，促进循环发展。加快发展农林产品加工业，积极发展农产品电子商务，打造一批各具特色的种养业示范基地，形成"龙头企业+专业合作组织+基地+贫困户"的生产经营格局，积极引导贫困人口参与特色种养业发展。

第四，创新对贫困地区的支持方式。推进新时期的扶贫开发，既要因地制宜制订扶贫措施，又要解放思想创新扶贫举措。

一是开展生态搬迁试点。结合建立国家公园体制，多渠道筹措资金，对居住在生态核心区的居民实施生态搬迁，恢复迁出区原始生态环境，帮助贫困群众稳定脱贫。按照"先行试点、逐步推开"的原则，在祁连山国家公园体制试点（甘肃片区）核心保护区先行开展生态搬迁试点，支持搬迁群众安置住房建设（购买）、后续产业发展和转移就业安排、迁出区生态保护修复等。在及时总结可复制可推广经验做法基础上，采取"一事一议"的办法稳步推开。

二是创新资源利用方式。推进森林资源有序流转，推广经济林木所有权、林地经营权等新型林权抵押贷款改革，拓宽贫困人口增收渠道。地方可自主探索通过赎买、置换等方式，将国家级和省级自然保护区、国家森林公园等重点生态区范围内禁采伐的非国有商品林调整为公益林，实现社会得绿，贫困人口得利。推进贫困地区农村集体产权制度改革，保障农民财产权益，将贫困地区符合条件的农村土地资源、集体所有森林资源，通过多种方式转变为企业、合作社或其他经济组织的股权，推动贫困村资产股份化、土地使用权股权化，盘活农村资源资产资金。

三是推广生态脱贫成功样板。积极探索通过生态保护、生态修复、生态搬迁、生态产业发展、生态乡村建设带动贫困人口精准脱贫增收的模式，研究深度贫困地区生态脱贫组织形式、利益联结机制、多业增收等措施和政策，及时总结提炼好的经验模式，打造深度贫困地区生态脱贫样板，积极推广好经验、好做法，在脱贫攻坚中更好地保护生态环境，帮助贫困群众实现稳定脱贫。

四是规范管理生态管护岗位。研究制定生态管护员制度，规范生态管护员的选聘程序、管护范围、工作职责、权利义务等，加强队伍建设，提升生态资源管护能力。加强生态管护员上岗培训，提升业务水平和安全意识。逐步加大贫困人口生态管护员选聘规模，重点向深度贫困地区、重点生态功能区及大江大河源头倾斜。坚持强化"县建、乡管、村用"的管理机制，对贫困程度较深、少数民族、退伍军人家庭优先考虑。

五是探索碳交易补偿方式。结合全国碳排放权交易市场建设，积极推动清洁发展机制和温室气体自愿减排交易机制改革，研究支持林业碳汇项目获取碳减排补偿，加大对贫困地区的支持力度。

第三节　推进贫困地区特色产业发展

产业扶贫是贫困地区探索脱贫致富的内生行动，各类产业扶贫工程透过村庄直达贫困户，并与土地、资本和劳动力等生产要素有机结合起来，既是变"输血式扶贫"为"造血式扶贫"的关键路径，也是彻底消除致贫因素、降低脆弱性、增强抗逆力、预防返贫的根本保障。2016 年7 月，习近平总书记在宁夏固原考察时强调，发展产业是实现脱贫的根本之策，把培育产业作为脱贫攻坚的根本出路。2017 年春节前夕，习近平总书记在河北省张家口市看望慰问基层干部群众时提出，要把发展生产扶贫作为主攻方向，努力做到户户有增收项目、人人有脱贫门路。《中共中央 国务院关于实施乡村振兴战略的意见》明确指出，脱贫攻坚应"对有劳动能力的贫困人口，强化产业和就业扶持，着力做好产销衔接、劳务对接，实现稳定脱贫"。要立足贫困地区资源禀赋，以市场为导向，充分发挥农民合作组织、龙头企业等市场主体作用，建立健全产业到户到人的精准扶持机制，每个贫困县建成一批脱贫带动能力强的特色产业，每个贫困乡、村形成特色拳头产品，贫困人口劳动技能得到提升，贫困户经营性、财产性收入稳定增加。

第一，实施农林产业扶贫。农业是立国之本、生存之基。要把农林产业扶贫作为补齐农林现代化短板、保障农村人口脱贫的重要举措。

一是优化发展种植业。在粮食主产县，大规模建设集中连片、旱涝保收、稳产高产、生态友好的高标准农田，巩固提升粮食生产能力。在非粮食主产县，大力调整种植结构，重点发展适合当地气候特点、经济效益好、市场潜力大的品种，建设一批贫困人口参与度高、受益率高的种植基地，大力发展设施农业，积极支持园艺作物标准化创建。适度发展高附加值的特色种植业。生态退化地区要坚持生态优先，发展低耗水、有利于生态环境恢复的特色作物种植，实现种地养地相结合。

二是积极发展养殖业。因地制宜在贫困地区发展适度规模标准化养殖，加强动物疫病防控工作，建立健全畜禽水产良种繁育体系，加强地方品种保护与利用，发展地方特色畜牧业。通过实施退牧还草等工程和草原生态保护补助奖励政策，提高饲草供给能力和质量，大力发展草食畜牧业，坚持草畜平衡。积极推广适合贫困地区发展的农牧结合、粮草兼顾、生态循环种养模式。有序发展健康水产养殖业，加快池塘标准化改造，推进稻田综合种养工程，积极发展环保型养殖方式，打造区域特色水产生态养殖品牌。

三是大力发展林产业。结合国家生态建设工程，培育一批兼具生态和经济效益的特色林产业。因地制宜大力推进木本油料、特色林果、林下经济、竹藤、花卉等产业发展，打造一批特色示范基地，带动贫困人口脱贫致富。着力提高木本油料生产加工水平，扶持发展以干鲜果品、竹藤、速生丰产林、松脂等为原料的林产品加工业。

四是促进产业融合发展。深度挖掘农业多种功能，培育壮大新产业、新业态，推进农业与旅游、文化、健康养老等产业深度融合，加快形成农村一二三产业融合发展的现代产业体系。积极发展特色农产品加工业，鼓励地方扩大贫困地区农产品产地初加工补助政策实施区域，加强农产品加工技术研发、引进、示范和推广。引导农产品加工业向贫困地区县域、重点乡镇和产业园区集中，打造产业集群。推动农产品批发市场、产地集配中心等流通基础设施以及鲜活农产品冷链物流设施建设，促进跨区域农产品产销衔接。加快实施农业品牌战略，积极培育品牌特色农产品，促进供需结构升级。加快发展无公害农产品、绿色食品、有机农产品和地理标志农产品。

五是扶持培育新型经营主体。培育壮大贫困地区农民专业合作社、龙头企业、种养大户、家庭农（林）场、股份制农（林）场等新型经营主体，支持发展产供直销，鼓励采取订单帮扶模式对贫困户开展定向帮扶，提供全产业链服务。支持各类新型经营主体通过土地托管、土地流转、订单农业、牲畜托养、土地经营权股份合作等方式，与贫困村、贫困户建立稳定的利益联结机制，使贫困户从中直接受益。鼓励贫困地区各类企业开展农业对外合作，提升经营管理水平，扩大农产品出口。推进贫困地区农民专业合作社示范社创建，鼓励组建联合社。现代青年农场主培养计划向贫困地区倾斜。

六是加大农林技术推广和培训力度。强化贫困地区基层农业技术推广体系建设。鼓励科研机构和企业加强对地方特色动植物资源、优良品种的保护和开发利用。支持农业科研机构、技术推广机构建立互联网信息帮扶平台，向贫困户免费传授技术、提供信息。强化新型职业农民培育，扩大贫困地区培训覆盖面，实施农村实用人才带头人和大学生村官示范培训，加大对脱贫致富带头人、驻村工作队和大学生村官培养力度。对农村贫困家庭劳动力进行农林技术培训，确保有劳动力的贫困户中至少有 1 名成员掌握 1 项实用技术。

第二，实施旅游扶贫。2018 年 1 月，国家旅游局、国务院扶贫办印发《关于支持深度贫困地区旅游扶贫行动方案》，明确提出要切实加大旅游扶贫力度。旅游扶贫就是要探索"靠山吃山、靠水吃水"的扶贫新路径。

一是因地制宜发展乡村旅游。开展贫困村旅游资源普查和旅游扶贫摸底调查，建立乡村旅游扶贫工程重点村名录。以具备发展乡村旅游条件的建档立卡贫困村为乡村旅游扶贫重点，推进旅游基础设施建设，实施乡村旅游后备厢工程、旅游基础设施提升工程等一批旅游扶贫重点工程，打造精品旅游线路，推动游客资源共享。安排贫困人口旅游服务能力培训和就业。

二是大力发展休闲农业。依托贫困地区特色农产品、农事景观及人文景观等资源，积极发展带动贫困人口增收的休闲农业和森林休闲健康养生产业。实施休闲农业和乡村旅游提升工程，加强休闲农业聚集村、休闲农业园等配套服务设施建设，培育扶持休闲农业新型经营主体，促进农业与旅游观光、健康养老等产业深度融合。引导和支持社会资本开发农民参与度高、受益面广的休闲农业项目。

三是积极发展特色文化旅游。打造一批辐射带动贫困人口就业增收的风景名胜区、特色小镇，实施特色民族村镇和传统村落、历史文化名镇名村保护与发展工程。依托当地民族特色文化、红色文化、乡土文化和非物质文化遗产，大力发展贫困人口参与并受益的传统文化展示表演与体验活动等乡村文化旅游。开展非物质文化遗产生产性保护，鼓励民族传统工艺传承发展和产品生产销售。坚持创意开发，推出具有地方特点的旅游商品和纪念品。支持农村贫困家庭妇女发展家庭手工旅游产品。

第三，实施电商扶贫。当前，随着"互联网＋"深化发展，农村电商正成为精准扶贫的重要抓手、推进乡村振兴的新动力。

一是培育电子商务市场主体。将农村电子商务作为精准扶贫的重要载体，把电子商务纳入扶贫开发工作体系，以建档立卡贫困村为工作重点，提升贫困户运用电子商务创业增收的能力。依托农村现有组织资源，积极培育农村电子商务市场主体。发挥大型电商企业孵化带动作用，支持有意愿的贫困户和带动贫困户的农民专业合作社开办网上商店，鼓励引导电商和电商平台企业开辟特色农产品网上销售平台，与合作社、种养大户建立直采直供关系。加快物流配送体系建设，鼓励邮政、供销合作等系统在贫困乡村建立和改造服务网点，引导电商平台企业拓展农村业务，加强农产品网上销售平台建设。实施电商扶贫工程，逐步形成农产品进城、工业品下乡的双向流通服务网络。对贫困户通过电商平台创业就业的，鼓励地方政府和电商企业免费提供网店设计、推介服务和经营管理培训，给予网络资费补助和小额信贷支持。

二是改善农村电子商务发展环境。加强交通、商贸流通、供销合作、邮政等部门及大型电商、快递企业信息网络共享衔接，鼓励多站合一、服务同网。加快推进适应电子商务的农产品质量标准体系和可追溯体系建设以及分等分级、包装运输标准制定和应用。

第四，实施资产收益扶贫。近年来，各地积极探索资产收益扶贫，将财政支持产业发展等方面的涉农投入所形成的资产，折股量化给贫困村、贫困户，在推动产业发展和帮助贫困群众增收方面取得了初步成效。资产收益扶贫已成为扶贫减贫新路径。

一是探索开展资产作价入股工作。鼓励和引导贫困户将已确权登记的土地承包经营权入股企业、合作社、家庭农（林）场与新型经营主体形成利益共同体，分享经营收益。积极推进农村集体资产、集体所有的土地等资产资源使用权作价入股，形成集体股权并按比例量化到农村集体经济组织。财政扶贫资金、相关涉农资金和社会帮扶资金投入设施农业、养殖、光伏、水电、乡村旅游等项目形成的资产，可折股量化到农村集体经济组织，优先保障丧失劳动能力的贫困户。

二是建立健全收益分配机制。强化监督管理，确保持股贫困户和农村集体经济组织分享资产收益。创新水电、矿产资源开发占用农村集体土地的补偿补助方式，在贫困地区选择一批项目开展资源开发资产收益扶贫改革试点。通过试点，形成可复制、可推广的模式和制度，并在贫困地区推广，让贫困人口分享资源开发收益。

第五，实施科技扶贫。科技扶贫是由单纯救济式扶贫向依靠科学技术开发式扶贫转变的一个重要标志。其核心是应用适用的科学技术改革贫困地区封闭的小农经济模式，提高农民的科学文化素质，提高其资源开发水平和劳动生产率，加快农民脱贫致富的步伐。

一是促进科技成果向贫困地区转移转化。组织高等学校、科研院所、企业等开展技术攻关，解决贫困地区产业发展和生态建设关键技术问题。围绕全产业链技术需求，加大贫困地区新品种、新技术、新成果的开发、引进、集成、试验、示范力度，鼓励贫困县建设科技成果转化示范基地，围绕支柱产业转化推广先进适用技术成果。

二是提高贫困人口创新创业能力。深入推行科技特派员制度，基本实现特派员对贫困村科技服务和创业带动全覆盖。鼓励和支持高等院校、科研院所发挥科技优势，为贫困地区培养科技致富带头人。大力实施边远贫困地区、边疆民族地区和革命老区人才支持计划科技人员专项计划，引导支持科技人员与贫困户结成利益共同体，创办、领办、协办企业和农民专业合作社，带动贫困人口脱贫。加强乡村科普工作，为贫困群众提供线上线下、点对点、面对面的培训。

三是加强贫困地区创新平台载体建设。支持贫困地区建设一批"星创天地"、科技园区等科技创新载体。充分发挥各类科技园区在扶贫开发中的技术集中、要素聚集、应用示范、辐射带动作用，通过"科技园区＋贫困村＋贫困户"的方式带动贫困人口脱贫。推动高等学校新农村发展研究院在贫困地区建设一批农村科技服务基地。实施科技助力精准扶贫工程，在贫困地区支持建设1000个以上农技协联合会（联合体）和10000个以上农村专业技术协会。

第四节　重点支持特殊贫困地区发展

对革命老区、民族地区、边疆地区、集中连片特困地区的脱贫致富，党中央高度重视，一直挂在心上，一直放心不下。打好脱贫攻坚战役，关键是整体规划，统筹推进，持续加大对集中连片特困地区的扶贫投入力度，切实加强交通、水利、能源等重大基础设施建设，加快解决贫困村通路、通水、通电、通网络等问题，贫困地区区域发展环境明显改善，"造血"能力显著提升。

第一，加强集中连片特困地区规划制订与实施。要做好集中连片特困地区区域发展规划与扶贫攻坚专项规划、经济社会发展总体规划的衔接工作。片区重大基础设施和重点民生工程要优先纳入经济社会发展总体规划和年度计划，集中建设一批区域性重大基础设施和重大民生工程，明显改善片区区域发展环境、提升自我发展能力。

进一步完善片区联系工作机制，全面落实片区联系单位牵头责任，充分发挥部省联席会议制度功能，切实做好片区区域发展重大事项的沟通、协调、指导工作。强化片区所在省级政府主体责任，组织开展片区内跨行政区域沟通协调，及时解决片区规划实施中存在的问题和困难，推进片区规划各项政策和项目尽快落地。

第二，着力解决区域性整体贫困问题。加大脱贫攻坚力度，支持革命老区开发建设，推进实施赣闽粤原中央苏区、左右江、大别山、陕甘宁、川陕等重点贫困革命老区振兴发展规划，积极支持沂蒙、湘鄂赣、太行、海陆丰等欠发达革命老区加快发展。扩大对革命老区的财政转移支付规模。加快推进民族地区重大基础设施项目和民生工程建设，实施少数民族特困地区和特困群体综合扶贫工程，出台人口较少民族整体脱贫的特殊政策措施。编制边境扶贫专项规划，采取差异化政策，加快推进边境地区基础设施和社会保障设施建设，集中改善边民生产生活条件，扶持发展边境贸易和特色经济，大力推进兴边富民行动，使边民能够安心生产生活、安心守边固边。加大对边境地区的财政转移支付力度，完善边民补贴机制。加大中央投入力度，采取特殊扶持政策，推进西藏、四省藏区和新疆南疆四地州脱贫攻坚。

推进革命老区、少数民族和边疆地区等特殊贫困地区区域合作与对外开放。推动特殊贫困地区深度融入"一带一路"建设、京津冀协同发展、长江经济带发展、粤港澳大湾区建设等国家战略，与有关国家级新区、自主创新示范区、自由贸易试验区、综合配套改革试验区建立紧密合作关系，打造区域合作和产业承接发展平台，探索发展"飞地经济"，引导发达地区劳动密集型等产业优先向贫困地区转移。支持贫困地区具备条件的地方申请设立海关特殊监管区域，积极承接加工贸易梯度转移。拓展特殊贫困地区招商引资渠道，利用外经贸发展专项资金促进贫困地区外经贸发展，优先支持特殊贫困地区项目申报借用国外优惠贷款。鼓励特殊贫困地区培育和发展会展平台，提高知名度和影响力。加快边境贫困地区开发开放，加强内陆沿边地区口岸基础设施建设，开辟跨境多式联运交通走廊，促进边境经济合作区、跨境经济合作区发展，提升边民互市贸易便利化水平。

第三，加强重大基础设施建设。基础设施是地区经济发展最重要的要素，基础设施的建设和完善为特殊贫困地区产业发展、人民生活和区域脱贫提供了必要的物质条件。

一是构建外通内联交通骨干通道。加强革命老区、民族地区、边疆地区、集中连片特困地区对外运输通道建设，推动国家铁路网、国家高速公路网连接贫困地区的重大交通项目建设，提高国道省道技术标准，构建贫困地区外通内联的交通运输通道。加快资源丰富和人口相对密集贫困地区开发性铁路建设。完善贫困地区民用机场布局规划，加快支线机场、通用机场建设。在具备水资源开发条件的贫困地区，统筹内河航电枢纽建设和航运发展，提高通航能力。形成布局科学、干支结合、结构合理的区域性综合交通运输网络。在自然条件复杂、灾害多发且人口相对密集的贫困地区，合理布局复合多向、灵活机动的保障性运输通道。依托中国与周边国家互联互通重要通道，推动沿边贫困地区交通基础设施建设。

二是着力提升重大水利设施保障能力。加强重点水源、大中型灌区续建配套节水改造等工程建设，逐步解决特殊贫困地区工程性缺水和资源性缺水问题，着力提升贫困地区供水保障能力。按照"确有需要、生态安全、可以持续"的原则，科学开展水利扶贫项目前期论证，在保护生态的前提下，提高水资源开发利用水平。加大特殊贫困地区控制性枢纽建设、中小河流和江河重要支流治理、抗旱水源建设、山洪灾害防治、病险水库（闸）除险加固、易涝地区治理力度，坚持工程措施与非工程措施结合，加快灾害防治体系建设。

　　三是优先布局建设能源工程。积极推动能源开发建设，煤炭、煤电、核电、油气、水电等重大项目，跨区域重大能源输送通道项目，以及风电、光伏等新能源项目，同等条件下优先在特殊贫困地区规划布局。加快特殊贫困地区煤层气（煤矿瓦斯）产业发展。统筹研究特殊贫困地区煤电布局，继续推进跨省重大电网工程和天然气管道建设。加快推进流域龙头水库和金沙江、澜沧江、雅砻江、大渡河、黄河上游等水电基地重大工程建设，努力推动怒江中下游水电基地开发，支持离网缺电贫困地区小水电开发，重点扶持西藏、四省藏区和少数民族贫困地区小水电扶贫开发工作，风电、光伏发电年度规模安排向贫困地区倾斜。

第十一章
战略重心：脱贫攻坚注重惠民生

打赢脱贫攻坚战，是促进全体人民共享改革发展成果、实现共同富裕的重大举措，是体现中国特色社会主义制度优越性的重要标志，也是扩大国内需求、促进经济增长的重要途径。当前我国贫困人口规模依然较大，剩下的贫困人口贫困程度较深，脱贫成本更高，难度更大。实现2020年让尚未脱贫的农村贫困人口摆脱贫困的既定目标，时间十分紧迫、任务相当繁重。打赢脱贫攻坚战必须积极推进贫困地区基本公共服务均等化，全力保障和改善贫困地区民生。

第一节　教育扶贫阻断贫困代际传递

教育是实现社会公平的基础。由于无法获取充分的教育资源，许多贫困青少年输在"起跑线"上。因此，应以精准扶贫、精准脱贫为基本方略，以集中连片特困地区和建档立卡贫困人口为重点，采取超常规举措，精确对准教育最薄弱领域和最贫困群体，让贫困家庭子女都能接受公平有质量的教育，促进教育强民，从源头上阻断贫困的代际传递。

第一，做好教育脱贫的顶层设计。摸清贫困地区教育人口底数。通过开展建档立卡贫困人口数据库与中小学学籍管理信息系统、学生资助管理系统等教育数据库的对接工作，进一步摸清贫困人口中学龄人口的底数，为开展教育扶贫提供依据。贫困地区要结合实际贯彻好《深度贫困地区教育脱贫攻坚实施方案（2018—2020年）》，系统谋划有关教育脱贫的政策措施,加强与本地区经济社会发展规划的衔接,进一步找准差距,锁定重点,明确措施,细化时间表、路线图。

第二,针对不同教育群体分类施策。对学龄前儿童,主要是保障每个人都有机会接受学前三年教育。继续实施学前教育三年行动计划,逐步建成以公办园为主体的农村学前教育服务网络,解决普惠性学前教育资源不足的问题。对义务教育阶段儿童,主要是保障每个人都有机会接受公平有质量的义务教育。适应城镇化进程,进一步优化教育资源布局,全面完成薄弱学校改造,基本实现标准化办学,切实解决好农村留守儿童、随迁子女、残疾儿童等特殊困难群体的教育问题。对高中阶段学生,主要是保障每个人都能接受高中阶段教育。实施普及高中阶段教育攻坚计划,重点解决贫困地区高中阶段教育资源不足问题,使没有升入普通高中的初中毕业生都进入中职学校,掌握一技之长,促进家庭脱贫。对高等教育阶段的群体,主要是继续拓宽纵向流动通道。继续实施贫困地区定向招生计划、中西部地区招生协作计划,进一步扩大东西部职业学校联合招生规模,使贫困家庭学生有更多机会接受高等教育。对学龄后贫困人口,主要是为每个人提供职业培训机会。特别是针对职业农民、进城农民工等群体,加大职业培训力度,提升劳动者职业技能和就业创业能力,帮助他们脱贫致富。

第三,全面保障教育扶贫政策落实。采取适当方式对各地各部门教育脱贫任务落实情况进行跟踪评价。强化经费保障,国家教育经费向贫困地区、基础教育倾斜。健全学前教育资助制度,帮助农村贫困家庭幼儿接受学前教育。近年来,受经济下行的影响,一些贫困地区教育投入出现了下降趋势。应该强调的是,要依法继续保证财政对教育的投入,特别是财政资金投入要向贫困地区教育倾斜,确保教育脱贫的每一项任务都有相应的经费保障。

第四,加大对乡村教师队伍建设的支持力度。加大特岗计划、国培计划向贫困地区基层倾斜的力度，为贫困地区乡村学校定向培养留得下、稳得住的一专多能教师，制定符合基层实际的教师招聘引进办法，建立和完善省级统筹乡村教师补充机制，推动城乡教师合理流动和对口支援。全面落实连片特困地区乡村教师生活补助政策，建立乡村教师荣誉制度。

第五，广泛动员各方力量参与。继续组织好教育对口帮扶。发挥教育系统优势，面向贫困地区的实际需求，找准贫困领域，创新帮扶举措，在产业合作、科技成果转化、人才帮扶、决策咨询等方面进一步加大支持力度。积极争取社会支持。充分发挥《中华人民共和国民办教育促进法》的作用，进一步拓宽社会资金进入教育的渠道，完善激励引导政策，吸引更多社会资金投资捐资教育。广泛动员企业、基金、社会各界人士，利用资源、资金支持贫困地区教育事业发展。

第二节　就业扶贫提升贫困人口自我发展能力

促进农村贫困人口转移就业，提高贫困人口自我发展能力，既是脱贫攻坚任务，也是重要途径。当前及今后一段时间，需重点从以下三方面做好就业扶贫工作。

第一，进一步落实转移就业扶贫责任。明确转移就业脱贫的目标任务和具体措施，主动作为，精准发力，采取超常规措施做好就业扶贫工作。建立健全转移就业脱贫目标责任制，加强督促检查和成效考核。

第二，扎实开展劳务协作对接扶贫行动。一是提高就业服务的精准度。充分发挥公共就业服务机构的作用，为建档立卡农村贫困劳动力主动提供政策咨询、岗位信息、职业指导和职业介绍。促进农村贫困劳动力转移就业，对有劳动能力和就业意愿的建档立卡农村贫困人员集中开展就业服务活动。在贫困县组织开展专场招聘活动，为农村贫困劳动力与企业搭建供需平台。指导发展家庭服务业联系点城市,加强与贫困县的对接帮扶,帮助农村贫困人员在家政服务、养老服务等行业就业。二是提高技能培训精准度。根据建档立卡农村贫困劳动者的技能提升愿望与需求,支持转移就业人员和新成长劳动力接受技能培训或技工教育。实施技能脱贫攻坚行动。为建档农村贫困家庭中有劳动能力和就业意愿的劳动者以及未升学初高中毕业生免费进行职业培训。三是切实维护转移就业人员的劳动保障权益。进一步规范农民工劳动用工管理,帮助建档立卡农村贫困家庭转移就业人员与用人单位签订劳动合同,预防和解决拖欠农民工工资问题,推动参加城镇社会保险,加强安全生产和职业健康保护。

第三,大力扶持贫困地区转移就业农民工返乡创业。一方面,带动就地就近转移就业。大力发展贫困地区县域经济,引导有市场、有效益的劳动密集型产业优先向中西部转移,发展乡村旅游等特色产业,增加吸纳农村劳动力就近转移就业岗位。加大对贫困地区农民工返乡创业政策、资金等扶持力度,强化创业指导服务。另一方面,推进贫困地区农业转移人口平等享受城镇基本公共服务和在城镇落户。结合落实《居住证暂行条例》,推动城镇基本公共服务优先覆盖建档立卡农村贫困家庭转移就业人员及其随迁家属。

第三节 健康扶贫推进基本医疗服务均等化

实施健康扶贫工程,让贫困地区农村贫困人口"看得起病、看得好病、看得上病、少生病",保障贫困人口享有基本医疗卫生服务,防止因病致贫、因病返贫。

第一,让贫困人口"看得起病"。在医疗保障方面,建立基本医疗保险、大病保险、医疗救助、疾病应急救助、商业健康保险等制度的衔接机制，发挥协同互补作用，形成保障合力，力争对贫困患者做到应治尽治。一是新型农村合作医疗和大病保险制度覆盖所有贫困人口并实行政策倾斜。新农合个人缴费部分由财政给予补贴，门诊统筹覆盖所有贫困地区，提高农村贫困人口新农合政策范围内住院费用报销比例，降低大病报销起付线，逐步提高保障水平。二是加大医疗救助力度。将符合条件的农村贫困人口全部纳入医疗救助范围，全面开展重特大疾病救助，进一步减轻贫困患者大病造成的负担。三是加大临时救助力度。对于突发重大疾病暂时无法得到家庭支持、导致基本生活陷入困境的患者，积极发动公益慈善组织等社会力量进行救助。搭建政府救助资源、社会组织救助项目与农村贫困人口救治需求的信息平台，鼓励、引导、支持社会组织、企事业单位和爱心人士等开展慈善救助。四是将符合条件的残疾人医疗康复项目按规定纳入基本医疗保险支付范围，提高农村贫困残疾人医疗保障水平。

在控制医疗费用方面，通过实施先诊疗后付费、分级诊疗、医保支付方式改革等措施，控制贫困人口大病治疗费用，有效减轻贫困人口看病就医费用负担。主要政策有：其一，实行县域内农村贫困人口住院先诊疗后付费的结算机制。其二，优先推进贫困地区分级诊疗服务体系建设。推进贫困地区县乡村一体化医疗联合体建设。2020年将县域内就诊率提高到90%左右，基本实现大病不出县。其三，推进医保支付方式改革，建立以按病种付费为主，按人头付费、按服务单元付费等复合型付费方式，充分发挥各类医疗保险对医疗费用的控制作用。

第二，让贫困人口"看得好病"。关键是对象要精准，要精准到户、到人、到具体病种，重点是要实施分类救治，让患病的贫困人口得到有效的治疗。同时，要防治结合，有效提升贫困地区贫困人口的健康水平。一是开展因病致贫、因病返贫情况核实核准工作。以县为单位，依靠基层医生队伍和计划生育服务网络，进一步核实核准农村贫困人口中"因病致贫、因病返贫"家庭数、患病人数和病种。建立信息管理系统，对因病致贫、因病返贫实行动态管理。二是为贫困人口提供签约服务。为每人建立1份动态管理的电子健康档案和1张服务功能比较完善的健康卡，推动基层医疗卫生机构医务人员为贫困家庭提供基本医疗、公共卫生和健康管理等签约服务。三是对贫困大病患者实行分类救治。建立贫困人口健康卡，实施大病分类救治。四是加大贫困地区传染病、地方病、慢性病防控力度。五是全面提升贫困地区妇幼健康服务水平。

第三，让贫困人口"看得上病"。农村贫困人口大多生活在边远山区、深山区、石漠化山区等交通闭塞地区，就近"看得上病"，可以让贫困人口疾病得到及时医治，并有效减轻因看病就医而增加的交通、食宿等生活开支压力。必须优化医疗资源布局，有效提升贫困地区医疗卫生服务能力。一是实施全国三级医院与贫困县县级医院一对一帮扶。从全国遴选能力较强的三级医院，与连片特困地区县和国家扶贫开发工作重点县县级医院签订一对一帮扶责任书，明确帮扶目标任务。二是加强贫困地区医疗卫生服务机构标准化建设。落实《全国医疗卫生服务体系规划纲要（2015—2020年）》，按照"填平补齐"原则，实施县级医院、乡镇卫生院、村卫生室标准化建设。加快完善贫困地区疾病预防控制和保健服务体系，以精神卫生、妇幼健康、卫生监督等公共卫生服务为重点，加大对贫困地区专业公共卫生机构能力建设的支持力度。三是强化人才综合培养。加大为贫困地区县乡医疗卫生机构订单定向免费培养医学本（专）科学生的支持力度。支持贫困地区实施全科医生和专科医生特设岗位计划。根据贫困地区需求，组织开展好适宜技术项目的推广，切实提高基层医疗卫生人员的技术水平。制定符合基层实际的人才招聘引进办法，赋予贫困县医疗卫生机构一定的自主招聘权，落实医疗卫生机构用人自主权。加强乡村医生队伍建设，鼓励优秀卫生人才到贫困地区服务，探索基层卫生人才激励机制，对长期在贫困地区基层工作的卫生技术人员在职称晋升、教育培训、薪酬待遇方面给予倾斜。

第四，让贫困人口"少生病"。深入开展爱国卫生运动。加强卫生城镇创建活动，有效提升贫困地区人居环境质量。持续深入开展整洁行动，统筹治理贫困地区环境卫生问题。加快农村卫生厕所建设进程，做好改厕后续服务和管理。加强农村饮用水和环境卫生监测、调查与评估，为环境污染防治提供依据。实施农村饮水安全巩固提升工程，推进农村垃圾污水治理，综合治理大气污染、地表水环境污染和噪声污染。加强健康促进和健康教育工作，广泛宣传居民健康素养基本知识和技能，引导重点人群改变不良生活习惯，形成健康生活方式，力争让农村贫困人口少生病。

第四节　社保兜底扶贫解除贫困人口的后顾之忧

做好农村低保兜底脱贫，加快建立农村低保制度与扶贫开发政策有效衔接机制，真正做到"应保尽保"，从根本上解决贫困人口的后顾之忧。

第一，加强农村低保与扶贫开发政策的有效衔接。农村最低生活保障制度与农村扶贫开发政策是我国农村反贫困的两项基本制度安排，在遏制农村贫困现象、促进农村长期稳定发展方面发挥了重要的作用。但这两项制度也存在着对象认定条件不一、对象识别存在偏差、对象退出难和退出程序不一等问题，亟待研究解决。

一是加强标准衔接。对于低保标准低于国家扶贫标准的地方，各省（区、市）要加大省级统筹力度，制订逐年提高农村低保标准的具体方案，督促所辖区县及时调整农村低保标准。中央财政农村低保补助资金在稳定增长的基础上，将向西部地区和人口大省、财力困难省区倾斜，确保 2020 年农村低保兜起全面脱贫的底。对于农村低保标准已经达到国家扶贫标准的地区，也要按照量化调整机制科学调整，确保不低于根据物价指数等因素按年度动态调整后的国家扶贫标准。

二是加强对象衔接。凡共同生活的家庭成员人均收入低于当地低保标准，且符合当地低保家庭财产状况规定的家庭，都要纳入低保范围，主要包括因完全或部分丧失劳动能力等原因造成生活常年困难的农村居民家庭。凡家庭年人均纯收入低于农村扶贫标准的家庭，都要纳入建档立卡贫困户。各地应结合农村低保排查和建档立卡"回头看"等工作，不断加强对象识别上的衔接，符合扶贫开发政策的，及时给予产业扶持，做到应扶尽扶；符合低保条件的，及时给予低保待遇，做到应保尽保。同时，各地还要探索建立相对统一的家庭贫困状况测算指标体系，做到统一识别、分类施策、对象衔接、帮扶精准。

三是加强管理衔接。加强对农村低保对象和扶贫对象的动态管理。乡镇（街道）要会同村（居）委会定期或不定期开展走访调查，及时掌握农村低保对象和扶贫开发对象家庭收入变化情况和日常生活情况。县级民政部门要采取多种方式加强管理服务，根据农村低保对象家庭收入、财产变化情况，及时增发、减发或停发低保金，并将建档立卡户领取低保金等享受社会救助情况提供给当地扶贫部门；县级扶贫部门也要及时把建档立卡户通过扶贫开发扶持增加收入情况提供给同级民政部门。

四是加强信息衔接。建立农村低保和扶贫开发的数据互通、资源共享信息平台。研究制定低保信息系统和扶贫开发信息系统互联互通的数据标准和规范，升级改造全国低保信息系统，加大扶贫大数据平台建设力度，为实现社会救助和扶贫开发网络互联互通、数据及时更新、信息资源共享、动态实时监测夯实基础。结合实施"金民工程"，加快健全完善社会救助信息系统，不断提高低保、医疗救助、特困人员救助供养以及临时救助信息化水平，为实现农村低保兜底保障提供信息化支撑。

五是加强考核衔接。将农村低保和扶贫开发衔接工作纳入脱贫攻坚和最低生活保障工作绩效评价体系，作为评价脱贫攻坚成效的重要指标和上级财政分配低保、扶贫补助资金的重要因素。

第二，稳步推进医疗救助工作。因病致贫、因病返贫是造成农村贫困的重要原因。农村低保仅仅能够保障贫困人口的基本生活，解决医疗问题还要靠医疗保险和医疗救助，这是脱贫攻坚兜底保障的重要内容。目前看来，资金问题是医疗救助脱贫"瓶颈"。中央财政和各级地方财政都要加大投入，为医疗救助兜起脱贫攻坚的底提供物质保障。

一是指导地方调整完善医疗救助政策。对贫困人口参加医疗保险个人缴费部分给予定额补贴。在重特大疾病医疗救助方面，根据当地筹资情况，分类设置门诊、住院救助比例和封顶线，不断提高救助水平。

二是加强与大病保险衔接。民政部门应会同相关部门认真研究，抓紧制定大病保险与重特大疾病医疗救助衔接的政策措施，完善大病保险支付方式，提高保险在"上游"的保障能力，减轻"下游"救助压力，增强医疗救助托底保障功能。

三是积极引导社会力量参与慈善医疗救助。要积极鼓励其他社会力量尤其是公益慈善组织参与医疗救助，建立捐赠帮扶信息平台，落实相关支持、优惠政策，不断扩大社会参与。

四是完善特困人员救助供养、临时救助等制度。结合"救急难"综合试点的开展，指导地方以重特大疾病为重点加强农村临时救助工作，形成制度合力，缓解农村因大病致贫、返贫问题。

第三，加快健全完善社会救助家庭经济状况核对机制。习近平总书记多次强调指出，扶贫贵在精准，重在精准，成败之举在于精准。农村低保兜底脱贫能不能实现应兜尽兜、兜住兜牢，关键在于对象认定是否精准。建立社会救助家庭经济状况核对机制，是精准认定低保对象的有效措施。社会救助家庭经济状况信息核对工作是确保社会救助对象准确、高效、公正认定的基础，对于提升社会救助工作的水平和质量，促进社会公平正义具有重要意义。所谓社会救助家庭经济状况核对，是指社会救助管理部门根据社会救助申请人声明的家庭收入、财产等情况，提请税务、房产、保险、银行、证券、车辆、工商、就业等部门或机构，就其声明的真实性和完整性进行比对，从而准确评估救助申请人家庭经济状况的一种方法。这是社会救助对象认定方法的重大改进和创新。实践证明，社会救助家庭经济状况核对是提高救助对象认定准确性，减少错保、骗保和人情保、关系保的重要手段，是传统的入户调查、邻里访问、信函索证、社区评议等方法不可比拟的。

　　第四，推进"三留守"人员[①]**关爱服务工作。**一是发挥好农村留守儿童关爱保护工作部际联席会议制度，指导各地贯彻落实好《国务院关于加强农村留守儿童关爱保护工作的意见》，进一步健全救助保护机制和关爱服务体系。二是结合已开展的农村留守儿童、留守妇女摸底排查工作，进一步督促指导基层政府建立翔实完备、动态更新的农村留守儿童、留守妇女信息台账，健全信息报送机制。三是指导各地依托社会福利院、养老院、农村敬老院、救助管理站等机构和社区基层服务组织开展好农村"三留守"人员关爱服务相关工作，动员引导社会组织、慈善力量和专业社工机构加大开展农村"三留守"人员关爱服务。发挥村（居）民委员会最了解农村贫困群众生活状况和救助需求的优势，指导其协助做好留守人员关爱服务等相关工作，为农村贫困群众人口排忧解难。

　　第五，多渠道加大社会救助资金投入。社会保障兜底脱贫，资金保障是基础、是关键。在加大各级财政资金投入的基础上，必须创新筹资思路，改变单一靠财政投入的筹资格局，建立多元的、开放的社会救助

---

① 指农村留守儿童、农村留守老人和农村留守妇女。

筹资机制。一是坚持以各级财政为主体，不断加大资金投入。一方面，要积极争取中央财政继续加大社会救助资金投入；另一方面，地方财政特别是省级财政也要调整支出结构，进一步加大资金投入，切实承担起政府责任。二是盘活存量，加强资金的统筹使用。督促、指导城乡低保资金有结余的省份充分用好结余资金，支持、引导区县将结余资金重点用于提高农村低保标准。三是鼓励、引导社会力量积极参与社会救助。目前我国慈善事业发展方兴未艾，慈善正在成为社会救助的一支重要力量。《2018年度中国慈善捐助报告》显示，2018年中国大陆接收国内外款物捐赠1624.15亿元，其中，中国内地的个人捐赠共360.47亿元，同比增长3.24%，仅次于2008年汶川地震的捐赠金额，个人捐赠处于近年最好水平，保持稳步增长。在财政增速放缓，政府财政压力较大的情况下，鼓励和引导社会力量参与社会救助显得尤为重要。

第五节　加强财政扶贫资金和涉农资金管理

财政是国家治理的基础和重要支柱。财政投入在打赢脱贫攻坚战中发挥着主体和主导作用。应紧紧围绕精准扶贫、精准脱贫，进一步健全财政综合扶贫政策体系，加大财政扶贫投入力度，加强财政扶贫资金和涉农资金管理，坚决打赢脱贫攻坚战。

第一，发挥政府投入的主体和主导作用，千方百计加大财政扶贫投入力度。尽管当前经济下行压力大，财政增收形势不乐观，但仍要多渠道增加扶贫开发投入，确保政府投入力度与脱贫攻坚任务相适应。中央财政应进一步加大对贫困地区的一般性转移支付力度，引导涉及民生的各类专项转移支付和中央基建支出继续向农村贫困地区、贫困人口倾斜，较大幅度增加财政专项扶贫资金投入，加大中央集中彩票公益金对扶贫的支持力度。扩大中央和地方财政支出规模，增加对贫困地区水电路气网等基础设施建设和提高基本公共服务水平的投入。同时，用好用活政府和社会两方面资源，通过政府和社会资本合作、政府购买服务、贷款贴息、设立产业发展基金、支持涉农保险和担保发展等有效方式，充分发挥财政资金的引导作用和杠杆作用，撬动更多金融资本、社会资本参与脱贫攻坚。

第二，优化财政涉农资金供给机制，支持贫困县统筹整合使用财政涉农资金。坚持"中央统筹、省（自治区、直辖市）负总责、市（地）县抓落实"，采取有效措施，优化财政涉农资金供给机制，支持贫困县以摘帽销号为目标，以减贫成效为导向，以扶贫规划为引领，以重点扶贫项目为平台，把目标相近、方向类同的涉农资金统筹整合使用，撬动金融资本和社会资金投入扶贫开发，提高财政涉农资金的精准度和使用效益，按期完成脱贫攻坚任务。改革的核心是将一部分财政涉农资金的配置权力完全下放给处于脱贫攻坚第一线的贫困县，由贫困县根据脱贫攻坚需要，自主统筹使用。

第三，突出财政扶贫工作重点，促进扶贫资金精准使用。财政扶贫资金使用与建档立卡结果相衔接，围绕激发贫困群众内生动力、增强贫困群众自我发展能力，资金使用由"大水漫灌"向"精准滴灌"转变，由偏重"输血"向注重"造血"转变，切实发挥财政资金的使用效益，确保"扶真贫""真扶贫""真脱贫"。大力支持产业扶贫，进一步推广资产收益扶贫，在不改变用途的情况下，财政专项扶贫资金和其他涉农资金投入设施农业、养殖、光伏、水电、乡村旅游等项目形成的资产，具备条件的可折股量化给贫困村和贫困户，尤其是丧失劳动能力的贫困户，让贫困人口分享产业发展收益。落实好易地扶贫搬迁贷款贴息政策，支持地方整合可用于易地扶贫搬迁的各类资金，用好城乡建设用地增减挂钩政策，筹集资金用于购买易地扶贫搬迁服务，支持打好脱贫攻坚揭幕战。同时，督促地方强化资金监管措施，严格项目实施主体举债，避免市场化主体的经营性风险由政府兜底。

第四，实行严格的监督考核，确保财政资金安全有效使用。全面推行扶贫资金、项目公告公示制，增强资金使用的透明度，保障资金在阳光下运行。在扶贫资金项目审批权限下放的背景下，按照权责匹配原则，强化地方监管责任，省、市两级政府将工作重心转变到强化资金和项目的监管上来，县级政府承担确保资金安全、规范、有效运行的具体责任，贫困村第一书记、驻村工作队、村委会要深度参与涉农资金和项目的管理监督。强化财政监督检查和审计、稽查等工作，充分发挥社会监督作用，构建常态化、多元化的监督检查机制。同时，进一步强化对扶贫资金的绩效评价，并将其纳入扶贫开发工作成效考核，对管理规范、资金使用效益高的地方给予奖励和倾斜。

第六节　做好疫情防控期间扶贫工作

坚决打赢疫情防控阻击战，是 2020 年重要的工作；坚决打赢脱贫攻坚战，是 2020 年必须完成的硬任务。两场大战都必须打赢。新冠肺炎疫情发生以来，习近平总书记在亲自指挥部署疫情防控工作的同时，时刻关注脱贫攻坚战的进展和遇到的困难，并作出了一系列决策部署。2020 年 2 月 23 日，习近平总书记在统筹推进新冠肺炎疫情防控和经济社会发展工作部署会议上指出："今年脱贫攻坚要全面收官，原本就有不少硬仗要打，现在还要努力克服疫情的影响，必须再加把劲，狠抓攻坚工作落实。"[1] 2020 年 2 月 26 日，习近平总书记在中共中央政治局常务委员会

---

[1]《中共中央政治局常务委员会召开会议　分析新冠肺炎疫情形势研究近期防控重点工作　中共中央总书记习近平主持会议》，《人民日报》，2020 年 2 月 27 日。

上又强调，加强疫情防控这根弦不能松，经济社会发展各项工作要抓紧。这些重要论述，为我们统筹做好疫情防控和脱贫攻坚工作提供了根本遵循。

疫情是 2020 年影响脱贫攻坚的最大因素，打赢疫情防控阻击战是打赢脱贫攻坚战的前提。我们必须坚持分区分级精准复工复产要求，根据全国疫情变化，划分高风险地区、中风险地区和低风险地区，并根据疫情防控形势实行动态调整；要分区分级制定差异化防控策略，精准有序防控疫情，低风险地区及时将防控策略调整到外防输入上来，在切断传播途径这个关键着力点上下功夫；贫困地区干部要坚持发扬斗争精神，依法依规落实落细各项防控措施，督促群众坚持做好戴口罩、勤洗手、少出行、不聚餐、少聚集等保护措施。在落实落细疫情防控措施的基础上，我们还要狠抓脱贫攻坚工作，千方百计解决疫情给贫困地区生产生活造成的问题和困难，努力防止因疫返贫、因疫致贫，并做好因疫致贫返贫农户的帮扶工作，确保贫困群众基本生活不受影响。

第一，解决扶贫项目开工复工难题。在符合疫情防控条件下，要支持和组织推动扶贫龙头企业、扶贫车间尽早开工复工，一时还达不到开工复工要求的，要求提前备工备料，为开工复工创造条件。采取以工代赈方式，组织贫困劳动力参与扶贫项目建设。提高工作效率，对小微扶贫项目按一定程序实行"一事一议"制度，加快扶贫项目建设进度。

第二，优先解决好贫困群众务工问题。根据国务院扶贫办统计数据，贫困地区农民的收入中打工的收入占到三分之一，是主要的经济来源之一。我们要抓住重大项目开工建设和企业有序复工复产的时机，按照"分批有序错峰"的要求，优先安排贫困劳动力外出务工、返程返岗。劳务输出地和输入地要精准对接，帮助贫困劳动力有序返岗。要通过恢复扶贫车间、设立疫情防控扶贫公益岗位等，促进贫困人口就近就业，稳定贫困家庭收入。

第三，解决好贫困地区"买难""卖难"问题。受疫情影响，2020 年一季度，农村特别是偏远贫困地区出现了生产资料购买难和农产品销售难的问题。下一步，要及时组织好产销对接，围绕贫困户在春耕备耕中面临的突出问题，组织好农资生产、流通、供应，抓好产业扶贫，确保农业生产不误农时。针对一些贫困地区农畜产品"卖难"问题，要创新扶贫方式，充分利用"互联网 +"等网络平台拓宽销售渠道，积极开展消费扶贫、产业扶贫等，既要实现城市"菜篮子""米袋子"的有效供给，又要促进贫困地区扶贫产业健康发展。

第四，解决好贫困地区资金难题。脱贫攻坚离不开金融支持。疫情发生后，部分地区扶贫小额信贷工作面临困难，对脱贫攻坚造成一定影响。各地要抓紧摸排本地区受疫情影响情况，充分发挥扶贫小额信贷作用，帮助受疫情影响贫困户尽快恢复生产、实现稳定脱贫。对于受疫情影响出现还款困难的贫困户，要适当延长扶贫小额信贷还款期限。对新发放贷款、续贷和展期需求，也要加快审批进度，简化业务流程，提高业务办理效率。对贫困群众的生产资金需求，符合申贷、续贷、追加贷款等条件的，要及时予以支持。

第十二章
战略抓手：精准扶贫借力信息化

精准扶贫是新时期党和国家扶贫工作的精髓和亮点。贫困地区不但需要经济扶贫，更需要信息扶贫。在互联网、云计算、大数据、物联网等新一代信息技术高速发展的时代背景下，信息技术作为一种先进生产力，逐渐成为实施精准扶贫的有效手段。在农村贫困地区推进精准扶贫，离不开信息技术的助力。

第一节　信息化在精准扶贫中发挥重要作用

当前，精准扶贫还存在"精准性"不足的问题，主要表现在：一是扶贫资金统筹管理能力不强。相关部门对扶贫资金多渠道筹措接收情况在总体上了解和把握不足，相关信息数据的及时性、准确性还比较欠缺，不能为资金的计划安排、均衡合理分配提供及时可靠的参考。扶贫资金分配需要参考的指标因素、原则要求和领域范围繁多，而信息搜集掌握相对不全不准，且决策研判仅依赖或偏重人工操作，工作难度大，效率低。扶贫资金投放使用上，对扶贫对象的真实性需求缺乏精细化辨别，对扶贫项目有关的市场供需状况缺乏全面了解和科学的分析预测，影响资金的准确投向和使用效率。二是扶贫对象信息管理不规范、更新不及时。扶贫对象信息制作采集依赖基层部门走访调查、进户摸底、建档立卡等方式，难免会存在调查不全面、误差把控不足等缺陷，也可能存在有意篡改、谎报瞒报等问题和漏洞。同时，在扶贫对象信息数据中，缺乏后期跟踪管理手段，人工更新周期不易确定，审核工作量大，信息数据的时效性和真实性不易保证。三是扶贫路径、措施选择不够严谨。由于对扶贫对象信息掌握不够全面、准确，从而导致在扶贫措施选择上存在误配、重配的可能，特别是在路径措施的初选方面显得比较粗放，容易出现"一刀切""跟风上"现象。

借助信息化与信息技术优势，有利于实现对贫困村和贫困户的精准识别、精准匹配、精准帮扶与精准管控，有效解决精准扶贫中存在的问题。

第一，信息化有利于提升精准扶贫工作效率。精准扶贫工作是一项十分庞杂而系统的工作，牵涉人员众多，既有政府等部门开展扶贫的工作队员，又有精准扶贫的帮扶对象，同时扶贫项目的确定、扶贫措施的落实、扶贫资金的使用等等工作，以及扶贫过程中的无数细节的管理，难度极大。借助于信息化的手段，及时掌握、采集相关信息，实现各相关部门、人员之间精准扶贫相关信息的共享，可以有效提升精准扶贫工作效率。例如，通过信息化手段的大数据分析等方式，可以快速有效地甄选贫困地区、贫困人群，为开展精准扶贫奠定基础，同时可有效提升扶贫资金分配以及其他政策措施的合理性。

第二，信息化有利于实现对扶贫人员和资金的精准监管。信息化手段的运用，可有效对精准扶贫全过程进行监管，实现精准扶贫相关工作环节数据的及时采集与分析，以便及时掌握精准扶贫相关举措的进展，并对扶贫成效进行科学评估。为了确保 2020 年实现全面小康目标，各地派出了大批的干部和其他扶贫工作人员到贫困地区开展精准扶贫工作。因为距离遥远、人员分散等原因，这些扶贫工作人员是否有效开展工作、开展工作的成效怎么样，只有通过信息化手段才能及时掌握和监督。各种扶贫资金的使用情况如何，也有必要借助信息化手段进行实时掌控和监管。

第三，信息化有利于拉近贫困地区与市场的距离。近年来，我国互联网和电商行业发展迅速，精准扶贫工作应该搭上互联网和电商大发展的契机，使因偏僻和信息闭塞而致贫的地区消除贫困根本因素。如某些贫困地区会有一些优势特色农产品或特色手工艺品等，或有旅游价值的景点、民俗等，由于地理位置的偏僻、信息资讯的闭塞，不为外界所知。通过信息化手段，可打通偏僻落后地区产品的销售、宣传渠道，有效帮助贫困地区脱贫致富。

第四，信息化有利于解决精准扶贫中的"扶智"难题。扶贫先扶智。教育的落后，观念的落后，思路的保守，是很多贫困地区、贫困群众的贫困根源。通过信息化手段，使贫困地区及时搭上互联网信息快车，可有效帮助贫困地区消除与发达地区的信息壁垒，实现信息、资讯的及时传导，帮助贫困群众开阔眼界，拓宽发展思路。例如可以通过信息化手段开展技术、技能培训，开展远程教育，提升贫困地区教育信息化水平等方式，从思想观念、发展理念、教育水平等方面，解决贫困地区、贫困人员的致贫根本原因。

第五，信息化有利于提升精准扶贫工作水平。精准扶贫工作过程中，很多工作环节都要服务于具体的人员，通过信息化手段可以有效提升服务水平。通过音像资料等方式，可以有效提高政策服务的直观性，通过实现各部门之间精准扶贫信息的共享，可有效减少贫困群众来回折腾跑路，等等。例如，某地探索将精准扶贫信息与高考录取信息比对分析，实现精准扶贫建档立卡户考生入校后，在报名等各环节凭身份证直接享受相关扶贫优惠政策和资助，而省去了以往烦琐的开具各种证明材料和申请等环节，有效提升了服务水平。[①]

① 参见何渊、陈炜：《让精准扶贫搭上信息化的快车》，《中国电信业》，2018年第10期。

第二节 实施信息化扶贫惠农的具体举措

第一，实施宽带网络基础设施提升工程，提高扶贫工作重点村宽带发展整体水平。大力推进城乡宽带网络基础设施一体化，大幅提高网速。各基础电信、广电运营企业和铁塔公司要积极落实宽带网络基础设施建设和升级改造的资金，建立工作机制，实行名单制管理。继续完善扶贫工作重点村的光纤接入网建设，符合条件的地方，要做到新建固定宽带接入网络全部采用光纤到户方式。加大移动宽带网络建设力度，不断扩大4G无线网络覆盖范围，加速5G网络向农村地区部署，基本实现移动宽带网络人口全覆盖。实施免费提速，切实让利于民。

第二，实施信息惠民工程，推动信息服务进村入户。组织开展"网络进家"活动，鼓励和引导电信运营企业制订宽带网络服务惠农措施，出台优惠营销策略，推广满足农民实际需求的惠民套餐。提高信息终端普及率，推广具有自主知识产权且适合农村居民使用的电脑和操作系统，以及实用价优的智能终端和高清电视机，扩大信息进村入户覆盖面。开发移动互联网信息服务市场，推广满足农民生产、生活个性化需求的信息服务，提高互联网普及率。

第三，实施教育信息化普及工程，缩小城乡教学差距。加快中小学校网络基础设施建设，保障信息化建设投入，实现宽带网络全接入，普通教室基本配备多媒体教学设备。采取"同步课堂""名师讲堂""名校网络课堂"等多种方式，将优质教育资源推送到各地中小学校每一个班级。积极利用成熟技术和平台，构建覆盖中小学校师生的网络学习空间，鼓励教师利用空间开展教学活动，学生利用空间开展个性学习、自主学习，提升中小学教学质量。加强中小学教师信息技术能力培训，推进信息技术在教育教学中的经常化应用。

第四，实施信息服务示范工程，提供贴近农业生产和农民生活需求的服务。整合互联网平台型企业村镇服务人员以及科技特派员、农技推广员等人力资源，培养一支能力强、责任心强、热心服务的信息员队伍，建立信息员工作制度和人员档案，实行动态管理。开展"信息化扶贫示范镇"创建活动，推广实施"互联网＋农业""互联网＋医疗""互联网＋电子商务"示范项目，打造公共服务平台，为农民提供基于互联网的农资购买、农技推广、医疗健康、农产品销售等服务。按照市场机制整合驻村超市、小卖部等个体工商户以及互联网平台型企业线下服务站点等资源，推广建设农村综合信息服务站，向农民开展先进信息技术的宣传、推广、普及，培育网络化服务模式，发展新业态，促消费、惠民生。

第五，实施农民信息技能培训工程，增强农民信息获取能力。以集中培训或远程教育的方式培训各村信息员，使他们学会电脑和网络应用，掌握手机应用 APP 的信息采集、发布、查询等功能，辅导农民上网。充分利用现有培训项目，组织开展多渠道、多形式的信息化应用能力培训服务活动，提升农民利用现代信息技术特别是运用手机上网发展生产经营活动、便利生活和增收致富的能力。

第三节　构建精准扶贫信息化支持系统

加强精准扶贫信息化建设，是现实工作的需要。加强精准扶贫信息化建设，应从问题的原因入手，坚持问题为导向，以改进精准扶贫工作方式、完善工作机制、提高工作效率为目标，着重从建立统一的扶贫数据信息管理平台、扶贫信息资源共享、将扶贫信息纳入社会信用体系、确保扶贫信息安全和加强信息化建设监督管理等几个方面入手，全面加强扶贫信息化建设。

第一，建立精准扶贫信息管理系统。精准扶贫是一项系统而庞杂的工作，构建一整套覆盖精准扶贫各个环节的精准扶贫信息化管理系统，是充分运用信息化手段开展精准扶贫以及实现精准扶贫工作管理信息化的基础工作。具体来看，精准扶贫信息化管理系统至少应包含以下几个方面内容。

一是构建基于信息化的顶层管理平台。该平台的主要群体包括各个地方的扶贫主管部门、监管部门和扶贫工作决策人员。该平台主要是通过"互联网+"的理念，通过大数据技术对扶贫对象的信息进行管理、对扶贫项目的实施情况进行监控、对扶贫资金的使用情况进行监管、对驻村帮扶活动进行科学安排、对脱贫成效进行评估，并利用散点图、柱状图、热力图、折线图等形式将数据分析结果展示出来，进而为精准扶贫的决策人员提供强有力的信息支持。

二是构建基于信息化的驻村人员管理平台。该平台的主体为基层驻村人员，也被称为驻村干部，包括驻村第一书记、驻村工作队等。该平台的应用，能够大幅度提升驻村干部的工作效率。驻村干部不仅可以利用该平台对数据进行快速上报，通过信息化的管理方式进行扶贫工作，还可以充分利用该平台的服务系统帮助群众申请社会援助以及政府援助，例如，对突发致贫事件进行上报、帮留守人员发布需求、与帮扶志愿者进行有效对接等，并且该系统可以对干部的帮扶活动进行记录，进而为后续的绩效考核提供依据。

三是构建基于信息化的公共服务平台。该平台的重要作用就是为贫困户提供服务，充分调动社会力量以及政府部门对这些贫困户进行帮助，目的在于实现他们的快速脱贫。具体体现在以下几个方面：相关管理部门、扶贫单位等可以利用该平台发布一些政策、通知、扶贫数据与政绩、公告等，通过该平台和社会各界进行有效互动，在一定程度上增加了扶贫工作的透明度以及公开度；对于贫困群体而言，也可以利用该平台发布一些自救需求，向政府部门或者是社会各界寻求帮助。同时公众也可以通过该平台对国家的扶贫政策、扶贫动态等进行及时了解，有利于社会监督工作的顺利进行；驻村干部、贫困户以及贫困地区企业等，也可以充分利用该平台对农产品、土特产等进行销售，通过"电商扶贫"的形式增加农产品的销售渠道，进而增加农民的经济收益，加快脱贫进程；贫困户和驻村干部等也可以利用该平台学习一些技能，比如计算机技能、职业技能、农业种植技能以及养殖技术等，进而通过这些技能来提升农业产值，增加自己的收入；社会爱心团体以及爱心人士等也可以利用该平台参与扶贫活动，通过"一对一"或者是"一对多"的方式对贫困户进行支援救济。

四是构建基于信息化的 APP 应用平台。该平台属于基于信息化的公共服务平台以及驻村人员管理平台等的移动版，它的使用对象主要包括上级主管领导、贫困户、社会公众以及扶贫干部等，他们可以利用扫描二维码的形式或者是利用浏览器对该 APP 进行下载。对于上级主管领导以及扶贫干部而言，可以根据自己的工作内容及权限对一些扶贫政策进行实时上传及查看、对贫困户的照片以及基本信息等进行上传、对帮扶日志进行录入、对帮扶过程进行监督管理。同时，贫困群体也可以充分利用该平台发布一些自救需求，向政府、社会等寻求帮助。另外，社会团体、爱心人士也可以利用该平台对帮扶活动进行参与。

五是构建基于信息化的综合管理平台。该平台是系统的核心中枢，目的在于对各种信息进行交互处理。该平台的面向范围比较广，包括省扶贫部门、市扶贫部门、县扶贫部门、乡（镇）扶贫部门、贫困户以及扶贫干部等，是对上述四种平台中的所有工作业务进行综合管理，确保扶贫信息资源可以共享，提升精准化扶贫管理水平。

第二，加强扶贫信息资源共享。政务信息必须要在部门之间相互流动和共享，才能协调整个社会的信息活动和信息建设。否则，各部门的信息资源难以逾越"信息鸿沟",变成了孤岛,难以真正发挥作用。在搭建扶贫数据信息管理平台时,要注意对信息化建设的统筹规划,将扶贫信息资源与其他相关职能部门的信息资源共享,实现资源高效利用。例如,扶贫信息与其他相关扶贫部门相互共享,以便统筹安排扶贫资金等资源,避免重复扶贫;将贫困户信息与医疗卫生部门信息相互共享,使因病致贫的贫困户实现便捷就医,方便地享受到医疗资源;将在扶贫中数据造假并查实的贫困户情况与征信系统相关联,让造假者在贷款、入学等方面处处受限。

一是要明确扶贫数据信息管理平台的领导机构。应成立专门的领导机构,能统筹整合政府信息资源,打破部门之间的信息壁垒,推动部门间信息资源共享,增加各部门的协作配合。当前,我国大部分省级行政区和副省级城市都已经成立了大数据管理机构,作为信息化建设的领导机构,主要负责制定政府信息化建设的实施细则、制定数据的搜集整理应用标准、牵头政府外网信息数据整合等,这就避免了信息化建设中的多头管理、职能交叉,这种做法非常值得借鉴。

二是出台信息共享的实施细则。实施细则应以领导机构的名义出台,应具有权威性。实施细则主要对各部门间扶贫信息共享、实现互联互通作出具体规定,对各部门的信息公开、信息安全保障、信息化建设的投入等方面作出具体的要求,这样才能真正让信息共享有据可依。在全面实施共享之前,首先应开展政务信息资源的大普查,全面掌握信息资源目录,规范信息共享的标准,然后在局部地区进行扶贫信息与其他政务信息的互认共享,实现扶贫数据信息共享取得突破性进展。在总结试点经验的基础上,全面予以推广。

第三,将扶贫数据信息纳入社会信用体系。随着社会不断发展,人们越来越重视信用度在生活中的重要性。现阶段中国正处于经济社会转型过程中,社会一部分人诚信缺失,破坏了市场环境和社会秩序,损害了公共部门的公信力，增加了社会成本和风险，降低了经济和社会的运行效率。建立社会信用体系是发展社会主义市场经济的需要，是保持国民经济持续、稳定增长的需要，是防范金融风险和深化金融改革的需要。2006 年 3 月，中国人民银行设立征信中心，负责企业和个人征信系统（即金融信用信息基础数据库，又称企业和个人信用信息基础数据库）的建设、运行和维护。积极推进征信系统建设，在全社会初步形成"守信激励、失信惩戒"的激励约束机制，标志着我国社会信用体系建设正在稳步推进。因此，在扶贫数据信息管理平台建设过程中必须充分考虑将数据纳入征信系统，以此来推动解决扶贫中存在的造假问题。在扶贫中的任何环节，一旦查实工作人员或贫困户存在弄虚作假的现象，经相关部门审批同意后，要严格列入数据信息管理平台的失信名单中，并与征信系统以及其他相关部门的信用数据联网，形成"守信者长久受益，失信者处处受限"的社会格局。

第四，加强扶贫信息网络安全管理。在加强精准扶贫信息化建设时必须要高度重视建立健全大数据信息安全保障体系。

一是要从法律法规上对扶贫信息安全给予保障。建立健全扶贫信息资源安全条例、制度、规定、法规等，明确扶贫信息资源使用范围、安全保障和责任落实，从机制上确保信息安全。

二是通过技术手段确保信息不外泄。精准扶贫信息化建设，不是把所有的信息资源全盘公开，而是要利用数据信息进行分析，得出初步结果，从而帮助政府科学决策，主动让群众参与监督。因此，在建设数据信息管理平台时，要着重考虑信息安全与信息公开的关系。同时，在数据信息管理平台建设中，应考虑高标准技术手段确保信息安全，建立安全可靠的网关系统，确保信息不外泄，例如信息加密技术、防火墙技术、反病毒技术等。

三是信息安全的问题往往出在末端，也就是使用者身上。因此，必须加强对扶贫信息直接接触者的管理和监督，尤其是其他相关共享部门的管理。要厘清各部门之间的权责清单，将信息安全落实到人。

第五，加强精准扶贫信息化建设监督管理。为了充分发挥精准扶贫信息化平台的作用，必须要完善当前的精准扶贫信息化监督方式。考核可分为上级政府主管部门对下级政府的内部监督和群众对政府部门工作开展情况的监督。上级政府主管部门对下级政府的考核主要依据来源于扶贫数据信息管理平台。上级政府应当将扶贫数据信息管理平台的相关指标和内容纳入政府考核中。

一是将贫困户的效果反馈纳入扶贫考核，让反馈机制直接作用在对领导干部的考核上，让各级领导干部能够从人民群众的立场出发开展扶贫工作。

二是将上级主管部门督查、抽查发现的问题进行考核，上级主管部门有权限通过数据信息管理平台对其辖区内的贫困户相关数据进行读取，并且完全通过网络进行查看，避免了地方实地考察的人为干预，若发现疑问可现场进行核实。利用数据管理平台进行督查、抽查的方式，可以大幅度减小行政成本，提高工作效率，并且可以较为全面地进行督查。

三是对政府扶贫信息公开情况进行监督，对不定期公开信息的地区要予以通报。群众对政府部门工作开展情况的监督，主要依靠扶贫信息展示层面。一方面，群众可以通过官方信息公开网站，对当地的扶贫工作信息和数据进行读取，予以监督，并设置举报功能。另一方面，帮扶对象可通过手机 APP 连接到扶贫数据信息管理平台，对涉及自身和本户相关的扶贫情况进行实时监督和管理，并可以在线提出诉求，予以解决。通过这两个方面的渠道，能够建立群众与政府的反馈机制，促进政府不断改进工作方式，及时回应群众诉求。

第四节　加强信息化在精准扶贫中的具体运用

2016 年 4 月 19 日，习近平总书记在全国网络安全和信息化工作座谈会上指出："可以发挥互联网在助推脱贫攻坚中的作用，推进精准扶贫、精准脱贫，让更多贫困群众用上互联网，让农产品通过互联网走出乡村，让山沟里的孩子也能接受优质教育。""安得万里裘，盖裹周四垠；稳暖皆如我，天下无穷人。"以互联网为代表的信息技术就是贫困地区脱贫致富的"万里裘"，它在脱贫攻坚中大有可为。

第一，运用信息化助力教育扶贫。当前，教育扶贫已进入了攻坚期。《教育部等六部门关于印发〈教育脱贫攻坚"十三五"规划〉的通知》明确提出加大现代信息技术应用，通过加大贫困地区信息化基础设施建设投入力度，提高贫困地区教育信息化水平。《工业和信息化部印发〈关于推进网络扶贫的实施方案（2018—2020 年）〉的通知》提出大力推进"互联网 + 教育"，推动优质教育资源在贫困地区的共享应用。

以人工智能等信息技术为代表的第四次科技革命正在革新教育的各个领域，教育正在进入科技驱动的新时代，教师分工、教学方式、教学内容、教学组织、测试方式、评价方式、学习方式、辅导方式等方方面面正在发生深刻的变化，信息技术是推动当前教育发展创新的重要力量。实践证明，在教育扶贫工作中，我国许多地区通过有效地运用信息技术，取得了良好的效果。四川遂宁教育局通过网络开展远程教育和实施网络技能培训，有效提高贫困地区学生教育水平，提升了教师队伍能力，实现了教育扶贫从"输血"到"造血"的转变。中国教育出版网联合河南省扶贫开发办公室共同实施了河南省教育信息化精准扶贫工作，通过对鲁山县、社旗县两个国家级贫困县的教育信息化云平台试点建设，使近20 万学生接受了互联网教育。

在推动信息技术教育扶贫应用方面，全国各地也涌现出了许多有推广意义的做法：一是加强信息化硬件设施建设。2018年，四川遂宁市投资了近2亿元改善中小学教育信息化基础条件，边远地区和贫困农村中小学接入宽带达到4Mbps以上，全市已建成无线校园40所，录直播教室30间，并且投资280余万元建设了教育云平台首期项目。二是通过互联网向贫困地区输送教育资源。安徽省为了缓解贫困地区教育资源匮乏，在全省创建了1800多个主讲课堂和4900个接收课堂，全省8905个边远农村山区教学点实现了数字教育资源全覆盖，44.6万名学生就近接受了良好教育。三是推动信息技术在贫困地区教学中应用。青海省格尔木市开展了新媒体新技术在教学课堂中应用为主题的师资培训、教研、教育教学应用等活动，推动信息技术与学科教学的深度融合。四是对贫困地区教师进行信息技术教育应用培训。江西通过举办贫困县中小学教师信息技术与学科融合创新课例培训等专项培训，实现了贫困地区农村学校教师教育信息化全员培训。五是对学生进行信息技术教育。江西省实施了贫困大学生云计算能力培养计划，每年为1000名贫困在校大学生提供免费的云计算技能在线培训及认证。六是运用大数据进行精准教育扶贫。贵阳市长顺县实施了大数据驱动教育精准扶贫项目，通过大数据辨认出学生潜在的共性问题和个性问题，为贫困学生制订个性化的帮扶途径。七是运用人工智能进行教育扶贫。

虽然全国各地在推动信息技术在教育扶贫应用中取得了积极的进展，但也存在一些不足：一是许多地区对推动信息技术在教育扶贫中应用的重要性认识不足。突出表现在一些地区没有将信息技术纳入教育扶贫规划中，对贫困地区的教育信息化硬件设施投资不足，对推动信息技术在教育教学中应用的力度不够，对于教师的信息技术运用能力培训缺乏，对学生的信息技术教育开展很少。二是企业力量动员不充分。我国许多高科技企业研发了大量应用信息技术推动教育发展的产品，这些产品对于推动教育扶贫有着重要的价值。但是当前推动信息技术教育扶贫的主要角色是政府，对于企业的力量动员不充分，许多企业参与教育扶贫是自发行为，政府缺乏有效的动员和组织。三是对教育扶贫中应用的信息科技融合力度不够。当前信息科技在教育中的应用已进入了一个新的发展阶段，突出表现在信息技术的融合应用，特别是互联网、云计算、大数据、人工智能等关键技术的结合，但当前推动信息技术在教育扶贫中的应用还主要停留在单项技术的应用上，对相关信息技术的融合力度太小。

为此，还需要进一步发挥信息技术在打赢脱贫攻坚战中的作用。一是要加强贫困地区的信息化基础设施建设。各级政府要加大贫困地区特别是"三区三州"为重点的深度贫困地区的信息化基础设施的投资，实现贫困地区"宽带网络校校通"，带宽满足信息化教学需求，逐步推进贫困地区的无线校园和智能设备的普及，实现贫困地区的信息化基础设施够用能用，缩小与发达地区教育信息化的"数字鸿沟"。二是要大力组织企业参与信息技术教育扶贫工作。为了更好地动员高科技企业参与教育扶贫工作，政府部门需要全面落实扶贫捐赠税收优惠政策，出台企业参与信息技术扶贫的支持政策，让参与信息技术教育扶贫的企业既能够获得政府和社会的荣誉，也能够得到经济上的激励，使越来越多的高科技企业参与到教育扶贫工作中来。三是要加强教育扶贫中信息科技的融合。为了使信息技术在教育扶贫中发挥更大作用，需要推动互联网、云计算、大数据和人工智能等关键信息技术的融合，以电视、电脑、平板、手机等硬件为载体，以传统互联网和移动互联网为主渠道，运用录播、直播、人工智能、线上和线下、移动 APP、微信小程序、微信公众号等多种形式，推动信息技术在教育扶贫中发挥更大更实质的作用，助力我国教育扶贫攻坚战。

第二，运用信息化助力健康扶贫。实施健康扶贫工程，对于保障农村贫困人口享有基本医疗卫生服务，推进健康中国建设，实现 2020 年让农村贫困人口摆脱贫困目标具有重要意义。[①] 对于不发达地区的农村，由于医疗卫生资源不足，村医水平不高、队伍不稳定，农村药物可及性低等原因，很多农民面临医疗设备落后、看病成本高甚至误诊等问题。农民"小病拖、大病挨"，健康隐患问题突出，致使农村实现小康的基础不牢，有的农村家庭甚至因一人重病全家返贫。因此，如何促进农村医疗卫生事业发展，助力农村摆脱贫困，是摆在我们面前的一个重大课题。

一是要加强医疗档案建设，找准健康扶贫的聚集点。包括：精准识别，对贫困人口进行逐村逐户摸底排查，搞清楚到底有多少贫困人口患病，患的是什么病，医药费用负担有多重，需要如何进行救治等，通过建档立卡，精准到户到人；精准帮扶，对患病贫困人口，按照轻重缓急进行分类救治；对贫困地区的医疗卫生机构做好规划，有针对性地进行支持；精准管理，建立因病致贫返贫人口信息管理系统，将健康扶贫对象的基本资料、动态情况录入到系统里，实行全过程监测、动态管理，脱贫一个、验收一个、销号一个。

二是增强公益性，关注农村特殊群体。信息化医疗应该为农村计生家庭、农村特困人口、60 岁以上的老人、残疾人、严重慢性病人等服务。其中，农村残疾人是贫困人口的重要群体。残疾与贫困具有同源性，常常互为因果。残疾人的贫困既有经济因素导致的"贫"，更有因残障和社会对残疾的态度而造成的"困"。目前残疾人的老龄化以及老龄人口的残疾化在农村越来越明显。农村贫困残疾人已经被列入国家脱贫攻坚战的重点和难点群体，成为精准扶贫、精准脱贫的优先对象。一方面，农村贫困残疾人收入少支出大，家庭经济负担沉重，是典型的支出型贫困人群；另一方面，该群体的社会保障水平依然较低。因而，还有很大比例的农村贫困残疾人需要临时救济救助。在推进"海云工程"建设，实施健

---

① 参见王勇：《医疗保障惠民生　精准发力助扶贫》，《人口与计划生育》，2016 年第 5 期。

康扶贫的进程中，应始终关注农村贫困残疾人这一群体。

三是突出可持续性，深化农村医疗改革。保障信息化医疗的可持续性，需要进行一系列的农村医疗改革。健全多渠道补偿政策，其中关于信息化医疗设备维护费用方面的问题尚未解决；增强村医积极性，保证基本卫生服务专项补助落实到位，对优秀村医进行宣传和奖励；加强乡村医生队伍建设，拓展培训领域、创新培训模式，开展农村医学专业订单教育；加大管理力度，创新完善乡村医生年度定期考核制度，考核重点从单纯考核工作数量与经济效益，转向考核乡村医生提供基本医疗和基本公共卫生服务的数量、质量、群众满意度，以及乡村医生参加学习培训、恪守医德医风等情况，考核结果在所在村公示后，作为村医生执业注册、领取财政补助、接受工作奖惩的主要依据；[①]加强售后服务，在各县市设立售后服务点，确保仪器设备诊断准确率，并每季度对设备进行校正，以保证设备正常运行。

四是拓展项目内容，提高农民参与积极性。根据农民健康需求，不断拓展"海云工程"项目内容，对于部分慢性病患者的用药，可以通过村医，实现网络药物预约和派送，不断完善农村线上线下相结合的医疗服务体系。可以结合农村老龄化、空巢化的特点，研发农村医疗健康APP，方便在外打工的子女通过手机及时了解家中老人的健康情况。"海云工程"项目的成果、医疗健康知识以及农村医疗新政策，也可以通过医疗健康APP等新媒体，扩大宣传效果，增强村民参与积极性，提升乡村凝聚力。

第三，运用信息技术开展电商扶贫。面对严峻的脱贫攻坚形势和任务，需要采取更加有效的举措和超常规的办法。国务院扶贫办在"十三五"脱贫攻坚规划中，提出了包括电商扶贫工程在内的十项精准扶

---

① 参见田疆、张光鹏、任苒、李晓燕：《中国乡村医生队伍的现状与发展》，《中国卫生事业管理》，2012年第2期。

贫工程。保证这些精准扶贫工程如期完成，见到实效，关系到打赢脱贫攻坚战目标的实现。其中，电商扶贫正是精准扶贫、精准脱贫工作的重要突破口。电商扶贫针对的就是贫困地区本地市场的不足和限制，与其他扶贫方式相比，最关键的区别就在于贫困主体对接市场的不同，电商扶贫就是利用电子商务对接广域大市场的方式，来突破贫困地区本地市场的局限，为贫困地区经济发展和扶贫人口创业就业、增收脱贫提供强大的市场动力。[①]

我国已是世界第一电子商务大国，初步具备了发展农村电商的条件。《中国互联网发展报告 2019》显示，截至 2019 年 6 月，中国网民规模为 8.54 亿人，互联网普及率达 61.2%，网站数量 518 万个；在线教育用户规模达 2.32 亿人，半年增长率为 15.5%。电子商务已成为我国新的经济增长点。以互联网为代表的数字技术正在加速与经济社会各领域深度融合，成为促进我国消费升级、经济社会转型、构建国家竞争新优势的重要推动力。"电子商务 + 精准扶贫模式"将成为精准扶贫的一个重要方向。通常，贫困地区都有较好的生态环境，具有生产优质农产品的有力条件，加上近年来消费者对安全放心农产品的需求越来越旺盛，其中有巨大的提升空间和发展潜力。农村电商与本地优势资源和特色产业有效结合，充分发挥"互联网 +"的作用，为精准扶贫找到了可行的方法和手段，促进经济落后的贫困地区通过电商实现"弯道超车"，使扶贫工作实现由"授人以鱼"到"授人以渔"的转变。通过"互联网 + 扶贫"，对改变贫困地区农民的市场观念和生产生活习惯，更紧密地和市场对接，大力发展特色产业，从盲目生产转向以销定产，带动加工、储藏、物流以及服务业的发展，实现产业脱贫，具有十分重要的意义。

实际上，电商扶贫针对的就是贫困地区交通不便、远离市场、信息

---

① 参见张占斌、张青：《新时代怎样做到精准扶贫》，河北人民出版社 2018 年版，第89—90页。

不畅、物流成本高等本地市场的不足和限制，通过电商扶贫拉近了贫困地区与全国大市场的距离，打破了市场局限，为贫困地区产业发展、人才培养、创业就业等创造了巨大空间。农村电商减少了流通的中间环节，减低了流通成本，把贫困地区绿色的优质特色农副产品卖到城里去、卖个好价钱、卖出品牌，在提高农民利润空间的同时，也让城里人享用到放心的、健康的食品，实现双赢。

随着各地扶贫模式逐渐从救济式向开发式转变，电商因其创新性、便捷性，兼具发展经济和扶贫济困的双重功能，为贫困地区县域发展带来重大机遇。可以说，电商扶贫正在成为一种新的共识，将有越来越多的贫困地区投入电商扶贫的实践，寄望借助电商渠道实现"弯道超车"。但从了解的情况看，也还是有一些地方的电商扶贫推进得并不顺利，迟迟打不开局面，效果还不明显。发展电商如何与扶贫脱贫有机结合，仍然有很多问题需要厘清。

一是开展技能培训，加强宣传引导。全国网民中农民所占比例很小，农业网站在整个互联网网站中所占的比例也小于10%。同时由于受文化程度制约，相当多的农民没有条件和能力及时、直接地从网上获取、分析、辨别信息，更不会发布信息。当务之急是加大培训力度加强引导，有针对性地在农村开展对农村电商从业人员的专业培训以及非从业人员的系统培训，专业培训包括网上开店、网店装修、客服、运营推广、产品拍照美化及店铺管理维护工具等操作技能，要求能够掌握电子商务销售产品的一般流程，独立运用电子商务平台开展业务。

二是加大农产品上行力度，发掘本地特色。依托发达的互联网行业，将农业与其结合，农产品放到线上进行售卖。2018年，《商务部办公厅关于进一步完善电子商务进农村综合示范绩效评价工作机制的通知》要求把农村产品供应链体系建设作为重要内容，培育区域公共品牌和企业品牌，统一公共品牌的宣传和营销策划。农产品上行要认真细致培养市场，树立品牌，一个好的品牌是当地一个重要标志，同时做到严格把控农产品标准、质量，赢得忠诚的客户群体，从而提高知名度，拓宽销售之路。

三是打通电商物流"最后一公里"。电商物流不分家，制约农村电商发展最主要的一大因素便是物流，农村地理位置偏远，配送路径不畅且成本较高，服务网点偏少，农村电商物流的"最后一公里"成为问题的关键所在。因此，应抓住国家"互联网＋流通"的机遇，打造智慧化物流体系大力发展物联网，加强智能农产品供应链的构建管理，同时构建乡村末端物流路线共享系统、利用客运站、农村物流点、邮政所等"多站合一"物流网络及农村综合服务站，促进资源整合，以此大幅度提高物流效率，做好电商农产品的配送，整合物流资源，合力打造农村物流配送中枢，将第三方物流平台与县乡村的物流网络进行整合，形成共享物流平台，先将农产品统一集中到配送中枢，然后再统一配送到各节点。

第十三章
战略支撑：脱贫攻坚的政策体系

贫困是一个结构复杂、涉及面广、外部性明显的社会经济问题，治贫减贫成为国际性难题之一，这就意味着我们应在扶贫工作中发挥政策主导和引领作用，积极构建符合国情的脱贫攻坚推进机制，最大化减少贫困的程度和负外部效应，为打赢脱贫攻坚战提供政策支持和机制保障。

第一节　调整完善收入分配格局

收入分配是老百姓最为关注的问题。改革开放以来，我国经济取得持续快速增长，总体人均收入水平大幅度提高，但城乡、区域之间贫富差距扩大问题一直未得到有效解决。真正全面建成小康社会，必然要求缩小贫富差距，形成合理有序的收入分配格局。

第一，正确认识收入分配格局。 全面小康是全民共享的小康，落实共享发展理念，就是要坚持以人为本、以民为本，让发展成果更多更公平惠及全体人民，让人民群众在共建共享中有更多获得感。改革开放以来，我国经济快速发展，2010年7月成为全球第二大经济体，经济总量首次超过日本。但与此同时，也出现一个不容忽视的比较尴尬的事实：收入差距逐渐拉大。根据《世界银行发展报告2017》提供的127个国家近年来收入分配不平等状况的指标，基尼系数低于中国的国家有94个，高于中国的国家只有29个，其中27个是拉丁美洲和非洲国家，亚洲只有马来西亚和菲律宾高于中国。基尼系数是1943年美国经济学家阿尔伯特·赫希曼根据洛伦兹曲线所定义的判断收入分配公平程度的指标。基尼系数是比例数值在 0 和 1 之间，国际上用来综合考察居民内部收入分配差异状况的一个重要分析指标。通常来说，基尼系数越小收入分配越平均，基尼系数越大收入分配越不平均。国际上通常把 0.4 作为贫富差距的警戒线，大于这一数值容易出现社会动荡。根据国家统计局的数据，从 2003 年至今，中国的基尼系数从未低于 0.46，而最近几年更是逐年增大，由 2015 年的 0.462 升至 2018 年的 0.474。而在学界，关于基尼系数的讨论则更加夸张。2014 年 7 月，北京大学中国社会科学调查中心由谢宇教授领军的团队完成的《中国民生发展报告 2014》显示：1995 年我国家庭净财产的基尼系数为 0.45，2002 年为 0.55，2012 年达到 0.73。报告认为目前中国三成以上的社会财富被顶端 1% 的家庭所占有，而底端 25% 的家庭仅拥有一成社会财富。而这顶端的 1%，仍然在试图收割 99% 的"韭菜"。国家统计局发布的数据显示，2019 年全年全国居民人均可支配收入为 30733 元，中位数是 26523 元。平均数容易"被平均"，中位数更能反映数据的一般水平。一个月只有 2000 元左右，就是中国人均月收入的现状。

推动形成合理的收入分配格局，既关系效率也关系公平。应努力规范收入分配秩序，完善收入分配调控体制机制和政策体系，保护合法收入，调节过高收入，清理规范隐性收入，取缔非法收入，增加低收入者收入，扩大中等收入者比重，缩小城乡、区域、行业收入分配差距，逐步形成橄榄型分配格局。

第二，缩小居民收入差距。随着我国经济发展进入新常态，国内长期积累的矛盾和风险进一步显现，经济增速换挡、结构调整阵痛、新旧动能转换相互交织，经济下行压力加大。收入分配制度改革作为一项复杂的系统工程，对于缩小财富差距和维护社会稳定具有重要意义，对于实现全面建成小康社会目标至关重要。2019 年，全国居民人均可支配收入实际增长 5.8%，基本与经济增速持平。今后，还要把缩小收入分配差距作为重要任务，着力解决人民群众反映强烈的突出问题。

缩小居民收入差距要以构建更加公平的收入分配制度为基础。要着力调整国民收入分配格局，规范初次分配，加大再分配调节力度，提高居民收入和劳动报酬在初次分配中的比重，着重保护劳动所得，努力实现劳动报酬增长和劳动生产率提高同步，充分体现"按劳分配"的主体地位。在初次分配领域更加重视处理好政府和市场的关系，使市场在资源配置中起决定性作用和更好发挥政府作用，在深入推进要素市场化改革进程中，政府还应在保障公平竞争、加强市场监管、维护市场秩序、弥补市场失灵等方面负起责任。以非公有制企业、中小企业为重点，积极稳妥推行工资集体协商和行业性、区域性工资集体协商，因地制宜提高最低工资标准。改革机关事业单位工资和津贴补贴制度，完善艰苦边远地区津贴增长机制。

缩小居民收入差距要以缩小城乡居民收入差距问题为重点。福祉共享不仅彰显了社会的公平正义，而且体现了社会的认同感和归属感。当前缩小居民收入分配差距的重点在于缩小城乡居民收入分配差距。我国是一个发展中的大国，在经济前行的道路上，破除城乡二元体制，统筹城乡发展，没有现成的经验可循，没有既定模式可以照搬。近年来，我国在缩小城乡居民收入差距上，取得一定成效。2018 年，我国农村居民人均可支配收入 16021 元，扣除价格因素实际增长 6.2%，略高于国民经济增速。这一趋势表明，我国农村居民收入得到增加，向着好的方向发展。

缩小居民收入差距要以税收调节等为手段。税收是调节收入的有力杠杆，缩小收入差距应有效发挥税收调节作用。在再分配调节上加大税收调节力度，如调整消费税征收范围、环节、税率，把部分高档消费品纳入征收范围，建立综合与分类相结合的个人所得税制等。合理运用税收政策工具，减轻中低收入者税负，加大对高收入者税收调节力度，不断健全公共财政体系，提高公共服务支出在财政支出中的比重。

第三，提升扶贫和脱贫效率。 贫困地区和贫困人口脱贫是全面建成小康社会最艰巨的任务，必须充分发挥政治优势和制度优势。党的十八大以来，围绕 2020 年全面建成小康社会总目标，党和政府把扶贫工作摆到更加突出位置，大力度、宽领域、多层次向前推进，全力补齐贫困地区发展短板。在财政方面，财政投入不断增加，基础设施条件明显改观。财政部发布的数据显示，2019 年安排中央专项扶贫资金 1261 亿元，连续4 年每年净增 200 亿元。交通、水利、农业、国土等行业部门也进一步加大对贫困地区的支持力度。以交通为例，"十三五"以来，累计投入约7100 亿元车购税资金支持贫困地区交通项目建设，占全国车购税总规模的 70%，为打赢脱贫攻坚战提供了有力资金保障。产业扶贫方面，经济林果、草食畜牧业、生猪、马铃薯等贫困地区传统主导产业继续呈现良好发展势头，带动贫困群众脱贫增收。电商扶贫、光伏扶贫、旅游扶贫等新兴扶贫模式落地生根，成为贫困群众产业发展的新增长点。

从 2013 年到 2014 年，扶贫系统把建档立卡工作列为"一号工程"，用了一整年的时间，全面摸清了全国贫困人口"家底"。要想变"大水漫灌"为"精准滴灌"，"扶持对象精准"只是第一步。各地各部门根据"六个精准"的要求，深入推进精准扶贫战略。一是项目安排精准。各地扶贫项目审批权限下放到县，以便于基层因地制宜确定项目，发挥项目带动作用。二是资金使用精准。中央有关部门出台了改革财政专项扶贫资金分配、使用、管理意见，简化资金拨付流程，并把资金安排与减贫成效挂钩，加大按扶贫成效分配资金的比重。三是措施到户精准。要求扶贫干部为每个贫困户谋划好脱贫路子，有针对性地采取帮扶措施，确保项目资金真正用到贫困户身上，防止"扶农不扶贫、富县不富民"。四是因村派人精准。各地选派作风过硬、熟悉基层的优秀干部到贫困村担任第一书记，组织落实扶贫项目，帮助选准发展路子，并把任职考核结果作为评选先进、提拔使用的重要依据。五是脱贫成效精准。有关部门深入研究制定贫困县、贫困村、贫困人口退出标准、程序和后续政策，对扶贫对象实行动态管理，确保 2020 年现行标准下贫困县和贫困人口全部退出。精准扶贫既保证了扶贫的质量，也提升了扶贫的效率。

第二节　完善财政扶贫治理体系

　　财政投入是重要的扶贫政策手段，在贫困问题的解决过程中发挥着至关重要的作用，也取得了显著成效。但是财政投入的体制机制性障碍依然存在，对象失真、程序失范、资源浪费、负向激励、"撇脂"行为、效率效益不高等问题突出。随着经济增长"涓滴"效应趋减，对于外生扶贫资源的依赖程度增强，对财政扶贫资金分配使用的绩效要求进一步提高。针对扶贫新形势和新要求，我们应重新审视财政扶贫治理逻辑，构建精准多元、合理有效的财政扶贫治理体制机制，充分发挥财政对脱贫攻坚工作的撬动作用。

　　第一，进一步优化财政转移支付制度设计。中央财政应继续加大对贫困地区的转移支付力度，中央财政专项扶贫资金规模实现较大幅度增长，一般性转移支付资金、各类涉及民生的专项转移支付资金和中央预算内投资进一步向贫困地区和贫困人口倾斜。对一般性转移支付，要充分考虑贫困因素，财政资金分配继续向贫困地区倾斜，保障贫困地区的基本公共产品供给水平；对专项转移支付来说，既要考虑贫困因素，也要考虑脱贫努力程度，可从增量资金中安排一定比例，用于引导和鼓励贫困地区主动脱贫，建立"正向激励、科学竞争"的模式。

　　第二，进一步加大财政对贫困地区和贫困人口支持力度。加大中央集中彩票公益金对扶贫的支持力度，多渠道筹措资金用于贫困地区的扶贫工作。农业综合开发、农村综合改革转移支付等涉农资金要明确一定比例用于贫困村。政府部门安排的各项惠民政策、项目和工程，应最大限度地向贫困地区、贫困村、贫困人口倾斜。各省（自治区、直辖市）应根据本地脱贫攻坚需要，积极调整省级财政支出结构，切实加大扶贫资金投入。通过扩大中央和地方财政支出规模，增加对贫困地区水电路气网等基础设施建设和提高基本公共服务水平的投入。

第三，进一步加大对涉农财政资金的整合力度。以保障和改善民生为根本目的，着力解决财政政策碎片化、扶贫资金部门化的问题，加大对财政资源的多层次立体式整合，充分发挥财政资金的整体优势。加强扶贫财政资金的监管、评估、考核和问责，充分发挥市场机制和社会组织作用，提升资源配置效率。建立健全脱贫攻坚多规划衔接、多部门协调长效机制，整合目标相近、方向类同的涉农资金。按照权责一致原则，支持连片特困地区县和国家扶贫开发工作重点县围绕本县突出问题，以扶贫规划为引领，以重点扶贫项目为平台，把专项扶贫资金、相关涉农资金和社会帮扶资金捆绑集中使用。严格落实国家在贫困地区安排的公益性建设项目取消县级和西部连片特困地区地市级配套资金的政策，并加大中央和省级财政投资补助比重。同时，在扶贫开发中积极推广政府与社会资本合作、政府购买服务等模式。

第四，进一步加大对财政扶贫资金的使用监管。加强财政监督检查和审计、稽查等工作，建立扶贫资金违规使用责任追究制度。纪检监察机关对扶贫领域虚报冒领、截留私分、贪污挪用、挥霍浪费等违法违规问题，坚决从严惩处。推进扶贫开发领域反腐倡廉建设，集中整治和加强预防扶贫领域职务犯罪工作。贫困地区要建立扶贫公告公示制度，强化社会监督，保障资金在阳光下运行。

第三节　完善金融扶贫机制

当前，脱贫攻坚进入深水期，减贫难度越来越大，仅靠有限的财政资金难以满足脱贫攻坚的实际需要，只有将财政资金和金融资金有机结合起来，充分发挥金融在脱贫攻坚中的作用，形成集中攻坚的强大合力，才能顺利完成精准扶贫、精准脱贫任务。

金融支持精准扶贫，实质就是以扶贫富民为出发点，以扶贫资金扶持为主导，以信贷资金市场化运作为基础，以建立有效风险防控机制为支撑，以扶贫机制创新为保障，解决农民担保难、贷款难问题，放大资金效益，做大做强扶贫特色优势产业，加快贫困地区、贫困农民增收致富步伐，为扶贫攻坚打下坚实基础。

第一，坚持问题导向，大力发展普惠金融，增加贫困地区金融服务的可获得性。普惠金融的目的就是要提升金融服务的覆盖率、可得性、满意度，满足人民群众日益增长的金融需求，特别要让农民、小微企业、城镇低收入人群、贫困人群和残疾人、老年人等获取价格合理、便捷安全的金融服务。具体来说应建立大中小型金融机构并存的普惠金融机构体系，加快农村金融改革创新步伐，降低银行准入门槛，鼓励民间资本发起成立民营银行，规范发展民间融资，促进市场竞争，增加金融供给。优先安排在贫困地区设立村镇银行、小额贷款公司等小微型金融机构。创新基于贫困地区各类产权的金融产品，扩大抵押物品种和范围。积极为不同的贫困群体量身设计金融产品和服务，让金融扶贫产品可以真正惠及和对接贫困地区的经济发展和贫困人口的金融需求。鼓励和支持贫困地区符合条件的企业借助各类债务性融资工具拓宽直接融资渠道。创新金融服务提供方式，推广非现金支付工具，积极发展网络支付、手机支付等新型支付方式，深化银行卡助农取款和农民工银行卡特色服务，改善贫困地区支付服务环境。

第二，鼓励和引导商业性、政策性、开发性、合作性等各类金融机构加大对扶贫开发的金融支持。运用多种货币政策工具，向金融机构提供长期、低成本的资金，用于支持扶贫开发。如采用"定向降准"、再贴现、差别存款准备金率、支农支小再贷款、差异化监管政策等多种货币政策工具引导和鼓励金融资源向贫困地区倾斜和聚集，增强贫困地区金融机构资金动员能力，降低社会融资成本。政府应允许贫困县区金融机构在保证贷款优先投向扶贫的前提下可突破年度贷款规划，引导扩大贫困地区信贷投放。针对贫困地区农户和小微企业融资需求，组织实施金融扶贫攻坚行动，开展金融扶贫示范县、支农再贷款示范区等活动，探索建立金融扶贫主办行制度，促进金融机构与贫困地区特色产业、扶贫项目和新型农业经营主体金融服务需求的精准对接。[1] 设立扶贫再贷款，实行比支农再贷款更优惠的利率，重点支持贫困地区发展特色产业和贫困人口就业创业。

第三，采用多种制度手段拓展扶贫资金渠道。中国农业银行、邮政储蓄银行、农村信用社等金融机构要延伸服务网络，创新金融产品，增加贫困地区信贷投放。对有稳定还款来源的扶贫项目，允许采用过桥贷款方式，撬动信贷资金投入。按照省（自治区、直辖市）负总责的要求，建立和完善省级扶贫开发投融资主体。支持农村信用社、村镇银行等金融机构为贫困户提供免抵押、免担保扶贫小额信贷，由财政按基础利率贴息。加大创业担保贷款、助学贷款、妇女小额贷款、康复扶贫贷款实施力度。优先支持在贫困地区设立村镇银行、小额贷款公司等机构。支持贫困地区培育发展农民资金互助组织，开展农民合作社信用合作试点。

第四，建立健全风险分散补偿机制，推动金融扶贫可持续发展。金

---

[1] 参见姜再勇：《对新时期金融支持精准扶贫工作的几点认识》，《甘肃金融》，2016 年第 1 期。

融扶贫必须坚持可持续性原则，在加大扶贫资金投入的同时，需要做好风险防控。支持贫困地区设立扶贫贷款风险补偿基金，支持贫困地区设立政府出资的融资担保机构，重点开展扶贫担保业务。积极发展扶贫小额贷款保证保险，对贫困户保证保险保费予以补助。支持商业性担保机构积极拓展符合贫困地区特点的担保业务，建立各类产权流转交易和抵押登记服务平台，有效防控和化解金融机构经营风险，促进在贫困地区形成"贷得出、用得好、还得上"的良性循环机制。扩大农业保险覆盖面，通过中央财政以奖代补等支持贫困地区特色农产品保险发展。支持贫困地区开展特色农产品价格保险，有条件的地方可给予一定保费补贴。有效拓展贫困地区抵押物担保范围。

　　第五，整合扶贫资源和力量，构筑脱贫攻坚强大合力。建立健全金融系统与扶贫开发相关部门的合作机制，确定金融扶贫支持的重点区域、重点产业、重点项目和扶持对象，加强各方在信息共享、政策制定、创新发展等方面的协调联动，为金融机构扶贫项目和对象的选择以及风险管理提供便利条件。构建多元化、全方位、可持续的扶贫政策保障和资金供给体系，加强各部门扶贫政策的协调配合，有效整合各类扶贫资金，特别要发挥财政政策对金融业务的支持和引导作用，落实农户贷款税收优惠、涉农贷款增量奖励、农村金融机构定向费用补贴等政策，降低贫困地区金融机构经营成本。搭建开放式扶贫平台，创新社会扶贫机制，制定优惠政策，激发市场主体和社会资本参与扶贫开发的积极性，形成专项扶贫、行业扶贫、社会扶贫互为补充的大扶贫格局。

第四节　创新扶贫开发用地政策

土地作为重要的生产要素，在一个地区的经济发展中有着至关重要的作用。土地资源的合理规划和使用、明晰土地产权，可以极大地发挥土地的潜在生产力，提升民众收益率，带动地区经济社会发展。现实中尤其是贫困地区土地管理存在诸多问题，如土地流转的不合理，土地征用补偿款的截留、挪用、私吞，宅基地补偿过低，城镇住房房价过高问题等，这些都会侵蚀农民的合法土地权利，损害农民的合法利益，引发系列经济社会问题。

根据《中国农村扶贫开发纲要（2011—2020 年）》规划，中央根据地形地貌结构、民族区域分布与地方经济状况等划定了六盘山区等 14 个集中连片特殊困难地区作为扶贫攻坚主战场。这些区域广泛分布于西部地区、民族边陲地区、中部山区。受自然基础条件影响，这些区域经济发展落后、基础设施建设投入不足、教育医疗条件较差、人口文化素质较低、思想观念落后、产业结构单一、生态条件脆弱，多方面因素导致区域社会总体发展水平较低。就资源禀赋及土地资源综合管理利用水平而言，区域内又呈现出贫困区的特殊矛盾，如土地资源集中，但资金、技术投入不足，开发利用水平低，产业化程度低，相关行业不配套，统筹发展程度不足；土地绝对数量大但集约利用程度低，土地闲置、浪费现象严重，城市化发展缓慢；耕地面积分布广泛但中低产田占比高，农田基础设施不完备等。[①] 总体而言，贫困区资源优势向经济优势转化不足，土地扶贫仍任重道远。

当前中国土地扶贫大体可概括为如下几种模式：政策倾斜，资源分

---

① 参见阮松涛、吴克宁、郑子敬：《中国土地扶贫的制度分析与政策探讨》，《国土资源科技管理》，2013 年第 5 期。

配，机制构建，技术支撑，观念引导。新时期的土地扶贫政策着力点在于支持贫困地区根据第二次全国土地调查及最新年度变更调查成果，调整完善土地利用总体规划。

第一，推进国土资源管理制度改革。 在有条件的贫困地区，优先安排国土资源管理制度改革试点，支持开展历史遗留工矿废弃地复垦利用、城镇低效用地再开发和低丘缓坡荒滩等未利用地开发利用试点。鼓励开展土地流转试点，农业用地在土地承包期限内，可以通过转包、转让、入股、合作、租赁、互换等方式出让承包和使用权，鼓励农民将承包的土地向专业大户、合作农场和农业园区流转，发展农业规模经营。促进农用地、农村建设用地适度集中，带动贫困区农业现代化和农产品加工企业产业化，发展特色产业，形成规模聚集，帮助农业增效、农民增收、农村发展。

第二，加大城乡建设用地增减挂钩支持力度。 鼓励贫困地区充分利用城镇建设用地增加与农村建设用地减少相挂钩和新农村建设、农村危房改造和地质灾害搬迁工作相结合的城乡统筹相关政策，搞好区域经济及产业发展基础设施建设，促进城乡用地结构的整体化；逐步加大政策支持力度，条件成熟可以考虑进一步扩大试点范围，扩大向贫困地区指标投入。中央和省级在安排土地整治工程和项目、分配下达高标准基本农田建设计划和补助资金时，要向贫困地区倾斜。在连片特困地区和国家扶贫开发工作重点县开展易地扶贫搬迁，允许将城乡建设用地增减挂钩指标在省域范围内使用。

第三，集中保障安居工程用地。 新时期土地扶贫应进一步加强贫困地区土地供给管控力度，认真落实好执行好相关政策要求，上级国土部门应加大对下级国土部门的业务督导与监察，通过科学编制规划方案，合理测算用地需求，实地调度检查，及时公开用地信息，优先确保保障性住房用地、棚户区改造用地、中小套型商品房建设用地供应，着力保障安居工程用地需要，以提高贫困区人民住房水平，满足贫困区人民住房需要。

第四，持续开展土地整治工程。新时期土地扶贫，应进一步加大对贫困地区土地整治项目安排与资金支持力度，重点支持贫困地区对低效利用、不合理利用和未利用的土地进行综合整治，对生产建设破坏和自然灾害损毁的土地恢复利用，提高土地利用效率，统筹推进区域内田、水、路、林、村格局优化，改善贫困区人民群众生产生活条件，大力推进耕地保护和节约集约利用，加大城镇工矿建设用地、农村建设用地整治，盘活存量建设用地供应，加快推进新农村建设和统筹城乡发展。针对土地整治重点区域重点项目，国家层面可考虑中央分成的新增建设用地有偿使用费向贫困地区倾斜，专项支持重大土地开发整理、村庄综合整治及相关调查规划等基础性工作，集中连片特困区与国家重点贫困区应用好有关政策，因地制宜，结合贫困地区实际做好地区土地整治规划，做好重大项目申报与落实，明确重点统筹落实，促进贫困地区城乡经济社会发展。

第五，扎实推进高标准基本农田建设。新时期土地扶贫，应加大贫困区高标准基本农田建设支持力度，以大规模建设旱涝保收高标准基本农田改变贫困地区农业生产条件，加强基础设施建设，按照"田成方、树成行、路相通、渠相连、旱能灌、涝能排"的标准，在贫困区内科学划定基本农田集中区，有效引导耕地集中连片，优化耕地多功能布局。中央层面可考虑加大扶贫攻坚地区基本农田建设投入，在政策、项目安排、技术指导、完成指标等方面适当倾斜，通过适度开发后备土地，强化补充耕地的数量与质量，加强粮食生产区建设，引导农业产业结构调整，提高贫困区农业产出，实现基本农田质量提高一个等级，帮助贫困区脱贫致富。

第五节　发挥科技人才扶贫引领作用

科技与人才在脱贫攻坚战中发挥着重要作用。但科技和人才在贫困地区作用的发挥经常受到各方面条件的限制和阻碍，如科技扶贫的可持续机制仍未建立；科技推广体系和能力依然非常薄弱；政府主导的科技扶贫项目往往由于市场化程度低、规避市场风险能力差、项目运行保障机制不健全等原因导致项目失败；科技扶贫的市场调节手段不足；人才吸引和流动机制的低效；贫困地区人才功能发挥的软硬件条件有限；人才的培养和发展机制不健全等等问题。未来精准扶贫攻坚战中，应着力提供各方面有利条件，破除不利条件和阻碍，大力发挥科技、人才的重要推动作用，切实从根本上解决贫困地区的经济社会发展问题和贫困人口脱贫致富问题。

第一，以创业式科技扶贫推动城乡生产要素融合。要深入推进三次产业相融合的创业式扶贫，以创业带动就业，采取多种手段加速外部资源向贫困地区的集聚。鼓励支持适合片区功能定位的国有、民营企业在片区内投资办厂或开展其他经营活动，对进入片区内的企业，符合国家财税优惠政策的，依法减免相关税费。大力支持片区内农民专业合作组织的发展，通过合作组织的发育来降低企业进入片区经营的组织成本，通过"公司＋基地＋合作社＋农户"的形式，促进"一乡一业"的发展；针对贫困地区的特色产业，与正在推进的"大学农业技术推广模式"相结合，安排涉农大专院校为片区的农业特色产业发展提供技术支撑；鼓励相关科研院所以对口帮扶等形式，围绕片区特色农产品深加工和延伸产业链等开展合作，提高主导产业产品的科技含量。同时，加大对返乡农民工和农村新成长劳动力的技能培训，为其进入企业或创业提供技能保障，从而最大限度地实现贫困群众就地、就近转移就业。

第二，**不断完善和创新科技扶贫项目实施方式和考核机制**。在扶贫项目的设计上，要将能否辐射带动周边贫困地区的发展作为未来科技扶贫项目选择的首要条件。将该项目计划带动贫困人口的数量和分布情况作为能否获得政府科技扶贫项目支持的先决条件，把产业对周边地区经济增长的带动能力作为产业选择的重要条件。在科技扶贫工作中建立起有效的考核体系，按照实用与科学原则建立一套综合评价体系，将科技扶贫规划与业绩指标考核结合起来，调动各参与主体的积极性。[①]

第三，**加大科技扶贫力度，解决贫困地区特色产业发展和生态建设中的关键技术问题**。加大技术创新引导专项（基金）对科技扶贫的支持，加快先进适用技术成果在贫困地区的转化。深入推行科技特派员制度，支持科技特派员开展创业式扶贫服务。强化贫困地区基层农技推广体系建设，加强新型职业农民培训。

第四，**明确人才需求定位，构建人才用武之地**。贫困地区由于经济发展层次较低、实力有限，在人才需求方面不能单纯求"高、精、尖"，应根据本地区经济社会和产业发展的实际对人才的引进、培养和发展作出准确定位。调查发现，贫困地区迫切需要以下几类人才：基层干部人才、资源深度开发的人才、实用技术人才、产品营销人才和企业管理人才等。这些人才更加注重农业产业化经济的发展，更加切合农村社会发展的现实需要，有着潜在的巨大社会价值。为引进大批人才，防止人才流失，要注重加快贫困地区经济转型，调整产业结构，努力提高经济结构的技术构成，构建高层次人才的用武平台。同时注重有意识地引进一些技术档次较高、辐射力和竞争力较强的龙头企业；鼓励企业实施技术改造，推动产品的深加工和升级换代。

第五，**鼓励各类人才扎根贫困地区基层建功立业**。应制定各种支持

---

① 参见刘冬梅：《我国科技扶贫的机制创新问题探析》，《中国国情国力》，2015 年第 9 期。

性政策，鼓励人才向贫困地区流动，创建绿色通道，面向社会大力引进各方面人才。如建立省市扶贫单位人才扶贫蹲点制，建立高效毕业生派驻帮扶制，建立挂主要领导职务帮扶制度，建立项目挂钩帮扶责任制等等。大力实施边远贫困地区、边疆民族地区和革命老区人才支持计划，贫困地区本土人才培养计划。还要进一步优化软硬环境，激发人才工作热情。在激烈的人才竞争中，贫困地区应从优化人才工作创业软硬环境入手，建立科学的用才机制，激发人才扎根贫困地区的工作热情。应在人才的工资奖金、成长进步、家庭生活、工作环境等方面提供切实的保障，以解除其后顾之忧，最大化发挥才智。

第六，着眼长远，拓宽人才培养渠道。注重开发本地人力资源，培养地方人才，既利于当地人民的脱贫致富，又利于地区的长期稳步发展。应大力探索和利用多种渠道开展人才的培养，如积极推进贫困村创业致富带头人培训工程；选派年纪较轻、文化层次较高、基本素质较好的乡村干部和能人精英到发达地区进行跟班学习或者挂职实践；与省市有关科研院校建立比较稳定的代培训关系，定期选派人员进校学习专业技术；组织整合教育资源进行职业培训，为社会培养各种专业技术人才，促进农村剩余劳动力转移；采取定点帮扶的方式，使政府、科研院校、企业、社会组织等多元主体与专业村户和相关企业建立直线技术指导、咨询、交流、帮带关系，以切实发挥社会各方面优势，推动贫困地区加快发展。

第六节 加强脱贫攻坚研究宣传和交流合作

精准扶贫是举国之战，脱贫攻坚是决胜全面建成小康社会路上最重要的攻坚战之一，是各个战线的共同责任。做好新时期精准扶贫工作，必须全面加强扶贫研究宣传工作，加大扶贫工作交流，为打赢脱贫攻坚战营造良好的社会氛围。

第一，创新中国特色扶贫开发理论。我国扶贫开发的实践客观上验证了中国特色社会主义理论体系，同时，扶贫实践取得的成果还是对中国特色社会主义理论体系的丰富和完善。应深刻领会习近平总书记扶贫论述，系统总结我们党和政府领导亿万人民摆脱贫困的历史经验，提炼升华精准扶贫的实践成果，不断丰富完善中国特色扶贫开发理论，为脱贫攻坚注入强大思想动力。

新的扶贫攻坚阶段有着新的客观背景，扶贫工作的主体、条件、环境、标准、对象、内容、范围、规模、方式等都发生着重大变化。因此，在立足特定地区实际的基础上研究新问题，把握民众新的要求和期待，破解新矛盾，并不断全面总结和归纳提炼新经验，产生扶贫开发的新理论和新思路，使理论具备更强的生命力，能够更好地指导实践，并逐步在扶贫开发建设中沉淀积累为一种新的扶贫文化，最终利于社会的同舟共济、共同富裕。

理论的创新需要深入理解和契合习近平总书记扶贫论述。一是消除贫困是社会主义本质要求。消除贫困，改善民生，逐步实现全体人民共同富裕，是社会主义的本质要求。二是扶贫工作要从战略上重视和规划。解决欠发达地区的问题，是战略性问题，也是政治性问题，必须切实抓好脱贫致富这个战略性任务。三是扶贫工作成效是全面建成小康社会的重要组成部分。"全面建成小康社会，最艰巨最繁重的任务在农村、特别是在贫困地区。没有农村的小康，特别是没有贫困地区的小康，就没有全面建成小康社会。"[1]四是扶贫责任主体与责任思想。各级党委和政府要增强做好扶贫开发工作的责任感和使命感，各级党委都很重视扶贫，还要更重视。五是以人为本的扶贫思想。"把贫困地区孩子培养出来，这才

---

[1]《在河北省阜平县考察扶贫开发工作时的讲话》（2012 年 12 月 29 日、30 日），《做焦裕禄式的县委书记》，中央文献出版社 2015 年版，第 16 页。

是根本的扶贫之策。"①有的人认为这是教育扶贫。其实，这不仅是教育扶贫，也是知识、思想、文化、精神等方面的扶贫，更是着眼于人生的战略扶贫。六是产业扶贫思想。"贫困地区发展要靠内生动力"②，"一个地方必须有产业，有劳动力，内外结合才能发展"③。七是要重视精准扶贫成效，不能"手榴弹炸跳蚤"，要看真贫、扶真贫、真扶贫，少搞一些盆景，多搞一些惠及广大贫困人口的实事。八是系统扶贫思想。扶贫要实事求是，因地制宜。要分类指导，把工作做细，精准扶贫。习近平总书记在湘西考察时说三件事要做实：一是发展生产要实事求是，二是要有基本公共保障，三是下一代要接受教育。这体现了习近平总书记系统性与战略性扶贫思想。九是培育共同扶贫的社会价值观思想。这对于弘扬中华民族扶贫济困的传统美德，培育和践行社会主义核心价值观，动员社会各方面力量共同向贫困宣战，继续打好扶贫攻坚战，具有重要意义。

第二，扎实做好脱贫攻坚宣传工作。当前，扶贫开发工作已进入啃硬骨头、攻坚拔寨的冲刺期，更需要凝聚共识与聚合力量。加强扶贫舆论宣传引导，有利于统一思想、凝聚各方智慧和力量；有利于客观反映贫困地区现状，让社会各界正确认识扶贫任务的艰巨性和复杂性；有利于充分展示扶贫开发事业的成效和经验，增强帮扶对象加快脱贫致富的自觉。

一是把扶贫纳入基本国情教育范畴。大力弘扬社会主义核心价值观，创新社会扶贫宣传形式，拓宽宣传渠道，开展扶贫系列宣传活动。坚持正确舆论导向，全面宣传我国扶贫事业取得的重大成就，准确解读党和政府扶贫开发的决策部署、政策举措，生动报道各地区各部门精准扶贫、

①《在河北省阜平县考察扶贫开发工作时的讲话》（2012年12月29日、30日），《做焦裕禄式的县委书记》，中央文献出版社2015年版，第24页。
②宋亚平：《新形势下打赢脱贫攻坚战的战略指引——深入学习贯彻习近平同志关于扶贫开发的重要论述》，《人民日报》，2016年11月28日。
③《在河北省阜平县考察扶贫开发工作时的讲话》（2012年12月29日、30日），《做焦裕禄式的县委书记》，中央文献出版社2015年版，第17—18页。

精准脱贫丰富实践和先进典型。建立国家扶贫荣誉制度，表彰对扶贫开发做出杰出贡献的组织和个人。推出扶贫公益广告，倡导社会扶贫参与理念，营造扶贫济困的浓厚社会氛围。加强对外宣传，讲好减贫的中国故事，传播好减贫的中国声音，阐述好减贫的中国理念。

二是重点宣传解读习近平扶贫论述。特别要宣传解读好习近平总书记"扶贫是社会主义本质要求""两个重中之重""科学扶贫""精准扶贫""内源扶贫""创新扶贫体制机制"等一系列重要论述，为做好扶贫开发工作提供根本遵循和行动指南。大力宣传贯彻党中央、国务院以及各级地方政府关于扶贫开发的各项政策措施，让扶贫开发方针政策家喻户晓。大力宣传推广各地扶贫开发先进典型和成功经验，鼓舞人心、激励斗志、推介经验、促进工作。

三是加强宣传机制的创新。要不断总结扶贫宣传工作的成功经验，创新宣传工作方式方法，努力提高新时期扶贫开发宣传效果。要建立联动机制，加强新闻媒体与扶贫部门和各级各部门之间的联动，集中各方力量合力开展扶贫宣传舆论引导工作，进一步扩大扶贫开发宣传声势和影响。

四是加大脱贫成功案例宣传。"他山之石，可以攻玉"，群众是真正的英雄。广大人民群众在扶贫攻坚实践中创造出了许多可复制可借鉴可应用的成功经验，加大脱贫成功案例宣传，有利于贫困群众借鉴参考、学习推广。要加大扶贫成功项目的宣传，把那些经过长期实践切实可行的项目宣传出去推广开去，有利于群众放心投入、大胆尝试，真正把脱贫愿望转化成实实在在的脱贫行动。①

五是加大扶贫和致富先进人物的宣传。在各地的扶贫攻坚过程中，涌现出许多干部帮助、群众互助、个人自助扶贫攻坚的先进人物，深入

---

① 参见梁正志：《强化宣传引导　助推扶贫攻坚》，《当代贵州》，2015 年第 30 期。

挖掘和宣传好这些先进人物的先进事迹，有利于树立榜样、鼓舞士气，吸引更多力量参与扶贫攻坚。群众身边的致富典型，环境相近，地缘相同，条件相似，最具有说服力、吸引力和影响力，也最具有示范性、带动性、引导性。要加大致富先进典型的宣传，立标杆、树榜样，先富带后富，后富学先富，往往能起到树立一个带动一片的良好效果。

　　第三，加强国际减贫领域交流合作。尽管中国的扶贫开发主要依靠自己的力量，但中国政府也非常重视同国际社会在扶贫开发领域开展交流与合作，积极借鉴引进国际先进的减贫理念与成功经验。同时，中国政府在领导扶贫开发的过程中创造了被国际社会高度认同的减贫经验，注重履行减贫国际责任，积极落实《联合国2030年可持续发展议程》，通过多种方式为全球减贫事业做出更大贡献。

　　中国政府积极拓展创新同国际社会在扶贫开发领域的交流与合作方式，主要是在贫困地区实施扶贫开发项目，对扶贫开发领域中的重大问题开展前瞻性研究，加强扶贫开发机构能力建设，共建减贫交流合作平台，举办减贫援外培训班，对发展中国家开展减贫项目援助等。今后，还要继续深化发展对外援助、项目合作、技术扩散、智库交流等多种形式，加强与发展中国家和国际机构在减贫领域的交流合作。

　　一是要制订利用外资扶贫、开展扶贫领域国际交流与合作的长远规划。深入研究国际社会对华援助重点、领域、方向和政策的变化，根据国家利用外资的总体规划及国内相关部门对引进外资的具体规定，从不同地区、不同群体以及国内扶贫资金供给等实际情况出发，制订争取外资扶贫的长远规划，明确开展国际交流与合作的目标原则、工作重点、范围内容以及总体要求等问题，为国际减贫领域的交流合作提供纲领性的文献。

　　二是要拓展争取外资扶贫的内容领域和渠道。坚持"以我为主，为我所用"的原则，让外资扶贫项目服务于中国整体的扶贫开发工作。围绕着解决贫困地区建设新农村和构建和谐社会进程中的难点和重点问题，积极利用外资开展一些具有针对性的项目，如少数民族文化保护、自然资源管理、环境恢复、地方病防治、特困群体能力建设、劳动力转移培训等与扶贫开发相结合的项目，不断拓展外资扶贫的范围、领域和内容。除了要继续争取联合国开发计划署等多边国际机构，国际农业发展基金会、世界银行、亚洲开发银行等国际（区域）金融组织以及国际民间组织对中国农村扶贫开发的援助外，中国政府还可以利用双边政府贷款，并通过与国际跨国公司、国际慈善机构等开展积极合作，为贫困地区引进外资扶贫项目。

三是要推动外资扶贫的制度创新。注重引进国际社会推广的全面综合发展、可持续发展等先进理念，借鉴国际社会创造的多部门综合扶贫、参与式扶贫、小额信贷扶贫、制订村级扶贫规划以及科学的评估监测等成功经验，探索国际民间组织参与中国政府扶贫项目、国际民间组织与中国民间组织合作实施扶贫项目、国内志愿者参与外资扶贫项目、外资扶贫项目推动贫困地区城乡一体化进程等的有效途径和方式，积极推动外资扶贫的制度创新。

四是要探索外资及外资与内资混合使用的新模式。按照"统一规划，集中使用，渠道不乱，用途不变，各负其责，各记其功"的原则积极探索把各类国际发展援助机构的贷款和赠款混合使用以及把国外贷款和赠款与国内财政扶贫资金捆绑使用的新模式，保证各类扶贫资金向国家扶贫开发工作重点县和重点村及重点项目倾斜，最大限度地发挥扶贫资金的使用效益。[①]

五是要创新项目争取、准备、管理、监测和考核评估机制。建立由国务院扶贫办根据全国扶贫开发总体战略统一协调外资扶贫项目的机制；

---

① 参见韩广富、何玲：《中国政府同国际社会在扶贫开发领域交流与合作问题探析》，《当代中国史研究》，2015 年第 3 期。

建立统一的外资扶贫项目监测评估体系和进展情况通报制度；建立案例库、后评价制度，引入专业评估机构，注重专家参与，制订并逐步完善扶贫项目评价标准体系。

第十四章
战略推进：从消灭深度贫困到解决相对贫困

中国脱贫攻坚之所以能够在较短的时间内取得巨大成功，与我们因时而变、因势而动，结合中国经济社会发展情况和减贫实际，不断调整、发展和完善贫困治理体系密切相关。党的十八大以来，以习近平同志为核心的党中央作出打赢脱贫攻坚战重要战略部署，提出了一系列新战略、新思想、新理论、新对策，构建了新时期减贫治理体系。党的十九大以来，党中央既强调坚持"集中兵力打好深度贫困攻坚战"[①]，如期全面完成脱贫攻坚任务，又提出"建立解决相对贫困的长效机制"[②]，未雨绸缪地吹响了解决相对贫困的号角，不断深化对脱贫攻坚工作的战略认识，不断增强对脱贫攻坚工作的战略指导，不断调整对脱贫攻坚工作的战略部署。

第一节　脱贫攻坚进入解决相对贫困的新阶段

第一，提出解决相对贫困问题。为确保打赢脱贫攻坚战，根据党中央决策部署和脱贫攻坚形势变化、工作进展情况，扶贫工作将实现从注重全面推进帮扶向更加注重深度贫困地区攻坚转变，从注重减贫速度向更加注重脱贫质量转变，从注重找准帮扶对象向更加注重精准帮扶稳定脱贫转变，从注重外部帮扶向注重外部帮扶与激发内生动力并重转变，

[①]《中央经济工作会议举行　习近平李克强作重要讲话》，新华网 http://www.xinhuanet.com/politics/leaders/2019—12/12/c_1125340392.htm，2019—12—12。

[②]《中国共产党第十九届中央委员会第四次全体会议文件汇编》，人民出版社 2019 年版，第 48 页。

从开发式扶贫为主向开发式与保障性扶贫并重转变。[①] 我们要看到，即使 2019 年全面完成脱贫攻坚任务，消灭现行标准下绝对贫困问题，中国长期处于社会主义初级阶段的基本国情仍没有变，我们还会有较多的低收入人口。在国家统计局公布的 2017 年农村人均可支配收入五等分分组中，最低收入组（收入最低的 20% 人口）的平均年收入为 3301.9 元，仅比该年贫困线高出不到 10%，一旦经济社会整体或局部有波动，这部分群体很容易陷入绝对贫困。另外，2005 年农村最高收入组（收入最高的 20% 人口）与最低收入组平均收入比是 7.2 倍，2017 年拉大到 9.5 倍，农村收入差距进一步拉大。解决收入差距过大、提高低收入者收入水平、有效解决农村相对贫困问题，成为下一阶段减贫治理的主要任务之一。

贫困本身是程度的概念，不同角度的理解是有差异的。从认知的差异性看，贫困是相对意义上的贫困，即贫困具有相对性。在众多的理解中，相对贫困和绝对贫困是与社会公众的基本需求相联系的贫困概念。在推进贫困治理过程中，需要深刻把握相对贫困与绝对贫困的内涵。绝对贫困就是"贫中之贫、困中之困"，其本质是深度贫困，是指个人或家庭不能维持基本生存和生活需要的生存状态；而相对贫困是指一个人或家庭的收入低于社会平均收入水平达到一定程度时所维持的生活状态。深度贫困一般是按照基本需求不足来确定的，相对贫困则是按照一定的百分比确定的，多数情况下相对贫困的标准要高于绝对贫困的标准。当前，世界银行将收入低于社会平均收入的三分之一的社会成员视为相对贫困人口，部分国家将低于平均收入的 40% 的人口归于相对贫困人口。还有的国家和地区按比例确定相对贫困人口，比如，美国确定贫困人口比例在 10%—15% 之间，英国是 18%，日本是 20%。[②]

[①] 参见国务院扶贫办政策法规司、国务院扶贫办全国扶贫宣传教育中心：《脱贫攻坚前沿问题研究》，研究出版社 2019 年版，第 61 页。

[②] 参见胥爱贵：《探索建立缓解相对贫困的长效机制》，《江苏农村经济》，2017 年第 11 期。

与深度贫困相比，相对贫困的内涵有所不同。一方面，深度贫困与相对贫困是"先后阶段性"的概念，一般是先解决深度贫困问题，后解决相对贫困问题；另一方面，这两个阶段又不能完全切割，在消除深度贫困阶段仍有一定数量的相对贫困人口存在，即使进入相对贫困阶段也可能会存在极少数的深度贫困人口。目前，我国的减贫工作仍是消除深度贫困，主要解决的是深度贫困人口生存问题；2021年将进入相对贫困阶段，主要解决的是发展和共享的问题。相对贫困在一定程度上反映的是财产、收入在社会不同阶层之间的分配。世界上不少国家的发展经验证明，在经济快速增长的同时，很容易发生分配不公和两极分化，并由此产生较突出的相对贫困问题。相对贫困主要表现在：一是动态性，扶贫标准随着经济社会发展水平的变化而变化；二是不平等性，社会财富在不同社会成员间分配不公；三是相对性，其设定较多地依赖于一国治理者或研究者自身的判定。2020年如期全面建成小康社会、消除绝对贫困，并不等于没有贫困。因此，在决胜消除深度贫困的关键时刻，十九届四中全会提出"相对贫困"概念和"建立解决相对贫困的长效机制"，充分体现了以习近平同志为核心的党中央的高瞻远瞩和深谋远虑，也为我们"十四五"期间的减贫治理工作指明了方向和任务。

第二，贫困治理进入决战深度贫困和解决相对贫困叠加阶段。解决相对贫困是我们在解决绝对贫困之后的更高层次脱贫目标的内在要求，是为满足新时代人民日益增长的美好生活需要。过去10年间，我国农村20%最低收入人口的相对收入水平是下降的，且城镇贫困、农民工贫困等问题逐渐凸显，这些问题交织叠加在我国消除绝对贫困的历史征程中。

一是脱贫攻坚进入消除深度贫困的决战阶段。党的十九大报告指出："从现在到2020年，是全面建成小康社会决胜期。"必须清醒看到，全面建成小康社会仍面临一些短板弱项，特别是脱贫攻坚任务艰巨，全国仍有相当一部分贫困人口居住在艰苦边远地区，处于深度贫困状态，属于脱贫攻坚要啃的硬骨头，剩余的脱贫任务难度极大。《关于支持深度贫困地区脱贫攻坚的实施意见》指出，"三区三州"以及贫困发生率超过 18% 的贫困县和贫困发生率超过 20% 的贫困村，自然条件差、经济基础弱、贫困程度深，是脱贫攻坚中的硬骨头，补齐这些短板是脱贫攻坚决战决胜的关键之策。国务院扶贫办发布数据显示，截至 2019 年底，全国未摘帽的贫困县仍有 52 个。现在距离完成消除深度贫困不到一年时间，还有这么多贫困县尚未脱贫摘帽，还有部分深度贫困人口尚未摆脱贫困，毫无疑问，我们正处于消除深度贫困、打赢脱贫攻坚战的决战决胜期。

二是减贫治理进入解决相对贫困的启动阶段。2020 年消除深度贫困之后，中国是不是就没有贫困了？答案是否定的。2016 年全国两会期间，习近平总书记就曾指出，脱贫和高标准的小康是两码事，我们不是一劳永逸，毕其功于一役，相对贫困、相对落后、相对差距将长期存在。2018 年全国两会新闻发布会上，国务院扶贫办负责人表示，不是说到 2020 年中国就没有贫困了，而是到 2020 年中国消除了绝对贫困，相对贫困还会长期存在。在地方层面，部分地区已制定了"相对贫困标准"，2016 年广东省以 4000 元作为扶贫标准，全省认定相对贫困人口 176.5 万、相对贫困村 2277 个。从中央层面，十九届四中全会正式提出要建立解决相对贫困的长效机制。当前和今后很长一段时间，解决"相对贫困"会成为减贫工作的重要内容。应该说，在即将取得全面消除深度贫困、夺取脱贫攻坚阶段性胜利之际，党中央正式提出并宣布我们进入研究和解决相对贫困阶段，开启了党领导人民脱贫减贫的新纪元。

三是脱贫攻坚进入从"打赢"到"打好"的并行阶段。2018 年 2 月 12 日，习近平总书记在四川成都主持召开会议，首提"打好精准脱贫攻坚战"。以前的提法都是"打赢脱贫攻坚战"，从"打赢"到"打好"，一字之差，体现出更加注重脱贫质量，脱贫必须是经得起时间、历史和人民检验的，是不能掺水和掺假的；体现出更加注重打持久战，以前强调

"打赢"强调的是消除深度贫困攻坚战必须打赢，现在强调"打好"体现的是要提前谋划布局决胜深度贫困攻坚战之后的减贫工作；体现的是既注重当前又着眼长远的双重目标考虑，既要打赢脱贫攻坚战，实现数字上消除深度贫困，又要打好脱贫攻坚战，切实提高人民的获得感、幸福感，切实增强贫困地区发展后劲。从"深度贫困"到"相对贫困"概念的提出，从"打赢"到"打好"要求的提出，体现出我国减贫治理进入新的历史阶段。

第三，消除深度贫困和减少相对贫困之间具有相互依存关系。按照脱贫攻坚目标，到 2020 年，消除绝对贫困的任务基本可以完成。然而，消除了绝对贫困，并不是说贫困就消失了。中国城乡收入差距依然存在，相对贫困也是长期存在的。因此，正确认识和处理好深度贫困和相对贫困的关系至关重要。

一是消除深度贫困为解决相对贫困提供了理论借鉴。扶贫减贫必须坚持问题导向，必须做到对症下药，这是做好扶贫工作的关键。党的十八大以来，针对中国扶贫工作中一直存在的针对性不强、大水漫灌等现实问题，我们提出精准扶贫方略，着力解决"谁是真正的贫困户""贫困原因是什么""怎么针对性帮扶""帮扶效果又怎样""脱贫之后如何退出"等一系列问题，并逐渐形成了"扶持谁、谁来扶、怎么扶、如何退"的十二字法诀。在精准扶贫理论指引下，中国在消除深度贫困、打赢脱贫攻坚战方面取得了巨大成就。扶贫开发推进到今天这样的程度，贵在精准，重在精准，成败之举也在于精准。下一步，解决相对贫困问题同样需要精准定位贫困人员、精准分析致贫因素、精准制订帮扶措施，确保扶贫工作的针对性和有效性。因此，精准扶贫方略在消除深度贫困方面的积极探索，同样适用于解决相对贫困问题，为今后解决相对贫困问题提供了理论借鉴。

二是消除深度贫困为解决相对贫困提供了制度借鉴。消除贫困，一直是中国共产党的头等大事之一。多年来，为了消除深度贫困、实现共同富裕，中国共产党做了很多探索和实践，建立和完善了脱贫攻坚责任体系、政策体系、投入体系、监督体系和考核体系等。习近平总书记在中共中央政治局第三十九次集体学习时指出："在实践中，我们形成了不少有益经验，概括起来主要是加强领导是根本、把握精准是要义、增加投入是保障、各方参与是合力、群众参与是基础。这些经验弥足珍贵，要长期坚持。"① 这些经验实质上就是一整套经过实践检验的减贫治理体系。正是有了这一系列减贫体制机制作保障，中国的深度贫困问题才得到了有效治理，脱贫攻坚才取得了今天的辉煌成就。从现在开始，我们要着手解决相对贫困的问题，继续打好 2020 年之后的脱贫攻坚工作，离不开我们在消除深度贫困方面探索的经验，离不开现在这套经过实践检验、行之有效的减贫工作体制机制。我们为消除深度贫困积累的制度性安排，为我们治理相对贫困问题提供了可复制、可推广、可借鉴的经验。

三是消除深度贫困为解决相对贫困奠定了良好的社会基础。实现中华民族伟大复兴中国梦的最重要前提之一，就是消灭深度贫困、减少相对贫困、提高全体人民的生活水平。对中国这样一个底子薄、人口多的大国来说，消除贫困是一个长期的过程，往往需要几代人的奋斗和努力。但以习近平同志为核心的党中央以"功成不必在我"的精神境界和历史担当，扛起了消除深度贫困的千斤重担，矢志到 2020 年就在中华大地消除深度贫困，不但可一举解决困扰中华民族多年的部分人口赤贫问题，更为实现第二个一百年奋斗目标、为解决相对贫困问题扫清了最大的社会矛盾。全面建成小康社会目标实现后，国家更富强，人民更富裕，各方面制度更加成熟定型，我们也会有更多力量、更多办法来解决相对贫困问题。深度贫困是最难啃的"硬骨头"，啃下硬骨头，我们才能越走越

① 《习近平在中共中央政治局第三十九次集体学习时强调：更好推进精准扶贫精准脱贫　确保如期实现脱贫攻坚目标》，《人民日报》，2017 年 2 月 23 日。

顺畅，也才更有信心治理相对贫困问题。

四是解决好相对贫困是为了彻底消灭深度贫困、巩固扶贫成果。人的贫富状态是动态的，已经脱贫的人也可能因病返贫、因事返贫，防止已脱贫人口返贫一直是脱贫攻坚工作的重点和难点。进入解决相对贫困阶段，更重要的是关注人的发展权。在相对贫困阶段，会更重视贫困人口受教育的权利，大部分相对贫困群众受教育程度和工作技能更高，大部分人能够自食其力、自我发展；会更重视社会公平与正义，社会分配制度和法治体系更完备、更合理，社会贫富差距也会相应缩小；会更重视社会保障体系建设，贫困人口的教育、医疗、就业、住房等保障措施会更好，社会救济、救助体系会更完备，人的生存权会得到充分保障。因此，解决好相对贫困在某种意义上就是巩固深度贫困扶贫成果，就是实现贫困人口在更高水平、更好保障措施上的发展。

第二节　决胜深度贫困和解决相对贫困面临新形势

第一，如期解决深度贫困依然面临严峻的形势任务。2020 年中央一号文件指出，2020 年是全面建成小康社会目标实现之年，是全面打赢脱贫攻坚战收官之年。完成上述两大目标任务，脱贫攻坚最后堡垒必须攻克，全面小康"三农"领域突出短板必须补上。打赢脱贫攻坚战、消除深度贫困，还存在许多方面的制约，归结起来，不外乎两方面的因素：一方面是客观因素，也就是自然方面的因素，不少贫困地区受资源环境约束，一方水土养活不了一方人；另一方面是主观因素，也就是人的因素，能不能把各方面积极性都调动起来，形成打赢脱贫攻坚战的强大合力。当前，我国扶贫开发进入了啃硬骨头、攻坚拔寨的冲刺期，形势依然严峻，任务仍然艰巨。

一是贫困群体规模仍然较大。截至 2019 年底，全国仍有 551 万人尚未脱贫，52 个贫困县尚未摘帽，1113 个贫困村的贫困人口超过 1000 人和贫困发生率超过 10%，这些都凸显了扶贫脱贫形势依然严峻。

二是扶贫开发难度越来越大。现在距离打赢脱贫攻坚战只有不到一年时间，还有一部分深度、极度贫困人口要全部实现脱贫，任务十分繁重艰巨。而且，经过多年的努力，容易脱贫的地区和人口已经基本脱贫了，剩下的贫困人口大多贫困程度较深，自身发展能力较弱，越往后脱贫攻坚成本越高、难度越大。以前出台一项政策、采取一项措施就可以解决成百万甚至上千万人的贫困，现在减贫政策效应递减，需要以更大的投入实现脱贫目标。

三是外部环境变化导致发生返贫的可能性在增加。当前，外部环境日趋复杂和多变，经济下行压力有所加大，结构性就业矛盾将会更加凸显，因此贫困人口就业和增收难度必然增大。同时，发展方式从规模速度型粗放增长向质量效率型集约增长转换，增长动力由要素驱动、投资驱动向创新驱动转换，这些都对劳动者的素质提出更高要求，而贫困人口缺乏的正是信息和技术，一些农民工可能因此丧失工作重新陷入贫困。四是扶贫工作政策体系有待进一步完善。扶贫同农村低保、新农保、医疗救助、危房改造、家庭经济困难学生资助等政策尚未做到无缝衔接，扶贫开发资金使用效果及监管力度有待提高。

第二，重视解决相对贫困问题已刻不容缓。在解决了我国农村地区的深度贫困问题以后，相对贫困作为一个普遍存在的社会现象，在我国还将长期存在。但深度贫困与相对贫困是相互依存甚至可以相互转换的，这就意味着不能等到彻底消除深度贫困后再着手解决相对贫困，必须做到攻坚深度贫困与解决相对贫困联动设计、同步实施，发起解决相对贫困的攻势。

一是启动解决相对贫困是由党和国家的总体部署要求决定的。十九届四中全会公报指出："坚决打赢脱贫攻坚战，建立解决相对贫困的长效机制。"这既为 2020 年实现全面脱贫吹响了冲锋号，又为 2020 年后脱贫工作指明了新方向，提出了新要求，凸显了未来的脱贫工作将从瞄准深度贫困转为相对贫困。

二是启动解决相对贫困是由中国社会主要矛盾变化决定的。党的十九大报告指出，我国社会主要矛盾已经转化为人民日益增长的美好生活需要和不平衡不充分的发展之间的矛盾。但近年来，农村最低收入 20% 的人群的相对收入水平是下降的，中国农村收入分配结构并没有改善。国家统计局公布的全国居民人均可支配收入基尼系数，自 2003 年以来一直在 0.46 数值以上，位于国际社会公认的收入差距较大的区间。因此，在全面脱贫的目标实现以后，把脱贫工作重点瞄准到相对贫困是对新时代社会主要矛盾转变的现实回应。

三是重视解决相对贫困一直受到国际社会高度重视。从世界各国发展历程看，一个国家在解决深度贫困问题后，通常不会放弃贫困治理，但是会将治理工作重点转向解决相对贫困。比如，一些发达国家注重建立缩小收入差距的税收调节体系，通过个人所得税、遗产税与赠予税、暴利税、存量财产征税等手段，对收入进行调节，缓解相对贫困问题。

第三节　不断发展和完善脱贫攻坚制度体系

第一，贫困发生理论与中国贫困实际要求必须重视贫困治理的制度建设。贫困发生理论主要是从地理空间、行为能力、多元治理等角度来研究分析贫困问题的，贫困发生理论既说明了贫困的成因和贫困发生的必然性，也指出了治理贫困必须遵从相应理论，注重有针对性地制定对策，并做好政策措施的落实。但贫困具有地域性特点，不同地域贫困程度、表现形式都不一样，必须因地制宜做好贫困治理体系建设和相应制度设计。

一是"空间贫困"理论和相应治理要求。空间贫困理论强调"地理资本"的概念，"地理资本"是指把多种差异化要素集合在一定空间地理位置中，例如教育、卫生、人才、资本等资源在城乡之间、贫富人群之间的差别，都可以用空间地理位置的不同来表述。空间地理位置越偏远，推动当地发展的由自然、文化、经济等多种要素聚合而成的地理资源也越低。正是由于空间地理位置禀赋的低劣，才较大程度上造成了这一地区人口自身发展环境和能力低下，并使之陷入贫困状态。中国贫困地区依据距离城镇的远近呈现分层的格局，距离城镇越远，总体上贫困程度越深；部分地区地理资本低劣，要素资源紧张，生存条件恶劣，交通、通信、水利等基础设施和教育、医疗等基本公共服务也难以覆盖，也进一步固化了贫困群体。因此，从空间贫困的视角看，要注重贫困地区基础设施建设，缩短空间距离，提高其地理资本；要结合实际开展易地搬迁，让贫困人口搬离根本不适宜居住、地理条件恶劣的地方。

二是"能力贫困"理论和相应治理要求。能力贫困理论认为贫困的实质主要不是收入低、资产少，而是人的行为能力的相对贫困，是贫困人口基本生存、发展能力和机会的被剥夺和丧失。能力是获取收入的重要手段，能力的提高会使个人获得更多的收入；良好的教育和健康的身体不仅能直接提高生活质量，还能提高个人获得更多收入及摆脱贫困的能力。我国很多贫困地区，因为经济发展水平、所处地理位置、民族宗教文化等诸多原因，教育发展水平比较落后，人口文化素质相对较低，很多人只能从事低技能工作或根本无法找到工作，从而也使这些地区人口陷入"贫困——受教育程度低——文化和技能低——收入低——贫困"的循环。因此，从能力贫困的视角看，要注重提高贫困地区教育和医疗水平，提高人口文化和身体综合素质；要注重从给钱给物的"输血式"扶贫向以增强贫困地区人口内生动力的"造血式"扶贫转变，增强贫困人口自我脱贫、自我发展的能力。

三是"灾害风险致贫"理论和相应治理要求。灾害风险致贫理论认为，自然灾害是影响贫困地区农民增收、这一地区人口致贫的主要制约因素。相关研究发现，自然灾害加深了贫困地区农业的弱质性。我国一些深度贫困地区自然条件恶劣，生态环境极其脆弱，比如，"三区三州"和部分集中连片贫困地区集中了我国主要的大山、高原、沙漠、裸岩以及永久性积雪地域，气候条件差，自然灾害频发。因此，从灾害风险致贫的角度看，要注重增强对农业灾情的监测和预防，建立农业灾情监测和救助体系；注重加强农业科技扶贫，运用现代信息技术提高农业避险能力和农作物抗灾等级；注重对这些地区的生态保护和生态治理，将生态资源转变为生态资本，走生态扶贫的路子。

四是管理学中的治理理论也对贫困治理提出了制度性要求。治理理论主要关注的是国家以日益依赖公私合作的方式来执行和制定政策时的能力问题。治理理论强调贫困治理不仅仅是政府的事情，而是包括政府、企业、社会组织、公民等在内的多元主体共同的事情；不仅仅是多元主体的简单"相加"，而是更强调扶贫资源的整合、行动的协调和任务的协同；贫困治理也不仅仅局限在经济领域的帮扶，还体现在精神文化等层面的帮扶。从治理理论的视角看，要注重培育大扶贫格局，激发每一个社会主体参与扶贫、每一个贫困人口参与脱贫的积极性和能动性；注重加强顶层设计，从制度层面整合各类扶贫主体和扶贫资源，提高扶贫效能。

第二，坚决消除深度贫困、打好脱贫攻坚收官战的政策措施。2019年中央经济工作会议对"三大攻坚战"优先顺序作了调整，把脱贫攻坚由第二位排序调整为第一位排序，充分表明党中央对脱贫攻坚工作的高度重视。会议还提出："要确保脱贫攻坚任务如期全面完成，集中兵力打好深度贫困歼灭战，政策、资金重点向'三区三州'等深度贫困地区倾斜，落实产业扶贫、易地搬迁扶贫等措施，严把贫困人口退出关，巩固脱贫成果。要建立机制，及时做好返贫人口和新发生贫困人口的监测和帮扶。"当前，消除绝对贫困、打赢脱贫攻坚战的任务基本接近尾声，下一步应当集中精力落实好中央经济工作会议作出的重要部署，集中力量啃下深度贫困地区这块硬骨头，确保在"量"上完成任务，同时巩固脱贫成果，落实"质"的保障。

一是继续强化打好深度贫困歼灭战的帮扶体系。虽然深度贫困地区脱贫攻坚已取得重大的决定性进展和成效，如"三区三州"贫困人口由2018年的172万减少到2019年底的43万，贫困发生率由8.2%下降到2%，贫困发生率下降幅度比西部地区平均高出3.6个百分点，但从建档立卡数据可以看出，到2019年底，剩余贫困人口还有一半以上在深度贫困地区，未摘帽贫困县也基本都集中在深度贫困地区。因此，深度贫困是完成脱贫攻坚目标任务的重中之重、难中之难、坚中之坚。其一，继续强化对"三区三州"等深度贫困地区扶贫资金的投入。认真落实《关于支持深度贫困地区脱贫攻坚的实施意见》，确保新增脱贫攻坚资金、新增脱贫攻坚项目、新增脱贫攻坚举措主要用于深度贫困地区，进一步增加对深度贫困地区专项扶贫资金和教育医疗保障等转移支付。其二，继续加大对深度贫困地区的对口扶贫、协作扶贫和社会扶贫。继续加大东部地区、中央单位对深度贫困地区的对口帮扶，聚焦摘帽脱贫，注重帮扶实效，强化帮扶责任。进一步引导企业、社会组织等社会力量深度参与深度贫困地区脱贫，通过帮助深度贫困地区进行产业培育、就业培训、产品营销等，有效解决深度贫困地区生产生活困难。其三，继续帮助深度贫困人口建立脱贫信心、激发脱贫内生动力。一方面，加强对深度贫困人口特别是轻度残疾人技能培训，适当给钱给物的同时，更注重给技术、给头脑、给门路，让深度贫困人口建立自食其力、养家赚钱的信心和本领。另一方面，对确实丧失劳动能力的深度贫困人口，进一步加大医疗、养老、社会救助等社会保障水平，保障他们的基本生存权。

二是着力落实脱贫攻坚重点帮扶举措。其一，强化对深度贫困地区的产业扶贫举措。发展产业是实现脱贫的根本之策。加大力度帮扶深度贫困地区集体经济，通过实施有效举措努力使有效资源变资产、闲散资金变股金、村集体农民变股东，进一步盘活深度贫困地区集体资源，多渠道增加集体经济收入；因地制宜发展深度贫困地区乡村旅游，大力发展休闲农业、观光农业等，努力将要素禀赋劣势转化为经济资源优势；积极利用电商渠道帮助深度贫困人口脱贫，继续鼓励京东、阿里巴巴等电商平台企业开辟特色农产品网上展销平台，适当加大对购买者购买扶贫产品的补贴力度，继续强化电商企业与合作社、农业大户建立直采直供关系，加大对农村物流配送体系建设的支持力度。其二，着力推动深度贫困人口易地搬迁和相关政策措施落实。坚持以深度贫困地区、特殊困难群体为重点，攻坚克难，确保按计划完成"十三五"期间搬迁任务；加大对已搬迁群众的后续帮扶力度，着力做好基础设施建设、产业培育、就业帮扶、社会融入等各方面工作，努力提升搬入群众的幸福感和安全感。

三是建立严格的贫困人口退出、返贫、致贫的治理机制。其一，严把贫困人口退出，完善贫困人口脱贫退出机制。脱贫既要看数量，更要看质量。要严格执行贫困地区、贫困人口退出的标准、程序和核查办法，确保脱真贫、真脱贫。既要设定时间表，实现有序退出，又要留出缓冲期，确保一定时间内脱贫不脱政策；既要严格评估和验收程序，确保脱贫结果经得起检验，又要尊重群众和社会的评价，鼓励和支持第三方机构参与评估验收。其二，严控脱贫人口返贫，完善脱贫人口返贫监测机制。根据目前返贫监测预警数据显示，主要有两类返贫风险较高人群，一类是已经脱贫摘帽的 200 万左右人口存在摇摆，可能因灾、因病、因产业、因市场出现返贫；一类是贫困线附近的 300 万左右人口存在致贫风险。要构建监测网络，帮扶责任人、基层组织负责人等主动与深度贫困群众直接接触，及时发现脱贫户可能返贫的基本情况，并逐级上报。建立跟踪制度，基层干部要不定期跟踪回访脱贫户，潜在返贫户也可通过自行申报等途径主动报告情况，确保及时掌握脱贫户返贫信息。加强分级管理，可按经济状况、就业情况、身体条件、家庭构成等因素，将潜在返贫户归到红、橙、黄等预警区间中，对红色预警区间中的脱贫户给予重点关注，制订应对措施。其三，严防新发生贫困人口，完善对新增贫困人口的帮扶机制。首先是应用好已有的识别机制，及时发现新发生的返贫人口。其次是及时将新发生的贫困人口纳入贫困户帮扶政策体系内，提供社会政策兜底保障。最后是按照精准扶贫方略有针对性地制订帮扶举措，确保这部分群众尽快脱贫。

四是强化对脱贫攻坚工作的监督机制。习近平总书记反复强调要把全面从严治党要求贯穿脱贫攻坚全过程。他在十九届中央纪委四次全会上讲话强调，一以贯之全面从严治党，强化对权力运行的制约和监督，为决胜全面建成小康社会、决战脱贫攻坚提供坚强保障。① 其一，强化对决战脱贫攻坚任务的监督机制，精准施治脱贫攻坚中的形式主义、官僚主义等问题，开展好对脱贫攻坚重点任务、重点人群的挂牌督战工作，集中解决好深度贫困地区群众反映强烈、损害群众利益的突出问题，加强对脱贫工作绩效特别是贫困县摘帽情况的监督。其二，强化对决战脱贫攻坚违纪违法问题惩治机制，深入整治民生领域的"微腐败"、放纵包庇黑恶势力的"保护伞"、妨碍惠民政策落实的"绊脚石"，促进基层党组织全面过硬。其三，强化抓党建促脱贫的工作机制，做好脱贫攻坚干部培训，提高各级干部的责任感、使命感和工作能力，发挥基层党组织带领群众脱贫致富的战斗堡垒作用，深化扶贫领域作风问题专项治理，确保扶贫工作务实、脱贫过程扎实、脱贫结果真实。

---

① 参见《一以贯之全面从严治党强化对权力运行的制约和监督　为决胜全面建成小康社会决战脱贫攻坚提供坚强保障》，《人民日报》，2020年1月14日。

第三，构建解决相对贫困、继续巩固脱贫攻坚成果长效机制的路径选择。十九届四中全会明确提出要"坚决打赢脱贫攻坚战，巩固脱贫攻坚成果，建立解决相对贫困的长效机制"。相对于因为物质财富匮乏造成的深度贫困问题，相对贫困则是针对特定参照群体而言的，即同一时期内不同地区、不同阶层成员由于主观认定的可维持一定生存水准的差别而产生的贫困。发展不平衡、不充分，社会保障体系不健全等因素是造成相对贫困的主要原因。相比深度贫困治理，相对贫困治理是一个长期的、复杂的系统工程，既要遵从已有扶贫治理经验，更需要从制度层面破解治理难题。

一是建立保障相对贫困人口生活的基础性机制。其一，逐步推动并实现基本公共服务均等化。注重对相对贫困群体在基本公共教育、基本医疗服务、基本社会保障等方面的帮扶，努力为相对贫困群体织就完善的社会保障网络。要特别吸取 2020 年新型冠状病毒肺炎疫情防控工作的经验教训，加大对贫困地区公共卫生的投入，提高乡村公共卫生服务水平和传染病防控水平。更加重视教育问题，既要加大对贫困人口的教育扶持和政策支持，切实提高相对贫困家庭人员整体文化素质，又要着力加强对贫困地区干部队伍和技术能人的培训，努力提升扶贫工作"关键少数"的文化素养。其二，强化社会保障政策的兜底功能。深化农村低保制度与扶贫开发政策的有效衔接，建立低保标准与消费水平相挂钩的增长机制，逐步实现农村低保标准适当高于脱贫线。继续加大对贫困群体中老、幼、病、残特困人员的帮扶，保障好他们的基本生存问题。继续做好防止返贫和临时帮扶的有效衔接，解决因故、因意外致贫返贫人员的实际困难。

二是建立保障相对贫困人口发展的内生性机制。让贫困人口能够通过自身劳动持续增加收入，永远是扶贫脱贫、防止返贫的有效武器。其一，下大力气抓好产业扶贫。加大财政投入扶持和金融资金支持，注重以市场需求为导向，结合贫困地区实际，通过积极打造产业扶贫基地、大力发展扶贫龙头企业、积极培育农业专业合作社、探索建设扶贫车间、适当壮大村集体经济等具有发展前景的产业扶贫项目，兜底确保每个具备劳动能力的贫困家庭至少有一到两个增收项目，提升扶贫的质量和效益。其二，集中精力抓好就业创业扶贫。继续加大劳动力技能培训，确保有劳动能力和培训意愿的贫困人口培训率达到100%。对有劳动能力和外出务工意愿的贫困人口，着力提供劳务输出和岗位对接等服务，帮助其顺利实现就业。对劳动能力较弱、因故无法外出务工的贫困人口，努力为其提供公益性、劳动强度不大、居家工作方便的就业岗位，帮助其就近就地就业。继续从政策上引导和支持大学生、农民工和具备创业能力的各类人才返乡创业，努力为贫困群众提供更多就业机会。

　　三是建立和完善统筹解决城乡贫困问题的体制机制。我们自实施扶贫开发工作以来，扶贫对象主要针对的是农村贫困人口。当前正在决战的脱贫攻坚战战场在农村，一直以来我们制定的扶贫开发纲要也都是冠之以"中国农村扶贫开发纲要"，消除农村贫困问题一直是扶贫减贫的主要目标，相比而言，城市贫困问题并没有被纳入扶贫开发的工作领域。随着城镇化的快速推进和城乡发展融合，每年都有上千万人从农村转移到城市或城乡接合地点，由于城市的衣食住行等生活成本远高于农村，使得许多人原本在农村时不算贫困，但进入城市之后反而成了城市的贫困人口。这部分人既享受不到农村扶贫政策的有效覆盖，又未被纳入城市最低生活保障体系，极大地增加了这一类人群相对贫困的发生概率。其一，加快推进户籍制度改革，全面实现城市基本公共服务对常住人口的全覆盖，对流动人口有稳定预期的地方还要探索城市基本公共服务对非常住人口的覆盖。其二，加快构建"脱贫攻坚"与"乡村振兴"有效衔接机制，按照"产业兴旺、生态宜居、乡村文明、治理有效、生活富裕"的要求，研究制定标本兼治的稳定脱贫机制。其三，探索把减贫治理的政策体系延伸到城市领域，统筹城乡两个空间单元、城市居民和农村居民两类人群的扶贫开发工作，把对农业转移人口的帮扶作为城市扶贫工作的重点。

参考文献

1.《毛泽东文集》（第八卷），人民出版社 1999 年版。

2.《邓小平文选》（第三卷），人民出版社 1993 年版。

3.《习近平关于社会主义经济建设论述摘编》，中央文献出版社 2017 年版。

4.《习近平谈治国理政》（第一卷），外文出版社 2018 年版。

5.《习近平谈治国理政》（第二卷），外交出版社 2017 年版。

6. 习近平:《在深度贫困地区脱贫攻坚座谈会上的讲话》，人民出版社 2017 年版。

7. 习近平:《决胜全面建成小康社会夺取新时代中国特色社会主义伟大胜利——在中国共产党第十九次全国代表大会上的报告》，《人民日报》，2017 年 10 月 28 日。

8. 习近平:《摆脱贫困》，福建人民出版社 2014 年版。

9. 李克强:《政府工作报告——2019 年 3 月 5 日在第十三届全国人民代表大会第二次会议上》，人民出版社 2019 年版。

10.《党的十九大报告辅导读本》，人民出版社 2017 年版。

11.《中国共产党第十九届中央委员会第四次全体会议公报》，人民出版社 2019 年版。

12. 中共中央宣传部:《习近平新时代中国特色社会主义思想三十讲》，学习出版社 2018 年版。

13. 中共中央宣传部:《习近平新时代中国特色社会主义思想学习纲要》，学习出版社 2019 年版。

14. 中共中央党史和文献研究院:《习近平扶贫论述摘编》,中央文献出版社 2018 年版。

15. 中共中央文献研究室:《习近平关于全面建成小康社会论述摘编》,中央文献出版社 2016 年版。

16. 中共中央文献研究室:《十八大以来重要文献选编》(上中下 3 册),中央文献出版社 2016 年版。

17.《中共中央　国务院关于打赢脱贫攻坚战三年行动的指导意见》,人民出版社 2018 年版。

18. 全国干部培训教材编审指导委员会:《决胜全面建成小康社会》,人民出版社 2019 年版。

19. 国家行政学院编写组:《中国精准脱贫攻坚十讲》,人民出版社 2016 年版。

20. 本书编写组:《〈中共中央关于制定国民经济和社会发展第十三个五年规划的建议〉辅导读本》,人民出版社 2015 年版。

21. 刘永富:《以习近平总书记扶贫重要论述为指导坚决打赢脱贫攻坚战》,《行政管理改革》,2019 年第 5 期。

22. 胡富国:《读懂中国脱贫攻坚》,外文出版社 2018 年版。

23. 张占斌、张青:《新时代怎样做到精准扶贫》,河北人民出版社 2018 年版。

后 记

　　习近平总书记在党的十九大报告中指出："从现在到 2020 年，是全面建成小康社会决胜期。"2019 年中央经济工作会议强调，要确保脱贫攻坚任务如期全面完成，集中兵力打好深度贫困歼灭战。如期全面建成小康社会、如期实现第一个百年奋斗目标在中华民族伟大复兴征程中具有重大意义。从现在到 2020 年底，是决胜全面建成小康社会的冲刺期和收官阶段，冲刺阶段愈发艰难，收官之战愈发重要。我们必须清醒看到，全面建成小康社会仍面临一些短板弱项，需要克服许多困难挑战。特别是脱贫攻坚任务艰巨，全国仍有相当一部分贫困人口居住在艰苦边远地区，处于深度贫困状态，属于脱贫攻坚要啃的硬骨头，剩余的脱贫任务难度极大。不能很好地打赢脱贫攻坚战，就无法如期实现全面建成小康社会的战略目标。从这个意义上看，全面建成小康社会的首要之战、关键之战、决胜之战就是打赢脱贫攻坚战，让贫困群众如期脱贫，让所有人民共奔小康。

　　在决胜全面建成小康社会战略目标日益趋近的关键时期，本书以习近平新时代中国特色社会主义思想为指导，从战略高度分析并提出实现全面建成小康社会战略目标应坚持的战略布局、战略遵循、战略度量、战略关键和战略重点等，分析并提出打赢新时期脱贫攻坚战应坚持的战略指导、遵循方法、战略路径、战略重心、战略抓手、战略支撑和战略推进等，围绕决胜全面建成小康社会和打赢脱贫攻坚战提出系统性战略思考。

　　本书在研究写作过程中得到了中共中央党校（国家行政学院）马克思主义学院院长张占斌教授的悉心指导并赐序。中共中央党校（国家行政学院）张青、黄锟、周跃辉、董莹楠等老师为本书编写提供了素材，并给予了帮助。河北人民出版社对本书的顺利出版给予了大力支持和帮助。在此，一并表示衷心感谢。

　　本书在写作过程中，参考了许多中央文件和书刊资料，也参考了部分专家学者的观点，这对完成本书写作起了非常重要的作用。同时，编写本书也是学习领会和贯彻落实习近平新时代中国特色社会主义思想和习近平总书记关于扶贫工作重要论述的过程，对我本人在提高思想认识方面也起到了积极推动作用。

　　限于作者水平，书中不妥之处，欢迎读者批评指正。

作　者
2020 年 2 月